做一个理想的法律人
To be a Volljurist

法律人进阶译丛【法学启蒙】
李 昊/译丛主编

法律职业成长

训练机构、机遇与申请
第2版增补本

Referendariat und
Berufseinstieg: Stationen·
Chancen· Bewerbung,
2., erweiterte Auflage

〔德〕托尔斯滕·维斯拉格 斯蒂芬妮·贝格曼
斯文尼亚·凯勒尔 马蒂亚斯·扎贝尔 /著

胡川宁 王 轶 黄麟啸 /译

著作权合同登记号 图字:01-2015-4536

图书在版编目(CIP)数据

法律职业成长:训练机构、机遇与申请:第 2 版增补本/(德)托尔斯滕·维斯拉格等著;胡川宁,王轶,黄麟啸译.—北京:北京大学出版社,2021.3

(法律人进阶译丛)

ISBN 978-7-301-31943-7

I.①法… II.①托… ②胡… ③王… ④黄… III.①法律—工作—研究—德国 IV.①D951.6

中国版本图书馆 CIP 数据核字(2021)第 008137 号

Referendariat und Berufseinstieg: Stationen · Chancen · Bewerbung, 2., erweiterte Auflage, by Thorsten Vehslage/ Stefanie Bergmann/Svenia Kähler/Matthias Zabel
© Verlag C.H.Beck oHG, München 2007
本书简体中文版由原版权方 C.H.贝克出版社授权翻译出版

书　　　名	法律职业成长:训练机构、机遇与申请(第 2 版增补本) FALÜ ZHIYE CHENGZHANG: XUNLIAN JIGOU、JIYU YU SHENQING (DI-ER BAN ZENGBUBEN)
著作责任者	〔德〕托尔斯滕·维斯拉格　斯蒂芬妮·贝格曼　斯文尼亚·凯勒尔　马蒂亚斯·扎贝尔　著 胡川宁　王　轶　黄麟啸　译
丛 书 策 划	陆建华
责 任 编 辑	陆建华　费　悦
标 准 书 号	ISBN 978-7-301-31943-7
出 版 发 行	北京大学出版社
地　　　址	北京市海淀区成府路 205 号　100871
网　　　址	http://www.pup.cn　http://www.yandayuanzhao.com
电 子 信 箱	yandayuanzhao@163.com
新 浪 微 博	@北京大学出版社　@北大出版社燕大元照法律图书
电　　　话	邮购部 010-62752015　发行部 010-62750672 编辑部 010-62117788
印 刷 者	大厂回族自治县彩虹印刷有限公司
经 销 者	新华书店
	880 毫米×1230 毫米　32 开本　13.125 印张　291 千字 2021 年 3 月第 1 版　2021 年 3 月第 1 次印刷
定　　　价	59.00 元

未经许可,不得以任何方式复制或抄袭本书之部分或全部内容。
版权所有,侵权必究
举报电话: 010-62752024　电子信箱: fd@pup.pku.edu.cn
图书如有印装质量问题,请与出版部联系,电话: 010-62756370

"法律人进阶译丛"编委会

主　编

李　昊

编委会

（按姓氏音序排列）

班天可	陈大创	杜志浩	季红明	蒋　毅
李　俊	李世刚	刘　颖	陆建华	马强伟
申柳华	孙新宽	唐志威	夏昊晗	徐文海
查云飞	翟远见	张　静	张　挺	章　程

做一个理想的法律人(代译丛序)

近代中国的法学启蒙受之日本,而源于欧陆。无论是法律术语的移植、法典编纂的体例,还是法学教科书的撰写,都烙上了西方法学的深刻印记。即使中华人民共和国成立后兴盛了一段时期的苏俄法学,从概念到体系仍无法脱离西方法学的根基。20世纪70年代末,借助于我国台湾地区法律书籍的影印及后续的引入,以及诸多西方法学著作的大规模译介,我国重启的法制进程进一步受到西方法学的深刻影响。当前中国的法律体系可谓奠基于西方法学的概念和体系之上。

自20世纪90年代开始的大规模的法律译介,无论是江平先生挂帅的"外国法律文库""美国法律文库",抑或许章润、舒国滢先生领衔的"西方法哲学文库",以及北京大学出版社的"世界法学译丛"、上海人民出版社的"世界法学名著译丛",诸多种种,均注重于西方法哲学思想尤其是英美法学的引入,自有启蒙之功效。不过,或许囿于当时西欧小语种法律人才的稀缺,这些译丛相对忽略了以法律概念和体系建构见长的欧陆法学。弥补这一缺憾的重要转变,应当说始自米健教授主持的"当代德国法学名著"丛书和吴越教授主持的"德国法学教科书译丛"。以梅迪库斯教授的《德国民法总论》为开篇,德国法学擅长的体系建构之术和鞭辟入里的教义分析方法进入到了中国法学的视野,辅以崇尚德国法学的我国台湾地区法学教科书和专著的引入,德国法学在中国当前的法学教育和法学研究中的地位日益尊崇。然而,"当代德国法学名著"丛书虽然遴选了德国当代法学著述中的上乘之作,但囿于撷取名著的局限及外国专家的视角,丛书采用了学科分类的标准,而未区分注重体系层次的基础教科书与偏重思辨分析的学术专著,与戛然而止的"德国法学教科书译丛"一样,在基础教科书书目的选择上尚未能充分体现当代德国法学教育的整体面貌,是为缺憾。

职是之故,自 2009 年始,我在中国人民大学出版社策划了现今的"外国法学教科书精品译丛",自 2012 年出版的德国畅销的布洛克斯和瓦尔克的《德国民法总论》(第 33 版)始,相继推出了韦斯特曼的《德国民法基本概念》(第 16 版)(增订版)、罗歇尔德斯的《德国债法总论》(第 7 版)、多伊奇和阿伦斯的《德国侵权法》(第 5 版)、慕斯拉克和豪的《德国民法概论》(第 14 版),并将继续推出一系列德国主流的教科书,涵盖了德国民商法的大部分领域。该译丛最初计划完整选取德国、法国、意大利、日本诸国的民商法基础教科书,以反映当今世界大陆法系主要国家的民商法教学的全貌,可惜译者人才梯队不足,目前仅纳入"日本侵权行为法"和"日本民法的争点"两个选题。

系统译介民商法之外的体系教科书的愿望在结识季红明、查云飞、蒋毅、陈大创、葛平亮、夏昊晗等诸多留德小友后得以实现,而凝聚之力源自对"法律人共同体"的共同推崇,以及对案例教学的热爱。德国法学教育最值得我国法学教育借鉴之处,当首推其"完全法律人"的培养理念,以及建立在法教义学基础上的以案例研习为主要内容的教学模式。这种法学教育模式将所学用于实践,在民法、公法和刑法三大领域通过模拟的案例分析培养学生体系化的法律思维方式,并体现在德国第一次国家司法考试中,进而借助于第二次国家司法考试之前的法律实训,使学生能够贯通理论和实践,形成稳定的"法律人共同体"。德国国际合作机构(GIZ)和国家法官学院合作的《法律适用方法》(涉及刑法、合同法、物权法、侵权法、劳动合同法、公司法、知识产权法等领域,由中国法制出版社出版)即是德国案例分析方法中国化的一种尝试。

基于共同创业的驱动,我们相继组建了"中德法教义学"QQ群,推出了"中德法教义学苑"微信公众号,并在《北航法律评论》2015年第1辑策划了"法教义学与法学教育"专题,发表了我们共同的行动纲领:《实践指向的法律人教育与案例分析——比较、反思、行动》(季红明、蒋毅、查云飞执笔)。2015年暑期,在谢立斌院长的积极推动下,中国政法大学中德法学院与德国国际合作机构法律咨询项目合作,邀请民法、公法和刑法三个领域的德国教授授课,成功地举办了第一届"德国法案例分析暑期班"并延续至今。2016年暑期,季红明和夏昊晗也积极策划并参与了由西南政法大学黄家镇副教授牵头、民商法学院举办的"请求权基础案例分析法课程"暑期培训班。2017年暑期,加盟中南财经政法大学法学院的"中德法教义学苑"团队,成功举办了"案例分析暑期培训班",系统地在民法、公法和刑法三个领域以德国的鉴定式模式开展了案例分析教学。

中国法治的昌明端赖高素质法律人才的培养。如中国诸多深耕法学教育的启蒙者所认识的那样,理想的法学教育应当能够实现法科生法律知识的体系化,培养其运用法律技能解决实践问题的能力。基于对德国奠基于法教义学基础上的法学教育模式的赞同,本译丛期望通过德国基础法学教程尤其是案例研习方法的系统引入,能够循序渐进地从大学阶段培养法科学生的法律思维,训练其法律适用的技能,因此取名"法律人进阶译丛"。

本译丛从法律人培养的阶段划分入手,细分为五个子系列:

——法学启蒙。本子系列主要引介关于法律学习方法的工具书,旨在引导学生有效地进行法学入门学习,成为一名合格的法科生,并对未来的法律职场有一个初步的认识。

——法学基础。本子系列对应于德国法学教育的基础阶段,注重民法、刑法、公法三大部门法基础教程的引入,让学生在三大部门法领域能够建立起系统的知识体系,同时也注重增加学生在法理学、法律史和法学方法等基础学科上的知识储备。

——法学拓展。本子系列对应于德国法学教育的重点阶段,旨在让学生能够在三大部门法的基础上对法学的交叉领域和前沿领域,诸如诉讼法、公司法、劳动法、医疗法、网络法、工程法、金融法、欧盟法、比较法等有进一步的知识拓展。

——案例研习。本子系列与法学基础和法学拓展子系列相配套,通过引入德国的鉴定式案例分析方法,引导学生运用基础的法学知识,解决模拟案例,由此养成良好的法律思维模式,为步入法律职场奠定基础。

——经典阅读。本子系列着重遴选法学领域的经典著作和大型教科书(Grosse Lehrbücher),旨在培养学生深入思考法学基本问题及辨法析理之能力。

我们希望本译丛能够为中国未来法学教育的转型提供一种可行的思路,期冀更多法律人共同参与,培养具有严谨法律思维和较强法律适用能力的新一代法律人,建构法律人共同体。

虽然本译丛先期以德国法学教程和著述的择取为代表，但并不以德国法独尊，而注重以全球化的视角，实现对主要法治国家法律基础教科书和经典著作的系统引入，包括日本法、意大利法、法国法、荷兰法、英美法等，使之能够在同一舞台上进行自我展示和竞争。这也是引介本译丛的另一个初衷。通过不同法系的比较，取法各家，吸其所长。也希望借助于本译丛的出版，展示近二十年来中国留学海外的法学人才梯队的更新，并借助于新生力量，在既有译丛积累的丰富经验基础上，逐步实现对外国法专有术语译法的相对统一。

本译丛的开启和推动离不开诸多青年法律人的共同努力，在这个翻译难以纳入学术评价体系的时代，没有诸多富有热情的年轻译者的加入和投入，译丛自然无法顺利完成。在此，要特别感谢积极参与本译丛策划的季红明、查云飞、蒋毅、陈大创、黄河、葛平亮、杜如益、王剑一、申柳华、薛启明、曾见、姜龙、朱军、汤葆青、刘志阳、杜志浩、金健、胡强芝、孙文、唐志威（留德）、王冷然、张挺、班天可、章程、徐文海、王融擎（留日）、翟远见、李俊、肖俊、张晓勇（留意）、李世刚、金伏海、刘骏（留法）、张静（留荷）等诸位年轻学友和才俊。还要特别感谢德国奥格斯堡大学法学院的托马斯·M. J. 默勒斯（Thomas M. J. Möllers）教授慨然应允并资助其著作的出版。

本译丛的出版还要感谢北京大学出版社副总编辑蒋浩先生和策划编辑陆建华先生，没有他们的大力支持和努力，本译丛众多选题的通过和版权的取得将无法达成。同时，本译丛部分图书得到中南财经政法大学法学院徐涤宇院长大力资助。

在系统引介西方法律的法典化进程之后，将是一个立足于本土化、将理论与实务相结合的新时代。在这个时代,中国法律人不仅需要怀抱法治理想,更需要具备专业化的法律实践能力,能够直面本土问题,发挥专业素养,推动中国的法治实践。这也是中国未来的"法律人共同体"面临的历史重任。本译丛能预此大流,当幸甚焉。

李　昊
2018 年 12 月

译者序

法治国家最终需要依靠具备法治思维的法律人予以实现,而法学教育正是孕育合格法律人的摇篮。是以,一国是否能建成法治国家在本质上取决于该国之法学教育健康与否。反观我国法学教育,经历了从无到有的发展历程,尤其改革开放以来,取得了举世瞩目的成绩,对我国社会主义法治国家的建设起到了相当积极的作用。但是,我们也应当看到,在骄人成绩的背后,我国法学教育存在的问题也是复杂深刻的:一方面,社会现状不时反映出我国法学院所培养的学生无法适应现时法律服务市场对法律人的需要,并直接表现为我国各大法学院毕业生的就业压力长期居高不下,以至于法学有时甚至被人调侃为"无用之学";另一方面,我们的法科大学生也常抱怨在学校所学到的"法学知识"不仅与法律实务相差甚远,甚至与法律职业资格考试亦有距离。故而,主张对我国法学教育进行全面反思之声,一直不绝于耳。与此同时,有关法学教育的理念,乃至对国外法学教育体制的介绍与探讨,虽非鲜见*,但对国外法学教育具体组织模式的系统引荐,却

---

* 参见苏力:《法学本科教育的研究和思考》,载《比较法研究》1996年第2期,第145页以下;周汉华:《法律教育的双重性与中国法律教育改革》,载《比较法研究》2000年第4期,第389页以下;王晨光:《法学教育的宗旨——兼论案例教学模式和实践性法律教学模式在法学教育中的地位、作用和关系》,载《法制与社会发展》2002年第6期,第33页以下;曾宪义、张文显:《法学本科教育属于素质教育——关于我国现阶段法学本科教育之属性和功能的认识》,载《法学(转下页)

寥若晨星。然须知，一国法学教育的形成，不仅来源于理念上的变革，更有历史、政治因素的影响，从而在相当程度上来看，法学教育是具体的而非抽象的，是经验的而非理念的。

本书的特色正在于全景式地介绍德国文官候补期和第二次国家考试，而非囿于特定法学教育理念的宣教。同时，或许因为本书四位作者都是来自德国法律实务界，从而他们不仅就文官候补期的相关训练要点为读者进行介绍，还在字里行间衍射了德国职场文化的方方面面。例如，在本书边码4中，作者点出，良好的人脉背景对于德国法科毕业生职业成长的重要性；而在本书边码38中，作者更建议文官候补生，可考虑赴位于施派尔的德意志行政科学高等学校接受训练，以弥补自身人脉上的不足。另外，本书作者不止一次强调所谓"软技能"（Soft Skills）**在法律职业成长当中的重要性。当然，这些"社会大学知识"的存在并不能抹杀德国国家考试制度对于法科学生在专业培养上的严格和系统。从法教义学到报告技术，从实务部门的训练与研讨课到最后的闭卷考试和口试，无不体现了德国现行制度对于文官候补生的严格要求。盖因如此，德国的文官体制得以保有享誉世界的高专业度和素质，并在相当程度上成为世界典范之一，也直接使得法治国

（接上页）家》2003年第6期，第1页以下；霍宪丹：《法学教育的一个基本前提——试析法律职业的特殊性》，载《华东政法学院学报》2006年第1期，第45页以下；孙笑侠：《法学的本相 兼论法科教育转型》，载《中外法学》2008年第3期，第419页以下；陈建民：《从法学教育的目标审视诊所法律教育的地位和作用》，载《环球法律评论》2005年第3期，第281页以下；何美欢：《理想的专业法学教育》，载《清华法学》2006年第3期，第110页以下；方流芳：《追问法学教育》，载《中国法学》2008年第6期，第14页以下；葛云松：《法学教育的理想》，载《中外法学》2014年第2期，第285页以下等。

** 参见本书边码201。

家在德国不只是单纯的理念,而得以成为当代德国国家权力运行的基本原则和准则。

众所周知,我国法制在历史上深受德国法系的影响。这不仅体现在具体法制体系和术语直接或间接的传承上,更表现在抽象法治国家理念与历史的相互印证上。但唯独在法律人培养上,不论组织模式,还是教学内容,上述这种传承与连接却并没有明显的印记。相反,当前我国法律人的培养,不论制度上还是内容上,仍然深受苏联法学教育的影响。尽管从20世纪80年代末以来,我国逐步建立起了律师资格考试,并经国家司法考试,最终形成现行的国家统一法律职业资格考试制度。但是,我国现行法律职业资格考试在考试形式上以客观题为主,考题内容无法考查考生从法条出发的法律思维能力的现实,却仍旧没有改变,至于之后应有的实务训练更近乎空白。而本书不但有对德国法学教育大学阶段"鉴定式"案例分析技术的简要回顾,而且有对文官候补期"判决式"案例分析技术的详尽介绍,全方位地向读者展示了德国法律人应具备的思维方式和能力。同时,本书对文官候补生在各个训练机构所接受的训练内容的介绍也从另外一个角度展现了德国公权力机关的日常工作职责和内容,为相关理论研究打开了另外一扇窗口。

此外,本书还难能可贵地,就文官候补生在训练期间可能面对的考试中的权利保障、相关社会保险和税收优惠乃至租房等各类问题进行了详尽介绍。这不单让读者能对德国文官候补生的日常生活更加感同身受,而且对于那些致力于相关比较法研究的学者来说也具有相当的参考意义。总之,本书以其独特的视角和内容,将实用性和学术性完美地融合在一起,完整而全面地向读者展现了德国文官候补期和第二次国家考试制度的全貌,并且为法律人的职业成长提供了诸多有益的建议。

最后,翻译德文法律专业著作的难度,或许只有译者本人才能明白。而本书又不同于一般的法律专业著作,其作为一本主要面向文官候补生的向导书,所涉及的专业领域包罗万象,涵盖了从公法到私法,从实体法到程序法,甚至税法和社会法等相对很少有人触及的具体行政法。这都进一步造成本书的翻译难度远超一般法律著作。鉴于此,也考虑到译者本身能力有限,翻译内容难免有不完善之处,也请读者多多指正。

本书能够翻译成功,首先要感谢北京航空航天大学的李昊老师,是其作为北京大学出版社"法律人进阶译丛"召集人的精心组织和耐心、宽容,使得我们译者能够安心地完成翻译工作。同时,也要感谢北京大学出版社以陆建华先生为代表的编辑们的努力,使本书的翻译得以获得授权,并能顺利出版。另外,还要特别感谢本书的另外两位译者:现同为德国慕尼黑大学法学博士候选人的王轶女士和黄麟啸先生,是两位译者的及时参与和细致工作,使得本书的翻译达到了既定目标。再者,笔者还要感谢父母双亲以及内子的理解和帮助,没有亲人们的付出,本书的翻译以及笔者事业上的成长,都是不可期待的。

当前"新型冠状病毒肺炎"(COVID-19)在全球肆虐,民众对于不确定性的恐惧,以及由此而来的对于政府"万能"干预的急切盼望,正时时刻刻考验着法治国家理念。而本书恰在此时翻译完成,似乎也正迎合着时代的挑战。故而,笔者希望当下以及未来的读者,能够在心思平复时详读本书,并能坚定或燃起对法治国家的盼望与信赖。

愿疫情早日过去，祝大家身体安康，祝法律人大团结！

本书翻译分工如下：胡川宁负责封面、前言至第八章第二节第二部分，王轶负责第十四章至关键词索引，黄麟啸负责第八章第二节第三部分至第十三章。另外，三位译者共同完成了校对工作。

胡川宁
公元 2020 年 3 月 7 日晚
于四川省攀枝花市仁和镇陋室

前　言

本书第一版的书名为《法学训练系列丛书之文官候补生向导》(*JuS-Referendarführer*)，主要是为业已参加完考试的法律专业申请生(Rechtskandidat)、文官候补生(Referendar)以及新进的候补文官(Assessor)而作。本书旨在帮助各位读者开始和计划文官候补期(Referendariat)中的学习和工作，并以平实的语言提供各种相关的建议和可能的规划方案。总之，本书的写作目标为：力求成为有益于各位文官候补生完成最后的法律职业教育阶段的参考书和资料书，并展示了文官候补生阶段结束后所面临的职业前景和职业可能。

为了实现上述写作目标，本书的写作重点主要集中在两个方面：文官候补期和法律人的职业机会。单纯为第二次国家考试的准备提供建议并不是本书的任务所在。市面上已经有很多旨在训练如何完成闭卷考试和宣读文书的相关教科书，本书对此类教科书选择提供了指导。

此外，需要注意的是，《德意志法官法》(Das Deutsche Richtergesetz)只是就法律职业教育的原则性问题作出了适用于全联邦的统一性规定。在前述法官法所规定的框架下，各个联邦州则通过制定相关的《职业训练法》(Ausbildungsgesetz)、《职业训练条例》(Ausbildungsordnung)和《考试条例》(Prüfungsordnung)，就法律职业教育作出了各自的细节性规定。从而，造成全德国十六个州所适用的关于法律职业教育的法律规定各不相同。也正因如此,本书仅就法律职业教育的原则性问题和个别州之间的本质性差异进行介绍。

最后,读者关于本书的任何意见和建议都可以寄送到这个电子邮箱:JuS-Referendarfuehrer@web.de。笔者在此对所有不辞辛苦向我们提出相关意见、建议乃至批评的读者致以真诚的感谢。作为回应,笔者将认真就有关本书的批评意见进行建设性的归纳和接受,以满足各位读者对于本书第二版的殷切希望。顺便需要指出的是,我们所撰写的这本书一直保持着忠实可靠的品格:这意味着,在文官候补生的经济条件不能因本书而得到实质改观的前提下,本书的建议至多也只能作为一种参考存在。为此,本书亦有关于职业前景和其他法律职业的介绍。

[德]托尔斯滕·维斯拉格　斯蒂芬妮·贝格曼
斯文尼亚·凯勒尔　马蒂亚斯·扎贝尔
汉堡,2007年3月

目 录

第一编 文官候补期

第一章 导论 ································· 002

第二章 法律人训练的改革 ··············· 004
  第一节 缘起与问题 ····················· 004
    一、错误的培养目标? ················· 005
    二、训练的风险 ························· 006
    三、以律师职业为训练样板——德意志律师协会的要求 ······················· 008
  第二节 改革的必要性 ··················· 010
  第三节 解决方案——统一法律人训练模式还是模块化训练模式? ················· 011

第三章 文官候补期之前 ··················· 014
  第一节 训练主管机关 ··················· 015
    一、个别的训练主管机关 ············· 015
    二、正确选择训练机构的标准 ······· 016
  第二节 任命日与等待期 ················ 018
    一、等待期的时长 ······················ 018
    二、等待期缩短的可能 ················ 023
  第三节 等待期的过渡 ··················· 025

  一、继续教育的可能 ·················· 026
  二、参加工作的可能 ·················· 026
第四章　文官候补期训练的具体内容 ········ 031
第五章　文官候补生训练机构 ············ 032
 第一节　引言 ························ 032
 第二节　文官候补生训练中的技巧 ········ 034
 第三节　刑事机构 ···················· 038
  一、公诉书的撰写 ·················· 040
  二、出庭 ·························· 043
  三、司法事务官与书记官 ············ 050
 第四节　民事机构 ···················· 052
  一、言词辩论的主持 ················ 053
  二、判决书的撰写 ·················· 056
 第五节　行政机构 ···················· 060
  一、总论 ·························· 061
  二、行政机构训练的持续时间 ········ 062
  三、国内行政机构的训练 ············ 062
  四、外交部门 ······················ 071
  五、外国机关所属的训练机构 ········ 074
  六、公共企业 ······················ 079
  七、行政法院的训练 ················ 080
  八、位于施派尔的德意志行政科学高等学校 ··· 083
  九、挑选行政训练机构的标准 ········ 087
 第六节　律师事务机构 ················ 088
  一、律师法律文书的撰写 ············ 089

二、出庭 ·· 095
　　三、文官候补生于律师事务所取得的额外报酬 ·········· 106
　　四、德意志律师协会的训练 ······························ 106
　第七节　国外机构或其他特别机构 ························· 109
　　一、选择标准 ·· 110
　　二、重点训练领域 ··· 111
　　三、训练计划 ·· 112
　　四、选择空间 ·· 113
　第八节　对于文官候补生训练官的要求 ··················· 114
　第九节　文官候补生训练证书 ······························ 117
　　一、导论 ··· 117
　　二、结训证书的意义 ······································ 117
　　三、结训证书的组成内容 ································· 119
　　四、对结训证书内容的误读 ······························ 120
　　五、权利保护 ·· 122

第六章　研讨课 ··· 128

第七章　考试 ·· 132
　第一节　考试的流程 ··· 132
　　一、笔试 ··· 133
　　二、口试 ··· 138
　第二节　考试的准备 ··· 139
　　一、基本原则 ·· 140
　　二、备考中的花费 ··· 141
　　三、备考的内容 ··· 143
　　四、辅导机构 ·· 145

第三节　考试程序错误时的权利保护 …………… 149

第四节　考试退出权 …………………………… 152

第五节　欺诈 …………………………………… 152

第八章　针对文官候补生收入的税收措施 …………… 154

第一节　导论 …………………………………… 154

一、文官候补期 ……………………………… 155

二、非独立性兼职 …………………………… 156

三、独立性兼职 ……………………………… 157

第二节　谋利成本 ……………………………… 157

一、一般规定 ………………………………… 157

二、职业协会的会费 ………………………… 158

三、住所与工作场所之间的路程费用 ……… 158

四、双重家政花销 …………………………… 160

五、办公用品费 ……………………………… 161

六、家庭办公费 ……………………………… 164

七、差旅费 …………………………………… 164

八、餐食额外开支 …………………………… 165

九、进修费 …………………………………… 166

十、搬家费 …………………………………… 169

十一、通讯费 ………………………………… 169

十二、申请费 ………………………………… 170

十三、账户管理费 …………………………… 170

第三节　特别支出 ……………………………… 170

第四节　异常负担 ……………………………… 171

第九章　保险与资助 …… 172
第一节　保险 …… 172
一、医疗保险(Krankenversicherung) …… 172
二、个人责任保险(Privathaftpflichtversicherung) …… 174
三、职业能力丧失保险(Berufsunfähigkeitsversicherung) …… 175
四、意外伤害保险(Unfallversicherung) …… 175
五、养老与失业保险(Renten-und Arbeitslosenversicherung) …… 176
六、公职人员的保险优惠 …… 176
第二节　《联邦教育资助法》 …… 176
一、部分免除 …… 177
二、还款义务的中止 …… 178

第十章　额外资质 …… 179
第一节　博士学位 …… 179
一、申请条件与许可 …… 182
二、博士论文的题目与撰写 …… 183
三、博士学习阶段的成本与资助 …… 187
第二节　法学硕士 …… 189
第三节　欧洲范围内的其他资质 …… 190
第四节　欧洲范围内的暑期课程 …… 190
第五节　英国文化教育协会(British Council)的项目 …… 191
第六节　哈根远程大学 …… 192
第七节　经济法补充课程 …… 192

第十一章　文献与软件 …… 194
第一节　概述 …… 194
第二节　期刊 …… 195

第三节　教科书 …………………………………… 196
　一、民法部分 ……………………………………… 196
　二、刑法部分 ……………………………………… 197
　三、行政部分 ……………………………………… 197
　四、律师事务机构 ………………………………… 197
第四节　法律评注 …………………………………… 198
第五节　学习辅助工具 ……………………………… 198
第六节　软件 ………………………………………… 199

第十二章　互联网 …………………………………… 200
第一节　互联网对于法律人与文官候补生的意义 …… 200
第二节　接入方式 …………………………………… 202
第三节　互联网搜索技巧 …………………………… 203
第四节　实用的网址 ………………………………… 205
　一、法律条文 ……………………………………… 205
　二、司法案例 ……………………………………… 205
　三、文献 …………………………………………… 206
　四、文官候补生会用到的网址 …………………… 207
　五、其他网址 ……………………………………… 208
　六、需付费使用的网址 …………………………… 209

第十三章　法律人联合会 …………………………… 212
第一节　青年律师论坛（FORUM junge Anwaltschaft）…… 212
第二节　欧洲法学生协会德国分会（ELSA Deutschland e. V.）………………………………………… 214

第二编 法律人的职业机会

第十四章 律师 ········· 218
第一节 职业面貌 ········· 218
  一、律师职业的自由 ········· 222
  二、律师的工作 ········· 223
  三、执业领域和专科律师 ········· 228
  四、律师从业许可和律师密度 ········· 231
  五、律师收费法（Anwaltsgebührenrecht） ········· 232
  六、执业律师的工作 ········· 236
  七、顾问律师（Syndikusanwalt）的工作 ········· 241
第二节 申请成为聘用律师 ········· 242
第三节 独立执业/律师事务所的设立 ········· 244
  一、前提 ········· 244
  二、收益预期 ········· 246
  三、副业（Nebenjobs） ········· 247
  四、市场与市场营销 ········· 247
  五、律师事务所的设立 ········· 248

第十五章 法官 ········· 250
第一节 法官的独立性（Richterliche Unabhängigkeit） ········· 252
第二节 审理（Verhandlung）与"调解"（Mediation） ········· 253
第三节 不同的诉讼管辖（Gerichtsbarkeiten）与工作领域 ········· 254
第四节 委派（Abordnung）、管理、培训与考试 ········· 255
第五节 特别假期和部分时间工作形式 ········· 257

第六节　升迁机会（Beförderungschancen） …… 258

第七节　工作条件（Arbeitsbedingungen） …… 259

第八节　试用期（Probezeit） …… 260

第九节　地域限制（Örtliche Gebundenheit） …… 260

第十节　申请（Bewerbung） …… 261

一、前提 …… 261

二、工作市场（Stellenmarkt） …… 262

三、申请条件（Bewerbungsmodalitäten） …… 262

第十六章　检察官 …… 264

第一节　职业面貌 …… 264

一、侦查程序（Ermittelungsverfahren） …… 264

二、专门部门（Spezialabteilungen） …… 265

三、提起公诉（Anklageerhebung）与诉讼终止（Einstellung） … 266

四、庭审工作（Sitzungsdienst） …… 266

五、受指令权拘束（Weisungsgebundenheit） …… 268

六、部门转换与部分时间工作形式（Abteilungswechsel und Teilzeit） …… 269

七、刑事执行（Strafvollstreckung） …… 269

八、减刑或赦免程序（Begnadigungsverfahren） …… 270

九、升职机会与工作条件 …… 270

第二节　申请 …… 270

第十七章　公证人 …… 272

第一节　职业面貌 …… 272

一、专职公证人 …… 272

二、律师兼公证人 …… 273

三、初级公证处(Amtsnotariat)与区公证处(Bezirksnotariat) …… 274
　第二节　职位与收入 …… 275
　　一、主权机关(Hoheitsträger) …… 275
　　二、利益平衡 …… 275
　　三、收入 …… 276
　第三节　任务 …… 276
　　一、地产法(Grundstückrecht) …… 278
　　二、家庭法 …… 278
　　三、继承法 …… 278
　　四、企业法(Unternehmensrecht) …… 278
　　五、照管法(Betreuungsrecht) …… 279
　　六、调解 …… 279
　第四节　申请 …… 279
　　一、专职公证处 …… 280
　　二、律师兼公证人 …… 281

第十八章　行政机关法务 …… 282
　第一节　职业面貌 …… 282
　　一、行政工作中法律人的作用与要求 …… 284
　　二、地位问题 …… 287
　　三、工作条件 …… 290
　　四、公共服务领域的收入 …… 292
　　五、行政服务工作中的升迁机会 …… 295
　　六、岗位的安稳度 …… 297
　第二节　申请 …… 298
　　一、前提条件 …… 298

二、就业市场 ………………………………………… 299
三、申请方式 ………………………………………… 300

第十九章 企业法律人 …………………………………… 302
第一节 职业面貌 ……………………………………… 303
一、职能和任务领域 ………………………………… 303
二、企业法律人作为顾问律师 ……………………… 306
三、薪资 ……………………………………………… 307
四、晋升机会 ………………………………………… 308
第二节 申请 …………………………………………… 309

第二十章 银行与保险公司中的法律人 ………………… 311
第一节 职业面貌 ……………………………………… 311
第二节 申请 …………………………………………… 312

第二十一章 企业咨询公司中的法律人 ………………… 313
第一节 职业面貌 ……………………………………… 313
第二节 申请 …………………………………………… 314

第二十二章 法学教师 …………………………………… 315
第一节 职业面貌 ……………………………………… 315
第二节 通向教授职位之路 …………………………… 317
一、大学授课资格论文 ……………………………… 317
二、初级教授席位 …………………………………… 319
三、取得(教授)资格的其他途径 ………………… 320
第三节 结论 …………………………………………… 321

第二十三章 政治家 ……………………………………… 322
第一节 以政治家为职业 ……………………………… 322

第二节　在政治领域的工作 …………………………… 324

第二十四章　失业的法律人 ………………………………… 327
　第一节　失业金和社会给付 …………………………… 328
　第二节　住房补贴(Wohngeld) ……………………… 332
　第三节　支持性给付(unterstützende Leistungen)和流动性
　　　　　补贴(Mobilitätshilfen) ……………………… 333
　第四节　通过措施进行资助 …………………………… 334
　第五节　因为失业而创业：创业补助金(Gründungszuschuss)
　　　　　和起步金(Einstiegsgeld) …………………… 335

第二十五章　法律职业与父母身份 ………………………… 338
　第一节　国家层面的福利(Staatliche Leistungen) …… 339
　　一、子女补贴金(Kindergeld) ……………………… 339
　　二、父母补贴金(Elterngeld) ……………………… 340
　　三、抚养预付款(Unterhaltsvorschuss) …………… 341
　　四、社会救济金(Sozialhilfe) ……………………… 342
　　五、养老金(Rente) ………………………………… 342
　第二节　照顾孩子(Kinderbetreuung)——法律上的规则 … 343
　　一、依据《孕产妇保护法》(Mutterschutzgesetz, MuSchG)
　　　　的孕妇及母亲保护(Mutterschutz) ……………… 343
　　二、育儿假(Elternzeit) ……………………………… 344
　第三节　照顾孩子——实践层面 ……………………… 345
　第四节　由父亲照顾孩子 ……………………………… 346

第三编　附　录

附录一　2003年至2005年间的第二次国家考试成绩 ……… 348

附录二　1999年至2005年间受任命的文官候补生数 ……… 352

附录三　针对文官候补生的联邦法律层面的规则 ………… 354

附录四　联邦评分令 …………………………………… 357

附录五　州司法考试局 ………………………………… 359

附录六　训练主管机关列表 …………………………… 362

附录七　德国–外国(或地区)法律人联合会 ………… 366

附录八　最高联邦行政机关 …………………………… 371

关键词索引 ……………………………………………… 376

第一编

文官候补期

第一章 导 论

1　　正如本书第一版所言:德国法律职业教育的水准实过其名。同时自从所谓的博洛尼亚计划(Bologna – Prozess)[1]诞生之后,多年以前业已进行过的有关法律职业教育改革的讨论又再次活跃起来。笔者认为,德国现行的法律职业教育制度仍旧保持了很高的品质。当然,笔者也并不想对读者隐瞒这些有关法律职业教育的争论现状,以及从不同出发点所得出的结论。笔者为此在本书新加了一章"法律人训练的改革"。

---

[1] 1999年6月19日29个欧洲国家的教育部长签署了博洛尼亚宣言(Die Erklärung von Bologna),并且将签字权开放给欧盟成员国以外的国家。但博洛尼亚宣言仅仅是个纯粹意向性的政治宣言(politische Absichtserklärung)。根据博洛尼亚宣言的要求,欧洲应该建立一个统一且易于理解的高等学校学位制度体系,从而使任何一个欧洲国家的高等学校学位都可以在其他国家得到同等程度的承认。到目前为止,博洛尼亚宣言仅就建立一个以学士学位和硕士学位为内容的双阶段体制作出规定,但宣言本身并没有就该双阶段体制的建立确立一个明确的时间表。而宣言并没有就具有实践性的职业教育,例如文官候补生的职业教育,作出任何明确的表示。尽管如此,博洛尼亚宣言的有关内容仍然可以对法律职业教育产生相当影响。原因在于,法律职业教育本身毕竟不能脱离大环境,否则很难避免职业教育时间过长。

德国法律人[2]的品质在国际上获得普遍承认。[3] 与其他欧盟成员国相比,德国法律职业教育的特点主要在于两个方面:一方面,德国的法律职业教育存在一个紧接着大学法律教育阶段,由国家组织,并以实践为导向的执业准备期间(文官候补生阶段);另一方面,文官候补生阶段的学习是以能够从事所有法律职业为导向的[统一法律人原则(Prinzip des Einheitsjuristen)]。[4] 而其他国家往往为不同的法律职业领域提供不同的法律职业教育,因此这些国家的法律职业教育只是提供了有限的职业选择。

到目前为止,德国的法律职业教育改革并没有过多突破统一法律人原则的要求。当然,德意志律师协会(Der Deutsche Anwaltverein)一直对按照不同的法律职业领域进行训练的模式,即非统一法律人模式,持开放态度。[5] 在此种模式下,业已成功毕业的法科大学生如果想从事律师职业,则还需要额外完成一个针对律师职业的为期2年的强化训练。统一法律人的传统基本信念无疑因此受到了动摇。[6]

---

[2] 本书中的文官候补生以及法律人等概念虽然使用了阳性的形态,但这并不意味着本人有意忽视那些女性文官候补生或法律人。

[3] BR-Drs. 671/01 vom 27.9.01.

[4] 文官候补生训练一直以来都是以具备"法官岗位能力"为目标的,即其训练不仅要以能够从事法官职业,而且要以能够从事任何法律职业为导向(参见《德国联邦律师法》第4条、《德国联邦公证人法》第5条)。

[5] 在2005年11月17日举办的全德州司法部部长秋季会议上,德意志律师协会主席Hartmut Kilger表达了这样的需求:"律师行业需要一种专门的训练制度,以真正用于律师的培养,即一种以律师工作实务为导向的训练制度。"

[6] 统一法律人模式是18世纪的精神产物。1781年所制定的《法院通则》(Allgemeine Gerichtsordnung)第一次将法官从业资格规定为从事所有法律职业所必备的前提条件。参见科学顾问委员会(Wissenschaftsrat):国家文凭制度改革建议书(Empfehlungen zur Reform der Staatlichen Abschlüsse),http://www.wissenschaftsrat.de,第13页。

第二章　法律人训练的改革

第一节　缘起与问题

《法律人培养改革法》(das Gesetz zur Reform der Juristenausbildung)[7]于2002年颁布,该部法律主要以法律人训练法律制度修改和文官候补生训练制度变革为内容。该法颁布之后,大多数人认为此次改革已经满足了现实的需要。[8] 因此我们不禁要问:法学教育和文官候补生训练制度还有继续改革的必要性吗?[9]

---

[7]　BGBl. I, S. 2592.
[8]　根据巴伐利亚州司法部部长贝亚特·默克(Beate Merk)博士的观点,2002年的大学教育改革业已在本质上完成了博洛尼亚计划对法学教育的要求:强化法科大学生的国际化训练、改进大学的职业教育以及进一步提高在外国学习所取得的学分获得承认的可能性都已经成为现行的制度。参见巴伐利亚司法部:媒体公告,编号:93/05,2005年9月22日。与此相对,北莱茵-威斯特法伦州司法部部长罗斯维塔·米勒·皮蓬克特尔(Roswitha Müller-Pipenkötter)则认为:"此次改革只是下一次改革的前奏。"参见罗斯维塔·米勒·皮蓬克特尔在联邦律师公会(BRAK)第109次全会上所作的报告——《律师顾问法与法学本科及研究生教育制度的重置》。
[9]　参见2006年11月18日第一届汉堡法学教育研讨会所发表的观点集,http://www.reform-der-juristenausbildung.de。

一、错误的培养目标？

正如上文所言,现行的法律教育制度是以培养法官为基本导向的。但问题是,只有极少数法律人能作为法官从事工作。这就使人不得不怀疑,现行法律教育制度的问题不仅存在于无法满足法律就业市场的需要,更重要的是,其以培养法官为导向的思路或许在根本上就是错误的。

由此在当今的司法专业领域存在一种强烈的呼声,即法律教育应以那些低于法官所需的知识和技能的职业为培养目标。[10]同时人们应认识到,对于那些从事其他法律职业,即并非从事法官、检察官、律师、行政法律人和公证人这样的经典法律职业的法律人,尽管要保证其大学教育的科学性,然而对于今后有志于从事经济领域工作的法律人,例如在保险企业工作或作为独立企业家工作的法律人,保障他们能够在早期阶段就得到与其感兴趣领域相关的专门知识培训的机会,也是非常有必要的。

然而在现行的统一法律人训练模式的框架下,法学生只有等到法律训练非常靠后的阶段,才能做出其职业选择。现行的大学法律教育与文官候补期制度阻碍法学生的职业选择,原因在于,尽管法学生在第一次国家考试前的学习阶段也会接触到一定的专门知识,但不论是第一次国家考试,还是第二次国家考试,很大程度上都是以一般性的知识为考试内容。这造成法学生和文官候补生的知识谱系过于狭窄,他们往往只认为那些与考试有关的内容才是重要的,而那些与考试没有显著关系的内容,例如早

---

[10] 参见2006年11月18日第一届汉堡法学教育研讨会所发表的观点集,http://www.reform-der-juristenausbildung.de。

期训练阶段所应具备的职业选择能力和相关专门知识,则会被视为是多余的。

统一法律人训练模式的要义在于,法律职业所需的知识足以让法学生胜任律师甚或新闻工作者的任务,或者说,法律人知天下。这种观点虽然不能说是错误的,但却不只适用于法律专业,相反,它也适用于其他所有的大学专业。概括来说,这种法律人系通才的观点已经不是很准确了,更何况实践当中法律人仍然需要在法律规范领域体现出其应有的专业性。

二、训练的风险

国家目前在法律人训练上的投资是巨大的。[11] 然而就个人来说法律人的训练亦是充满风险的:当某个法律人虽然通过了第一次国家考试,但未能通过第二次国家考试之时,或当某个法律人在最后一次考试的最后一场口试中才认识到其并不适合从事那些经典的法律职业之时,摆在这位已经年近30岁的法律人面前的似乎是一条绝路,因为他几乎已经没有机会再转行到其他职业当中去了。[12] 此外,不可忽视的还有,其他取得学士或硕士学

---

[11] 在2005年11月17日于柏林举行的各联邦司法部部长秋季会议上,德意志律师协会指出,每年用在文官候补生培训上的费用高达5亿欧元。同时根据德意志律师协会的测算,每年大约有7 500到8 000名毕业生以取得法官职位为目标进行训练,而其中只有大约400人能够事实上获得法官职位。

[12] 在2005年11月10日于汉堡举办的汉萨城市律师协会专家论坛上,汉萨城市高等区域法院院长拉普(Rapp)就明确指出了这种现象,即许多人在经历了近10年的训练之后才猛然发现"他根本不是干法律的这块料"。此外,当训练官不得不告知考生其所做的一切都是"无用功"时,对于训练官本人来说也是一场煎熬。同时这也解释了,为什么相比于让训练生直接被淘汰,训练官往往更倾向于给训练生打一个"及格"的成绩。这就是取得"及格"考试分数的人会比较多的原因。

位的同时代的非国家考试法律人,虽然无法从事一些经典的法律职业,例如法官或律师,但其所取得的学位却足以使其以较年轻的年龄在协会、公会、企业、银行或保险公司的法务部门取得法律顾问的职位。

文官候补生参加文官候补期训练除了为了取得法官任职资格(die Befähigung zum Richteramt)以外,还为了获得一个只有10%到15%的考生[13]才能取得的超出平均水平的成绩。而对于法律人来说取得超出平均水平的成绩是其今后飞黄腾达的重要条件。一般来说,能够在第二次国家考试中取得高于9分(不包括9分)分数的考生在形式上基本具备了全联邦所有国家公职所需的专业条件。此外第一次国家考试中取得较差分数的考生也可通过在第二次国家考试中取得超出平均水平成绩的方式予以弥补。取得"满意"成绩的学生大多都能找到一份收入良好的工作。但取得"及格"成绩的学生的工作申请之路却通常是漫长和艰辛的,这是他们所必须面对的现实。而一份富有吸引力的个人简历、充满个人魅力的仪态或雄厚的人脉背景则会补偿较差成绩所带来的消极后果。这意味着,那些不够阳光且语言上缺乏训练的毕业生将更加艰难。当然,在申请工作岗位的过程中,除了成绩以外,还存在一些额外优惠,例如所谓的"巴伐利亚优惠"或"萨克森优惠"[14]。

考试成绩由闭卷考试成绩和之后的口试成绩组成,其中闭卷

---

[13] 参见附录一的成绩统计表。
[14] 在巴伐利亚州和萨克森州通常能取得"非常满意"分数的考生少于15%,相比说来,在汉堡、石勒苏益格-荷尔斯泰因州和不来梅能取得"非常满意"分数的考生通常都超过20%。此外,在巴伐利亚州,考试由11门闭卷考试连续组成,仅在周末才被暂停。

考试至少会有七场[15],且须在很短的时间内完成。这对于考生来说,无疑是一个巨大的挑战,这次考试将会为其打上一生的烙印,并锻造其成熟的人格。考生在闭卷考试和口试中的表现并不一定能完全反映其真实的知识和专业能力,更何况考试的成败多少亦有偶然因素在内(字迹的好坏、考题常见或冷僻以及考官本人严苛与否)。但考试以无法比拟的方式记录了考生的心理抗压能力并能展现一名考生在面临时间压力的情况下如何很好地解答其并不熟知的题目的能力。而这些能力正是当今法律人从事法律工作所不可或缺之能力。

三、以律师职业为训练样板——德意志律师协会的要求[16]

德意志律师协会主席哈特穆特·基尔格(Hartmut Kilger)在2003年就向全国的司法部部长们指出:仅仅延长文官候补生在律师事务所的实习期间是无法满足当今律师市场要求的。未来的法律人训练制度改革,不论是大学法学教育阶段的改革,还是文官候补期阶段的改革,都应着重考量以下现实情况:

(一)律师行业面临供大于求的情况。当今德国律师行业的风险在于"滥竽充数者"甚多。这集中表现在一方面律师执业许可的数量持续提高;而另一方面,年轻律师退出律师执业的比例亦居高不下。

(二)年轻律师往往缺乏必要的资质,以至于其在律师事务所

---

[15] 萨尔州、柏林和勃兰登堡州的闭卷考试有七场。而在大多数州(巴登-符腾堡州、不来梅、汉堡、黑森州、下萨克森州、北莱因-威斯特法伦州、萨克森-安哈特州、石勒苏益格-荷尔斯泰因州),闭卷考试会有八场。

[16] *Kilger*, Juristenausbildung 2006 – nur Qualität sichert den Anwaltsberuf. Warum die Anwaltschaft eine Spartenausbildung braucht, AnwBl. 2006, 1.

从业最初的 1 到 2 年,资深的律师甚至几乎无法对年轻律师进行必要的指导,从而传统的"观摩学习"模式完全无法适用。结果就是,大量通过第二次国家考试的年轻法律人直接就涌入律师市场,而律师咨询的品质却得不到保障。

(三)传统的律师们不应再孤芳自赏了。高等专门学校毕业的法律学士的数量在逐年增加,同时取得经济法律人硕士文凭者也已占有相当的市场份额。

不仅律师们,其他从事传统法律职业的法律人也应扪心自问,自己是否还能承担得起法律精英这一称谓,或者是否应考虑如基尔格[17]先生所建议的那样,为传统的统一法律人教育注入新鲜血液——模块化训练模式(Spartenmodell)。

针对个别职业进行更深入的培训无疑是正确的。如在法国,大学生在其大学学业的早期阶段就应当决定其以后的职业道路是通向司法界、行政界还是律师界。然而德国的大学因联邦宪法法院而被强制接受那些未能取得优秀成绩的学生。这无疑造成德国大学目前几乎没有能力进行以个别职业为导向的进阶职业训练。鉴于目前德国国立高等学校的现状,高中毕业生申请评鉴中心(Assessment center)所要求的早期职业选择显然是无法实现的。

尽管关于法律人训练模式的改革争论已经持续了近 100 年,但法律人训练内容究竟应如何改变,却仍需要进行详细的研究。但现实是大学生们已经迷失了方向,他们对于当今法律人的日常工作一无所知。这些大学生只有快要到 30 岁的时候才有机

---

[17] *Kilger*, Juristenausbildung 2006-nur Qualität sichert den Anwaltsberuf. Warum die Anwaltschaft eine Spartenausbildung braucht, AnwBl. 2006, 1.

会作为文官候补生了解到法律人的日常。

第二节　改革的必要性

简要来说,法律人训练制度应在以下方面进行改革:

(一)应将考试时间提前,以便更早地确定相关人士是否适合从事法律工作;

(二)应让年轻的法律人们有机会在其学习的早期阶段就认识到,其所学的法律知识有什么用,以及他们想如何运用法律;

(三)法律人的教育应该从第一学期就以法律职业为导向[18];

(四)法律人的训练必须要加入实习环节。目前就算是在文官候补期的第二次国家考试中也没有考查实践知识的内容[19];

(五)应全面修订大学法学教育与文官候补生训练的内容:为了避免更多大学生参加以通过国家考试为目的的法律补习班,法学教学中应将那些细节性知识点限缩到最小程度。现在国家考试的考官已经发现,许多参加考试的大学生虽然能够将许多细节性知识点"倒背如流",但却对相关部门法缺乏整体认识。

若能正确且同时贯彻上述五点,则法律人教育制度无疑会及早地变得更加可靠。而年轻的大学生和文官候补生也能够在早期阶段就清晰地了解其职业前景,并能作专业化训练的打算。市

---

[18] 虽然《德国法官法》第5a条明文规定法律人训练应考量到顾问性职业的需要。然而不论是考试条例还是其他法律却并没有就此考量向大学作出具体的规定。

[19] 例如:第二次国家考试应考查立志要成为亲属法专业律师的考生是否具备必要的亲属法知识。

场已经充分证明了这一事实,即专业化是取得个人事业成功的捷径。而对其专业只具有一般性的表面知识的法律人则会很快发现,需要长期委托合同的高品质客户不会对他们感兴趣,因为这样的法律人只会给他们一种不了解专业基本知识也无法解答他们的法律问题的印象。

第三节 解决方案——统一法律人训练模式还是模块化训练模式?

各级协会、部委、法院系统和行政首长办公室心知肚明,但却不乐意公开表态的事实是:博洛尼亚计划实际上对德国传统的统一法律人训练模式造成了巨大的冲击。正如上文所述,现行的统一法律人训练模式系1781年《法院通则》的产物,其建立在这样一种信念和追求的基础之上,即让所有法律职业人士获得从事法官职位所需的能力,是高质量法律工作的前提保证。所有法律人都应当具备法官职业所需的知识和工作方法的观点不是错的,但需要指出的是,当今的法律职业和法律顾问工作的内容是具有多样性的,这就需要未来的律师们除法官职业所需的知识外还要具备一些其他资质,尽管《德国法官法》明文规定法律人之训练以取得法官职位为目标。[20]

德意志律师协会指出,在他们所支持的模块化训练模式中,文

---

[20] 如果一位身处伦敦的德国文官候补生向她的伦敦朋友表示她完成考试以后的职业选择将会是法官的话,她的那些伦敦朋友即使不对其报以摇头,也会以微笑的方式表达出他们的难以置信。因为这在伦敦是绝对不可能的,即一个没有任何事务律师(solicitor)或出庭律师(barrister)工作经验的人能够直接获得成为法官的训练机会。

官候补生虽然将会按照不同的领域进行分别的专门培训,但这并不意味着他们会被限制在他们所处的模块。对于后备律师来说,在行政或司法机关进行短期的训练也会成为必修科目,这将使他们获得多样化的职业经验和思维方式。[21] 根据《〈联邦律师训练法〉(BRAusbiG)德意志律师协会草案》的规定,现行的文官候补期制度应被完全废除,取而代之的是三个独立的候补期制度:以训练未来律师为目的的律师候补期、以训练未来法官和检察官为目的的司法文官候补期以及以训练一级高等行政文官(der höheren Verwaltungsdienst)*为目的的行政文官候补期。[22] 只有已经取得律师训练资格的人才能进行律师候补期训练。而只有已从业5年以上,且有能力和意愿为律师候补生提供工作岗位,并能支付法定报酬的律师,才能作为律师候补生的训练官(Ausbilder)。律师候补期制度将由20个月的实习训练和4个月的高阶理论训练组成。律师候补生的实践知识将通过高阶理论训练获得升华。[23] 律师候补期最终将以律师资格考试的方式结束。

  文官候补期改革的本质问题在于,立法者是否以及在多大程度上会受到博洛尼亚计划的影响。[24]

---

[21] 参见《〈联邦律师训练法〉德意志律师协会草案》,http:// www.reform-der-juristenausbildung.de。

* 德国公务员根据年资(Laufbahn)由低到高可分为初等文官(Einfacher Dienst)、中等文官(Mittlerer Dienst)、二级高等文官(Gehobener Dienst)及一级高等文官(Höherer Dienst)四等。——译者注

[22] 同上注。

[23] 同上注。

[24] 参见"博洛尼亚计划:你只能适应它,而无法摆脱它"。(Kilger, Juristenausbildung 2006 - nur Qualität sichert den Anwaltsberuf. Warum die Anwaltschaft eine Spartenausbildung braucht, AnwBl. 2006, 1.)

根据2005年11月11日基督教民主联盟及基督教社会联盟（CDU/CSU）与社会民主党（SPD）所缔结的《联合政府合约》（Koalitionsvereinbarung）第2.4条的规定,博洛尼亚计划不适用于德国的法律人训练制度。德国各个法学院于2006年5月26日对《联合政府合约》的此项条款表达了肯定态度。尽管如此,德国法学院的专家们认为,在顾及统一法律人与非法学专业学生所从事职业差异性的前提下,还是有必要考虑采用学士学位、硕士学位以及本硕连读模式。[25]

目前有关法律教育模式的争论主要还集中在大学法学教育的内容和形式方面,很少会像德意志律师协会模式那样涉及文官候补生训练阶段的改革。此外,吉（Jee）和罗斯维塔·米勒·皮蓬克特尔也提出过涉及文官候补生训练阶段的改革方案,他们认为法学生在经历过4到5年科学的大学法学学习之后,只需要完成1年的通才高阶文官候补期训练即可。[26]

最后还应当注意到,事实上在德国已经存在一种新型的法律人训练模式,即汉堡博锐思法学院（Bucerius Law School）[27]模式。在汉堡博锐思法学院,法学生应在3年内完成包括境外学习在内的本科课程的学习,之后须进行第一次国家考试的注册申请。同时,汉堡博锐思法学院还为那些学院认为优秀的文官候补生提供文官候补训练机会。

---

[25] http://www.reform-der-juristenausbildung.de.
[26] 有关该模式请参见 http://www.reform-der-juristenausbiludng.de, 2006年11月18日举办的法律人训练研讨会。
[27] 参见 http://www.law-school.de。

第三章　文官候补期之前

　　法律人的教育属于全德国耗费时间最长的学制。哪怕是新入学的法科大学生也必须要对此有充分的准备,即如果按照标准学制的话,在其能以完全法律人的身份进入职场之前,必须要为国家考试和之后的实习花费至少 8 年时间,这还是假设国家考试和实习期之前的等待期(Wartezeiten)最短的情况下。而这造成德国的法律人,即使不出现意料之外的拖延,其初次就业年龄也要比其他国家受过同等教育的法律人大得多。而找工作时的年龄往往是大学生们能否取得工作岗位的决定性因素之一,因为雇主往往把年龄作为筛选求职者的重要指标之一。因此毕业生成绩的优秀并不意味着法律人训练制度的成功。[28] 好的法律人训练制度还要求应在尽量短的时间内训练出法律人。

　　从而,法科大学生应尽早地了解文官候补期的相关信息,并据此作必要之规划,以尽快完成其法律人的训练进程。同时,法科大学生也应据此早早谋划其应在哪个联邦州完成文官候补期训练,以及如何更有效地利用等待期。通常来说,在第一次国家

---

　　[28]　有关毕业生考试成绩所要实现的目标,请参见本书第二章第一节第一条。

考试的闭卷考试与口试之间的等待期内,法科大学生就应该着手思考如何利用这段期间。下文的内容应会为法科大学生如何利用等待期提供一些帮助。

第一节 训练主管机关

一、个别的训练主管机关

根据《德国基本法》第 98 条第 3 款第 2 句的规定,文官候补生训练的立法权属于联邦各州。同时联邦各州大多将文官候补生的训练委由州高等区域法院(Oberlandesgericht)负责。而在少数联邦州,例如萨尔州和图林根州,司法部(Justizministerium)才是文官候补生训练的主管机关(Ausbildungsdienststelle)。文官候补生训练主管机关的主要职责在于文官候补生的任命(die Einstellung von Referendaren)以及训练机构(Station)的分配。[29]

本书附录六列有各州文官候补生训练主管机构的联系方式以及可供申请的职位数量。

读者可通过网络了解几乎所有涉及文官候补生训练机构的基本信息。[30] 这往往涉及浏览州高等区域法院的官方网

---

〔29〕 需要指出的是,在涉及行政训练机构(Verwaltungsstation)时,文官候补生训练主管机关的分配权受到一定的限制,即文官候补生训练主管机关大多需要会同特定的行政机关才能作出分配决定。例如在巴登-符腾堡州,行政训练机构的分配需要会同行政大区主席府(Regierungspräsidien)作出。在汉堡市则涉及人事局(Personalamt)的分配权,一般来说,文官候补生在被分配给特定行政机关之前,需要得到该行政机关的同意;而汉堡市人事局享有独立的行政训练机构分配权。关于行政训练机构详见本书第五章第五节。

〔30〕 网址详见附录六。

站[31],当然对于某些州则需要浏览当地司法机关下属的相关单位的官方网站。[32] 这些官网的制作水准都达到了令人满意的水平,其所提供的信息在大多数情况下也是足够的;在网站上可以找到最常见问题的答案(个别训练机构所需的训练时间、训练机构的先后次序,等等)。这些官方网站还会为考生提供一些有意义的超链接,例如考试院(Prüfungsämter)的网站和有《考试条例》(Prüfungsordnungen)的网页。当然考生们需要意识到,这些官网并不总会实时更新。[33] 如有个别特殊问题,考生们还是应该亲自通过电话或者信件向主管官员询问。

二、正确选择训练机构的标准

考生应该根据什么标准选择适合自己的训练机构?每个待命中的文官候补生都会面对这一选择问题,只要他不因个人原因而一定要在某个特定的法院管辖区进行训练。实际上对于文官候补生来说,有多种因素可供其判断:

首先可考虑选择那些"最有名气的"法院管辖区作为自己的训练地点。当然法院管辖区或联邦州的所谓"名声"是最难判断的标准。这是因为不存在一个用以判定文官候补生训练机构品质好坏的官方评价系统。因而既无法就各个文官候补生训练机

---

〔31〕 例如:http://www.olg-stuttgart.de。
〔32〕 例如在巴伐利亚州慕尼黑高等区域法院:http://www4.justiz.bayern.de/olgm。
〔33〕 例如截至本书编辑完成之日,梅克伦堡-前波美拉尼亚州司法部网站仍未刊载该州现行版本的《考试条例》。

构的训练内容进行"排名"[34],也无法令人信服地判断,究竟哪个联邦州的文官候补生训练能受到未来雇主的青睐。

其次,各个州文官候补生训练的内容组成也是需要考虑的因素。当然关于训练内容的偏好问题,结果往往是因人而异的。首先涉及的问题是,相关训练主管机关是否允许以及在多大程度上允许文官候补生自由地选择训练机构,或者说,训练主管机关给文官候补生所准备的"紧身衣"有多紧。另一方面,训练主管机关是否将特定的训练内容作为必修项目并要求提供相关证明,也是文官候补生所要考虑的因素之一。例如巴伐利亚州就要求文官候补生提交大量的研讨课(Arbeitsgemeinschaft)[35]参加证明。下文对个别训练机构的论述将会更详细地阐释各个训练机构训练内容的差异性。[36] 本书建议各位文官候补生,可在踏入文官候补期之前,就各个州文官候补生的《训练条例》和训练机构进行比较,以找到最适合自己的训练模式。

同时,文官候补生训练后的第二次国家考试的范围也是考生应顾及的因素。因为当有些州只需要经过7门闭卷考试就可通过第二次国家考试的时候,并不是所有人都愿意去那些需要考11门闭卷考试的州经受试炼。[37]

再者在实践上最需要各位文官候补生予以注意的情况是各

---

[34] 客观上确实很难判断,究竟是以11门闭卷考试为内容并允许查看法律评注(Kommentar)的国家考试好,还是以7门闭卷考试为内容且不允许查看法律评注的国家考试好。
[35] 有关研讨课的必要性及意义,请参见本书第六章。
[36] 参见本书第五章。
[37] 有关根据现行法各个州闭卷考试的科目和数量,请参见本书第七章第一节。

个州的等待期,即第一次国家考试结束之日与文官候补生训练开始之间的期间长短问题。[38] 考虑到法律人训练本来就耗时日久,文官候补生们往往更倾向于选择那些要么没有等待期,要么等待期很短的联邦州进行文官候补生训练。据此,文官候补生可以避免已经超过平均水平的法律人训练时间再次被文官候补期浪费,从而拖延其进入职场的时间。当然上述情况并不是必然的,也有个别文官候补生并不在意文官候补期的长短问题。[39]

最后,除了有关训练内容的喜好以外,文官候补生多少还会在乎训练机构所在地本身的"吸引程度"。所谓的"吸引程度"首先涉及的就是文官候补生训练机构所在地的生活品质问题。然而对此问题的回答却是一个完全主观的事情。有些文官候补生希望自己能够在一个富有文化气息和多姿多彩的大城市完成其文官候补生的训练和生活;而另一部分文官候补生则并不在乎是否能在这样的大城市完成训练。

第二节 任命日与等待期

一、等待期的时长

所谓"等待期"系指从文官候补生训练参与申请日到任命日的期间。等待期本质上是由供给与需求之间的不平衡导致的,坦白地说是因为相关州所能提供的文官候补生训练岗位无法满足需求所致。当然等待期的长短也是反映相关文官候补生训练机

---

[38] 具体参见本章第二节。
[39] 有关等待期的过渡问题,请参见本章第三节。

构吸引力的指标,并可作为检测相关训练思路是否成功的手段。[40] 此外等待期制度可以控制申请者过度聚集的现象,即可以降低需求。当然官方目前很少承认等待期具有此种"退火功能"。[41]

申请人通过第一次国家考试后马上就能在紧接着的任命日获得文官候补生的任命,从而在事实上"消灭了"等待期,这在形式上是可能的。但这忽略了各州的文官候补生任命日各不相同的事实。那种能够接续第一次国家考试的任命发生的概率实际上相当低;在大多数州,第一次国家考试结束之日与任命日之间事实上都存在一个较长的时间差。其中巴伐利亚州和勃兰登堡州甚至一年只有两次文官候补生的任命机会。由此,那些在当年最后一次任命日之后才通过第一次国家考试的人只有等到来年才有机会得到任命,从而其等待期事实上很有可能会长达近半年。

截至2006年12月,各州的任命日与等待期情况如下[42]：

- 巴登-符腾堡州(Baden-Württemberg)

卡尔斯鲁厄高等区域法院管辖区与斯图加特高等区域法院管辖区(Die OLG-Bezirken Karlsruhe und Stuttgart)每年各有两次任命日,即每年的4月和10月。目前两个区域法院的文官候补

---

[40] 参见2001年5月19日汉堡市政府司法事务委员佩切尔·古奇特(Peschel-Gutzeit)(社民党)女士的媒体见面会发言。

[41] 正如佩切尔·古奇特女士在前注媒体见面会所表达的那样,她知道许多法律人因等待期过长而打了退堂鼓。但是提高文官候补生的任命数量却并不能解决问题,反而会造成"那些之前因等待期而放弃在汉堡训练的文官候补生卷土重来"。可见提高文官候补生的任命数量并不是个好办法,而且"文官候补生们又不是只有在汉堡才能完成训练"。

[42] 相关信息系2006年12月间经询问有关主管任命机关所得。

生部门的答复是：不存在等待期。当然文官候补生需要注意的是，若想要在其期望之日获得任命，须在文官候补期开始之日5个月前将所有申请文件提交至主管机关。这意味着，某人若在12月底提交文官候补生训练申请，则必然会错过来年4月的任命日，从而只有等到来年10月才能获得任命。而这将导致更长的等待期。

- 巴伐利亚州（Bayern）

班贝格高等区域法院管辖区、纽伦堡高等区域法院管辖区和慕尼黑高等区域法院管辖区（Die OLG－Bamberg, Nürnberg und München）分别于每年的4月和10月进行文官候补生的任命。目前不存在等待期。

- 柏林市（Berlin）

柏林高等区域法院（Kammergericht）每年进行四次文官候补生任命，即2月、5月、8月和11月。目前最长的等待期为18个月。当然在个别情况下，等待期可被缩减至4个月以内。但是否能成功地得到缩减还要受制于多种因素。本市出生的人将会受到优先照顾；此外第一次国家考试的成绩也是重要的因素。最后，是否服过兵役和养育小孩也是可以决定等待期是否会缩短的因素。

- 勃兰登堡州（Brandenburg）

类似于柏林高等区域法院、勃兰登堡高等区域法院（Das OLG Brandenburg）亦在每年的2月、5月、8月和11月提供四次文官候补生任命的机会。等待期少于6个月。

- 不来梅市（Bremen）

汉萨城市不来梅高等区域法院（Das Hanseatische OLG in Bremen）每年提供三次任命文官候补生的机会：2月、6月和10月。

不来梅所适用的等待期具有一定的特殊性。截至本书编辑完成之时,在汉萨城市不来梅高等区域法院所需的等待期为2个月,以至于申请人每年都可以有三次申请机会。但也可能发生等待期超过2个月的情况,当然最多不会超过24个月。

- 汉堡市(Hamburg)

汉萨城市汉堡高等区域法院(Das Hanseatische OLG in Hamburg)规定每年每隔2个月有一次文官候补生的任命机会。从而其文官候补生任命日为2月、4月、6月、8月、10月和12月。等待期为15个月。此外汉堡高等区域法院还为文官候补生的任命制定了一个相对复杂的分配制度,举凡是否出生在本市、第一次国家考试的成绩以及其他社会性因素都会以百分比的形式表现出来。而当一个或多个因素存在时,等待期就会被缩减,有时甚至会缩减至4个月。

- 黑森州(Hessen)

法兰克福高等区域法院(Das OLG Frankfurt)每年进行六次文官候补生的任命,即1月、3月、5月、7月、9月和11月。目前没有规定等待期。

- 梅克伦堡-前波美拉尼亚州(Mecklenburg-Vorpommern)

罗斯托克高等区域法院(Das OLG Rostock)每年任命两次文官候补生,即1月1日和11月1日。目前不存在等待期。

- 下萨克森州(Niedersachsen)

布伦瑞克高等区域法院管辖区、策勒高等区域法院管辖区以及奥尔登堡高等区域法院管辖区(Die OLG-Bezirke Braunschweig, Celle und Oldenburg)每年进行四次文官候补生的任命,即3月、6月、9月和11月。截至2006年该州不存在等待期。

- 北莱茵-威斯特法伦州（Nordrhein-Westfalen）

杜塞尔多夫高等区域法院、哈姆高等区域法院以及科隆高等区域法院（Die OLG-Düsseldorf, Hamm und Köln）每月都进行文官候补生的任命，然而等待期和申请成功的机会也各不相同。杜塞尔多夫高等区域法院和哈姆高等区域法院允许全联邦范围内的人在此申请文官候补生，同时等待期也只有3个月（哈姆）或6个月（杜塞尔多夫）。与此相比，科隆高等区域法院则对申请人的申请资格有限制，并且其等待期也要更长。而为了应对巨大的申请量，科隆高等区域法院院长不得不制定严格的准入限制制度。根据此准入限制制度，只有能证明其住所在管辖区至少4年以上或存在其他能体现其与管辖区存在密切关系的因素的申请人才有资格申请科隆的文官候补生训练。其他能体现其与管辖区存在密切关系的因素通常是指如申请人与其配偶迁至高等区域法院的管辖区之内或在任命日之前3个月或以上已获得科隆大学或波恩大学的助教职位（wissenschaftlicher Mitarbeiter）。[43] 实践中这些规则仍被严格地贯彻着。

- 莱茵兰-普法尔茨州（Rheinland-Pfalz）

卡尔斯鲁厄高等区域法院管辖区和茨魏布吕肯高等区域法院管辖区（Die OLG-Bezirken Karlsruhe und Zweibrücken）于每年的5月和11月各任命一次文官候补生。莱茵兰-普法尔茨州一直力图在每次任命日都能录取所有申请者。但是2007年度的任命日将会有一个长达6个月的等待期。个别情况下任命很有可能会以第一次国家考试的成绩作为标准。

---

[43] 详细信息请参见科隆高等区域法院院长签发的《法律人预备训练录取指南》（http://www.olg-koeln.de）。

- 萨尔州（Saarland）

萨尔州的文官候补生主管机关为州司法部。萨尔州每年有四次文官候补生的任命机会，即2月、5月、8月和11月，且存在时间长度不等的等待期；萨尔州偶尔甚至会出现申请者人数少于可供训练岗位的情况。萨尔州还为申请者提供短时间的咨询服务。

- 萨克森州（Sachsen）

德累斯顿高等区域法院（Das OLG Dresden）每年任命两次文官候补生，即5月和11月，未规定等待期。

- 萨克森-安哈尔特州（Sachsen-Anhalt）

瑙姆堡（萨勒）高等区域法院（Das OLG Naumburg/Saale）于每年的3月和9月任命文官候补生，未规定等待期。

- 石勒苏益格-荷尔斯泰因州（Schleswig-Holstein）

位于石勒苏益格的石勒苏益格-荷尔斯泰因高等区域法院（Das Schleswig-Holsteinische OLG in Schleswig）于每年的2月、4月、6月、8月、10月和12月任命文官候补生，目前规定了2至3个月的等待期。

- 图林根州（Thüringen）

图林根州于每年的5月和11月进行文官候补生的任命，且没有规定等待期。

然而前述图林根州的文官候补期任命情况只是目前的情况，通常具体情况每年都会有所不同。

二、等待期缩短的可能

虽然很多州规定了等待期所需的天数，但这只是等待期的最高值。实际上并不是每个申请人都需要满足等待期的最高值。

正如上文所指出过的,事实上当某些个别情况存在时,文官候补生的任命日是可以早于规定的等待期届满之日的。这些个别情况主要有:

(一)本州出生者优待规则:据此,若申请者在所要申请的州拥有住所,则应当被优先对待[44];

(二)成绩优先规则:据此,特定的文官候补生职位将会根据第一次国家考试的成绩进行分配。根据第一次国家考试的成绩在各州进行分配的文官候补生职位数量是不同的;一般来说会有20%[45]到60%[46]的职位根据第一次国家考试的成绩进行分配。同时,不同任命日的文官候补生授予名额也是不同的。通常来说每次任命适用成绩优先规则的人数比例会有10%左右的浮动。个别情况下该比例甚至可能浮动到10%以下[47],当然这种情况并不常见。

(三)其他社会性因素:例如是否已经为人父母,因为对于已经为人父母的文官候补生,再让其等待数月才能进行候补生训练显然是不可期待的。在一些州,服过兵役的文官候补生是会受到优待的。

---

[44] 本州出生者优待规则的合宪性一再地受到挑战。例如德国联邦宪法法院(BVerfG)就在一则裁定中,就公证人任命制度中的本州出生者优待规则表达了怀疑的态度(Beschluss vom 20.9.2002, Az: 1 BVR 819/01 - 1 BVR 826/01)。此外,从欧洲法的角度,本州出生者优待规则也受到了挑战,具体请参见Konzelmann, "Methode landesrechtlicher Rechtsbereinigung" (Dissertation), Stuttgart, 1997 (expl. Abschnitt III, 4)。

[45] 石勒苏益格-荷尔斯泰因州。

[46] 下萨克森州。

[47] 例如在不来梅市2006年的最后一次任命日,其适用成绩优先规则的人数比例就不足10%。

当然需要注意的是,上述三点优待规则并不具有普适性。并不是所有州都规定了这三项优待规则。若申请人想要了解具体情况,本书建议各位可事先亲自向各主管高等区域法院询问。

第三节　等待期的过渡

经过上文的介绍,我们可知,对于文官候补生来说,等待期,哪怕只是短暂的等待期,都是不可能被绕过的。由此,等待期成为了每位文官候补生所必须经历的人生阶段。等待期首先意味着一段释放第一次国家考试压力的时期。也就是说,对于刚刚完成第一次国家考试挑战的申请生而言,等待期更多地会被视为一段惬意的假期。这是可以理解的;尽管如此,等待期却并不是可以被随意浪费掉的时间。毕竟用长达1到2年的等待期来休假未免过于奢侈。同时往往存在文官候补生由于在此期间不从事相关法律工作而令人惊讶地忘记了相关的法律专业知识的现象,尽管这些知识是他们通过努力学习才得到的。而且需要特别指出的是,个人简历是一个人进入职场的重要名片。而教育、继续教育或工作经历则是一个完美简历不可缺少的内容。在这个意义上,可以说,相比于1年的假期,1年的工作经历无论如何都更能帮助申请生在未来取得成功。

基于上述理由,各位申请生无论如何都应该更有意义地利用等待期。原则上等待期的利用方式是多样的;通过第一次国家考试的法律人可以利用这段时间获得新的学位或职业资格证书,以得到职业上的提升;此外,那些无意于学术的人也可以利用这段时间找一份有期限的工作。

一、继续教育的可能

等待期利用的一个可能就是取得一个辅修学位或者高等级的学位。申请生们可以选择博士申请生资格(Promotion),也可以选择出国进修,例如到国外去读法学硕士(Master of Laws, LL.M.)。本书将设专章就继续教育相关问题进行详细说明。[48]

二、参加工作的可能

虽然找一份有期限的工作并不会给申请生带来一个学位。但申请生可以通过这次工作经历有另一种价值连城的收获——工作经验,即亲身感受职场实践的机会。对于之前除了个别短期实习以外从未离开过校园的法律人而言,在等待期从事工作无疑为他们提供了一次接触实践工作的机会。同时这也使他们可针对雇主和工作的不同类型而将理论知识学以致用,这将提升法律人的社会生存能力。而其中法律人所能获得的最大财富就是得到如何与雇主打交道的知识和经验,因为对于初入职场的人来说没有什么比这样一个事实更糟糕,即在国家考试中取得了高分却不会正确地处理与同事和领导之间的关系。

在文官候补生训练的等待期究竟可以从事何种工作?首先公立机构会很乐意雇佣通过第一次国家考试的法律人。同时律师事务所有时也会以自由职员(freie Mitarbeiter)*的形式雇佣通

---

[48] 参见本书第十章。

* 所谓自由职员是指虽不具有人格上之从属性但具有经济上从属性的一类类似劳动者(Arbeitnehmerähnliche Person),具体参见 Hromadka/Frank Maschmann: Arbeitsrecht Band 1 Individualarbeitsrecht, 5. Auflage, Heidelberg: Springer, 2012, S. 62.此外有关等待期内法律人的具体雇佣模式详见下文。——译者注

过第一次国家考试的法律人,优先从事法律检索事务或参与办案。与此相反,商业企业则很少雇佣通过第一次国家考试的法律人,因为通过第一次国家考试的法律人在商业企业通常能完成的工作大多都会由文官候补生完成。当然保险公司是个例外,它们通常乐意雇佣通过第一次国家考试的法律人,但并非在法务部门工作,而是从事理赔工作(Schadenssachbearbeitung)。

通常首先进入法律人视线的是律师事务所的工作。在大城市这样的工作招聘广告并不难找。您可以通过电话直接向各个律师事务所询问是否有工作机会;此外,您也可以在主管文官候补生的人事部门的信息栏或当地律师协会的布告栏直接找到相关工作招聘信息。当然信息栏或者布告栏绝不会将工作条件说得非常清楚和统一无误。若招聘广告仅将工作内容和工资注明为"面议",则一般就意味着由律师事务所单方决定工作内容和工资。总之,有关招聘方面,很难有一个概括性的结论。

通过第一次国家考试的法律人在等待期内就业所涉及的劳动法问题向来是个棘手的问题。律师事务所中的法律职员系受指令拘束(weisungsgebunden),进而应被认定为劳动法意义上之职员(Angestellte),当属无疑。* 由此律师事务所作为雇主应与作为雇员的法律人签订有期限的(书面)聘用合同(Anstellungsvertrag),理想情况下,该合同还应就固定工资有所约定[例如:可约定工资以

18

---

* 受指令拘束即意味着具有人格上的从属性,进而律师事务所与其法律职员的关系应为劳动关系。具体参见 Hromadka/Frank Maschmann:Arbeitsrecht Band 1 Individualarbeitsrecht, 5. Auflage, Heidelberg:Springer, 2012, S.10。——译者注

微型工作(Minijob)所要求的每月400欧元为准]。* 而这也意味着,律师事务所和前述法律人之间还需履行社会保险义务。通常情况下,通过第一次国家考试的法律人都能与律师事务所建立劳动关系。但是在大都会地区,由于寻找定期工作岗位的年轻法律人过多,从而并不是每个人都能得到劳动合同。许多在大都会的法律人,并不是以劳动者,而是以"自雇"(Selbstständige)的身份从事工作,并取得相应的酬金(Honorar)。自雇人员的工作关系有很多缺点,例如他们缺乏社会保险的保障。总的来说,大型律师事务所,尤其是跨区域的律师事务所,比较乐于遵从相关的法律习惯,并规范地处理法律人的用工关系(Beschäftigungsverhältnis)。

法律人在律师事务所的工作内容则要具体问题具体分析。笔者不止一次听到文官候补生说,他们在律师事务所从事的就是单纯的法律检索事务;而其他一些文官候补生则说,他们在律师事务所从事的是法律文书的撰写工作,甚至还可以出庭参与庭审。从事法律文书撰写和出庭参与庭审的法律人显然能获得重要的工作经验,而这不仅可以使这部分法律人在文官候补期训练中取得知识上的优势,而且在以后的工作面试中也会是一个加分项。此外不可忽略的是,律师事务所往往也会在法律人取得文官候补生身份之后以兼职形式(Teilzeitbasis)继续与他保持用工关系。最终其在通过第二次国家考试之后亦能够得到一个长期的聘用合同。

对于那些通过第一次国家考试后从事公职(Öffentlicher

---

* 微型工作系针对低收入劳动者的特殊社会保险法制度。具体参见 Thomas Methler/Christian Schirk:450-Euro-Minijobs, 1. Auflage, Freiburg:Haufe-Lexware GmbH & Co. KG, 2013。——译者注

Dienst)的法律人来说,又是另外一番图景。

联邦级或州级的国家机关通常是通过第一次国家考试的法律人的典型雇主。养老保险机构(Rentenversicherung)或从属于联邦行政系统的劳动署(Arbeitsagenturen)就是例子。虽然这种雇佣关系不一定是持续性的,即往往是时断时续的,但这仍旧值得提早询问相关信息。有关公职机关的招聘信息可以通过电话随时向所属人事部门询问。

有关公职雇佣关系的条件的规定非常明确,以至于不存在什么意料之外的规则。行政机关以职员关系(Angestelltenverhältnis)*的形式与通过第一次国家考试的法律人建立用工关系。公职职员的工资会根据《公职人员劳资协定》(TVöD)和《各州公职人员劳资协定》(TV-L)确定。据此,法律人每月工资一般可达1 200欧元左右。对于通过第一次国家考试的法律人来说,每月1 200欧元的工资应该是不错的。这样的工资待遇甚至会超过文官候补生本身的期待。此外也不排除,经过特定的见习期后,处于等待期的法律人会被国家机关委任从事更重要的工作,从而其薪酬也会得到提升。最后,从事公职工作的法律人通常还有可能获得特别津贴(Sonderzuwendung)。

需要指出的是,在行政机关从事公职的通过第一次国家考试的法律人并不总是做与法律直接相关的工作。行政机关的人事部门大多将这些通过了第一次国家考试的法律人视为"法律辅助力量"[49],进而认为,基于他们的训练其应对行政法的基础知识确有

---

* 职员关系即劳动关系。具体参见 Hromadka/Frank Maschmann: Arbeitsrecht Band 1 Individualarbeitsrecht, 5. Auflage, Heidelberg: Springer, 2012, SS.51-52。——译者注

[49] 联邦劳动署就将通过第一次国家考试的法律人称为法律辅助力量。

了解,并能快速地处理相关文书。行政机关人事部门的这种看法是正确的。基于这种判断,行政机关常常指派处于等待期的法律人去那些急需人手的部门,具体来说就是积案成堆的部门,例如行政复议部门(Widerspruchsabteilung)、行政许可部门(Genehmigungsabteilung)和公众关系部门(Publikumsverkehr)。而正如上文指出的,公众关系部门的工作并不直接涉及法律事务,然而在公众关系部门工作却能提升法律人与人打交道的能力,而这种能力是完全法律人取得职业成功所不可缺少的。因而法律职业所需的能力并不应仅限于法律专业能力。通过第一次国家考试也只意味着万里长征走完了一半,因为前面还有第二次国家考试。从而,让通过第一次国家考试的人去完成一些非法律专业的事务,也不能说就是大材小用了。

第四章　文官候补期训练的具体内容

　　文官候补期训练的具体内容主要由《德国法官法》（DRiG）和各州的《训练条例》规定。一般来讲，文官候补生需要在5到6个训练机构完成训练，即民事机构、刑事机构、行政机构、律师事务机构以及进阶机构或选修机构。同时文官候补生需根据规定的训练机构的先后顺序逐次完成训练。文官候补生可在选修机构阶段根据自己的情况自行选择训练的内容。

　　文官候补期训练的具体内容除了上文所述的训练机构训练以外，还包括由专职或兼职的实习导师组织的研讨课学习。通过研讨课的学习，文官候补生将会获取许多候补期训练所必须的理论知识。这种研讨课会以类似学校授课的方式进行。

　　在文官候补期训练机构训练的最后几周将会举行第二次国家考试的笔试部分考试。在训练机构的训练完成之后的数日或数周后将会举行第二次国家考试的口试部分考试。文官候补生在通过笔试和口试之后会被授予"候补文官"的头衔。

第五章　文官候补生训练机构

第一节　引言

在各个训练机构的训练时期是文官候补生训练的核心阶段,也是他们真正开始从事法律实践工作的阶段。文官候补生在什么情况下有权独立办案并承担责任取决于训练机构、训练岗位、训练官以及文官候补生本人的态度和情况。法院训练时期的文官候补生的角色是被动的,与此相反,文官候补生在检察机关训练时期的角色则是主动的,且能够由此得到更好的锻炼。[50] 在律师事务所进行训练的文官候补生则大多因经济上的原因而能得到独立办案的机会。

理论上文官候补生本应有权参与训练岗位和训练官的选择。但在进行初次训练时,文官候补生往往并不能参与训练岗位和训练官的选择,因为此时训练岗位和训练官系由训练主管机关指定。而在随后的行政机构训练阶段,文官候补生有可能自行选择训练岗位和训练官。

---

[50] 令人惊异的是,很多文官候补生对于能够在检察机关从事出庭业务表现出了极大兴趣,尽管以检察官作为职业并不是那么受欢迎。

笔者建议各位越早申请文官候补生训练越好,否则申请人所期望的训练岗位很有可能在申请之前就已被分配给别人。为此,附带训练岗位志愿书的申请书应及时送到主管训练的高等区域法院。若申请人迟延送达申请书,则会被主管机关依职权分配到尚有空缺的训练岗位。

通常申请人可在各个主管文官候补生的人事部门寻找到有关训练岗位的名单和招聘广告。律师训练申请生可直接与有关律师联系,这些律师可能是他在之前的训练机构的实践活动中[例如民事法庭的言词辩论程序(mündliche Verhandlung)]所认识的律师。通过这种方式,申请生可以使其未来的训练官获得对他的第一印象。同时笔者强烈建议申请人向前辈文官候补生询问相关训练官的情况。

在同样的训练机构中,因训练岗位和训练官的不同,文官候补生所面对的工作量也完全不同。有关工作量的问题文官候补生可通过其个人的日程表一目了然。当然考虑到备考的现实压力,笔者建议各位文官候补生尽量选择工作量处于惯常水平的训练岗位。

在某些训练岗位,文官候补生还有可能得到额外的辛苦费,这在一些著名的律师事务所是很平常的事情。考虑到文官候补生津贴的减少,这笔额外收入对文官候补生还是相当有吸引力的。同时额外的辛苦费也使得文官候补生没有必要再去从事其他盈利性兼职。[51]

---

[51] 训练机构所提供的带有额外报酬的工作可被认定为非有许可义务的兼职工作,从而亦没有工作时间上的限制。但是所得收入必须报告。超过特定数额的额外报酬须与生活补助金(Unterhaltsbeihilfe)抵消。

此外,文官候补生也有可能在申请州之外的其他联邦州的个别训练机构完成其训练。但是其他联邦州必须明确同意此种委托培养行为。通常而言,如果涉及的是律师事务所以及企业和社会保险经办机构(Sozialversicherungsträger)的委托培养,获得许可一般都没有问题。但如果涉及的是司法机关和行政机关的委托培养,有些州是不会许可相关的委托培养的,因为这些州希望能够更多地将司法机关和行政机构的相关训练岗位留给本州的文官候补生。例外情况下,个别州会许可外州的文官候补生参加本州的研讨课程。

在国外完成文官候补生必修机构*的训练也不是不可能的,但笔者对此并不推荐,某些联邦州也是不允许在国外完成必修机构的训练的。[52]而在进阶机构和选修机构进行训练的文官候补生,若想于国外完成候补生训练,则不会受到限制。

第二节　文官候补生训练中的技巧

对文官候补生的要求显然不同于对大学生的要求。就文官候补生来说,于文官候补期,其人生第一次获得了学以致用的机会。这要求各位文官候补生从多个角度进行重新思考。

文官候补生首要的能力就是能认真负责地完成托付于其的任务。不同于在大学学习的时期,文官候补生此时不单要为自己也要为其训练岗位负责,并且要能在训练官所指定的期间内完成

---

*　德国的文官候补生训练机构分为必修机构(Pflichtstation)和选修机构(Wahlstation)。——译者注

〔52〕　例如:柏林市、勃兰登堡州、莱茵兰-普法尔茨州和图林根州。

交办的任务。同时各位文官候补生应牢记自己所要遵守的期限。由于文官候补生们所接手的都是来源于现实生活的真实案件,各位文官候补生还需要具备相应的人性关爱和必要的情商。

文官候补生应积极主动地与其训练官保持定期联系,并主动告知训练官其目前的工作状况,尤其是同时被分配了多个任务的情况下。作为文官候补生很重要的是要严格服从训练官的指示,也包括形式方面的指示。为此笔者建议各位文官候补生在训练官发布口头指示时能够做书面的笔记,并在存有疑问时能够及时全面地向训练官询问清楚,即所谓的任务澄清询问(Auftragsklärung)。任务澄清询问并非可有可无,相反其是非常必要的专业性行为,这保证了文官候补生未来所完成的工作成果不会偏离训练官的最初指令。在提交工作成果的时候,笔者建议各位文官候补生主动向训练官进行内容简报。工作成果中引用的脚注有助于训练官的理解。如有必要文官候补生可就其工作成果与训练官进行讨论。

文官候补生训练的成功是以其对各个训练阶段的兴趣为前提的。即使文官候补生决定以后在其他领域工作,然而在各个领域工作的经验仍旧对他们有同等重要的价值。当然文官候补生也可以抱着今后在该单位工作的心态参与到各个训练机构的训练中。越能展现出工作积极性的文官候补生,越能受到训练官的青睐,并能被委任从事责任心要求更高、涉猎面更广且更具有挑战性的任务。训练官的工作压力由此得到了减轻,而文官候补生也获得了必要的知识和经验。笔者在此建议各位文官候补生应主动向训练官请求承担具有挑战性和复杂性的任务。按以往经验来说,每个训练官手头都有很多有别于日常工作的具有挑战性和复杂性的案件。如果文官候补生能接手这类案件,训练官们亦会对此表达感激。最后笔者建议各位文官候补生,在与训练官打交道的时候始终要及时地回应他的消息。

如果在完成任务的时候遇到可自行通过电话或询问解决的问题,就没有必要麻烦训练官了。

如果文官候补生有问题需要向训练官请教,笔者建议应尽可能地做好准备,并将其问题一次性交待清楚。

大学教育往往注重培养学生发现问题和提出不同观点的能力,而问题处理的具体结果相比而言则非重点,正所谓:"我意识到问题,故我在。"("Ich sehe Probleme, also bin ich")与此不同,在文官候补生训练中发现问题的能力并不重要,重要的是具体结果。因而文官候补生需要在实践当中培养问题转换的意识。对于训练官和非法律人[作为自然人的当事人、公民、委托人(Mandant)]来说,只有具体结果或胜诉可能性才是重要的,因为非法律人们需要计算自己的经济成本。因此以书面和口头的手段明确强调案件处理的具体结果和胜诉的可能性是文官候补生所要具备的核心能力之一。

文官候补生应避免做详细的卷宗笔录(Aktenvermerke),相反通过有关的诉讼文书(Schriftsatz)、告知书(Informationsschreiben)、释明裁定书(Hinweisbeschluss)使所有参加人都知悉案件处理的具体结果,才是更有意义的事情。

同样重要的是,用朴素的德语简明扼要地撰写各种文书,正如大文豪歌德(Goethe)在给他朋友的信中所言:"如果我有更多时间,你本可以收到一封简短的信。"通常来说,让法官、委托人和训练官集中精力地阅读3页以上的文件是相当困难的。此外,文官候补生还应将一些令人难以理解的法律条文翻译给非法律人,使其能够理解。[53]

不同于理论考试中的案例分析,实践中的案件事实不具有确定性和可解释性。文官候补生必须发现实践中案件事实的漏洞,并努力查明真相。

此外文官候补生应时刻保证其办公桌的整洁。为此,文官候补生的办公桌上每次应以一个案子的文件为限。将许多案子的文件堆积在办公桌上虽然可以给人一种高强度工作的印象,但是这会成为缺乏工作组织能力的标志。同时处理多个案件的文官候补生常常缺乏宏观的判断,进而很难成功完成任务。此外训练官面对如此凌乱的办公桌也会时常无法找到其想要拿到的卷宗,进而影响其工作进度。同时我们知道,不同于在大学学习期间,文官候补生的工作好坏不仅会影响本人,而且还会影响其所在的训练单位。为此,文官候补生的办公桌应该规整到任何一个人坐到其办公桌前都能继续开展工作的程度。最后,文官候补生须注意将办案所不需要的文件和工作用品(例如书籍)尽快归还或复位。

文官候补生偶尔会有这样的误解,即他们作为法律人比训练单位中的其他非法律人,例如律师事务所中的专业文员、检察机关或法院中的书记官和普通中等或二级高等文官,地位更高。这种观念是绝对错误的。相应地,怀有这种错误观念的文官候补生

---

[53] 例如:《德国民法典》第 118 条规定:"非出于真意而发出的意思表示,无效,然真意之缺乏系可期待为误解者,不在此限。"此包含五重否定的法律条文可表述为:"出于假意而发出的意思表示,有效,但以对表意人而言该意思表示的接受系可期待者为限。"(Traulsen, Power! Sechs Bausteine für Referendare, Anwälte und AG-Leiter, 1997, Seite 93, unveröffentlicht)

常会因其傲慢的行事风格而破坏训练单位良好的办公氛围和人际关系。文官候补生可以从这些非法律人身上学到很多有用的知识。文官候补生应尽一切可能地与他们保持联系,并记住他们的姓名。训练官会将是否能良好地融入工作环境作为评判文官候补生能力好坏的重要标准之一。

文官候补生的着装必须得体,这种建议是永远不会过时的。训练官本人是乐意将自己的商谈或辩论任务委托给文官候补生完成的,但前提是该文官候补生的外在打扮得体。

一般当训练期达到一半或四分之三的时候,文官候补生可有意识地向训练官询问成绩事宜,或者询问如何能够取得更好的成绩。

前述的这些技巧看起来大多都是文官候补生理应做到的,但是实践当中却并非如此。然而是否掌握这些技巧却是决定文官候补期训练是否能够成功的决定性因素。

第三节　刑事机构

在许多联邦州,耗费数月甚或数年才等待而来的文官候补期通常是以刑事机构的训练开始的。刑事机构的分配由人事部门依职权完成。相比于之后的其他训练机构,由于时间紧迫,在刑事训练机构中,文官候补生一般来说是没有机会选择自己的训练官的。

刑事机构训练通常是以研讨课[54]的形式开始的。在研讨课结业之后,文官候补生则可能要么在一名地方法院(Amtsgericht)的

---

[54]　参见本书第六章。

刑事法官,要么在一名区域法院(Landgericht)刑事合议庭成员或一名检察官的指导下完成其个人训练。文官候补生应优先选择在检察官的指导下完成训练,因为原则上候补文官考试(Assessorexamen)*是以公诉书而非刑事判决书的撰写为考试内容的。[55] 虽然文官候补生在刑事法官那里也能学到公诉书相关的理论和实践知识,但是在检察机关那里会学得更有效率,因为检察官的工作,尤其是在案件繁多的一般刑事检控部(allgemeine Abteilung),与公诉书更具有实践上的直接相关性。但检察机关目前有限的承载力不足以接纳所有文官候补生,从而并不是所有文官候补生都有机会在检察机关完成训练。

此外根据部分州《训练条例》的规定,刑事机构训练阶段的文官候补生除了要在其主训练单位进行训练外,还可以选择被外派到其他刑事单位(法院或检察机关)进行短期的观摩学习(例如,2周的观摩学习)。

当然刑事机构训练的目的并不仅限于学习公诉书起草的方式方法。事实上文官候补生在训练中的学习重点应是刑事诉讼法中的重点法律关系、相关流程以及在大学学习阶段未曾学习过的相关条文。在此期间文官候补生应学习起草和运用刑事诉讼程序中的相关裁判文书,即侦查处分书(Ermittlungsverfügung)、案件终止处分书(Einstellungsverfügung)、侦查终结处分书(Abschlussverfügung)和判决书(Urteil)。此外,文官候补生还应学习如何对证人和嫌疑人进行权

---

* 候补文官考试系第二次国家考试的别称。——译者注
[55] 对于选择刑事法作为其学习方向(Schwerpunkt)的文官候补生,候补文官考试是有可能例外地以刑事判决书的撰写为考试内容的。而在巴伐利亚州,国家考试的刑事法部分也是以刑事判决书以及上告书(Revision)为考试内容的。

利义务的告知、如何进行询问和讯问以及其他与侦查相关的知识。为此，文官候补生在进入主辩论程序（Hauptverhandlung）*之前是很有必要阅读全部案卷的，并在主辩论程序开始之前和之后与其训练官就案情保持沟通。同时文官候补生还要独立出庭主持公诉，并由此熟悉部门的相关业务。

一、公诉书的撰写

考虑到考试的"紧迫性"，对包括侦查终结处分书在内的公诉书的学习无疑是刑事机构文官候补生训练的核心内容和成绩评定的主要依据。

目前各个州的公诉书在形式和结构上存在一定差异。这尤其体现在，一些州要求其起诉书须以"Indem-句式"（Indem-Satz）进行撰写**，而在其他一些州则要求起诉书须根据嫌疑人和被诉行为的数量和性质，以多个尽可能简洁易懂的句子撰写。

公诉书的具体格式为：首先需在公诉书首部注明行使本案公诉权的检察机关的名称，案件字号（Geschäftsnummer/Aktenzeichen）以及日期；在标题"公诉书"（Anklageschrift）之下应注明被公诉人

---

* 根据《德国刑事诉讼法》第226条至第275条之规定，主辩论程序系德国刑事诉讼程序的核心阶段，相当于我国刑事诉讼制度中的审判阶段。具体请参见Werner Beulke: Strafprozessrecht, 11. Auflage, Heidelberg: C.F. Müller, 2010, SS. 235ff.。——译者注

** Indem是用于引导德语状语从句的连接词，可翻译为"通过……的方式或基于……的事实"。——译者注

(Angeschuldigte)[56]的详细个人信息。在撰写公诉词中,文官候补生需就个别犯罪的抽象构成要件和作出裁判所必要的具体案件事实尽可能言简意赅地进行阐释;犯罪构成要件和案件事实的阐释应使用"Indem-句式"[57]。若案件涉及一行为人犯数罪和数行为人的情况,文官候补生还应注意,在进行具体的犯罪构成要件分析之前,要先详细阐述共同犯罪(Teilnahmeform),即正犯(Täterschaft)或共犯(Teilnahme)的问题,以及犯罪竞合(Konkurrenz),即想象竞合犯(Tateinheit)或实质竞合犯(Tatmehrheit)的问题。[58] 同时若案件涉及醉酒问题,则还需要在案件事实描述部分精确说明行为人的血醇浓度。

在公诉词之后则需要写明所涉犯罪的具体构成要件或所应适用的法律条文。[59]

最后应在公诉书中将侦查阶段发现的各种证据材料(自白书、证人证言、书证等)逐一列出,并注明相应的页码。

经验上,公诉书的绝大部分篇幅会用于撰写侦查的主要结

---

[56] 需要着重注意的是:犯罪嫌疑人在侦查阶段应被称作"嫌疑人"(Beschuldigter);在公诉阶段应被称作"被公诉人";而经中间程序(庭审立案程序)(Zwischen-oder Eröffnungsverfahren)之后,自法院庭审立案裁定书(der gerichtliche Eröffnungsbeschluss)作出之日起,则应被称作被告人(《德国刑事诉讼法》第 157 条)。

[57] "基于 Karl Meyer 先生于 2002 年 7 月 5 日大约 17 时在位于 A 地的 Hansen 百货大楼内未付钱而穿上价值 250 欧元的皮夹克这一事实,……兹指控 Karl Meyer 先生,系故意非法将他人动产之占有移转于他人。"

[58] "……本案涉及三个各自构成想象竞合犯的犯罪行为,且案件事实 2 涉及共同犯罪……"

[59] "根据《德国刑法典》第 113 条第 1 款、第 242 条第 1 款、第 52 条第 1 款及第 20 条之规定,被公诉人之行为系构成犯罪之轻罪(Vergehen)。"

果。[60] 在此部分,将按照时间顺序并基于证据材料描述案件事实。

在公诉书的结尾部分则须写明有管辖权法院的具体名称,并写明向该法院提出主程序(Hauptverfahren)开启和主辩论程序日期*确定之声明(Antrag)。若根据《德国刑事诉讼法》第140条第1款之规定,有设置强制辩护人(Pflichtverteidiger)之必要,则还需在公诉书就此写明。最后公诉书的末尾应有检察官(Staatsamt)或检控官(Amtsanwalt)**之署名。

当然文官候补生计算第二次国家考试用时的时候,还要考量除了公诉书的撰写,其还需完成一份与第一次国家考试要求相同的案例鉴定分析(Gutachten)**和一份侦查终结处分书。在这份侦查终结处分书中应首先写明本案业已侦查终结。之后还应考量刑事案件信息告知制度(Die Mitteilungspflichten nach Mistra[61])。**若根据《德国刑事诉讼法》的规定有必要作出案件终止处分的,也应在此一并作出。

---

[60] 如果起诉系向刑事法官为之者,则无需写明侦查的主要结果。(《德国刑事诉讼法》第200条第2款第2句)

* 相当于我国刑事诉讼程序中的开庭日期。——译者注

** 所谓检控官是指在地方法院行使公诉权之特别文官。需要注意的是,检控官在训练、任命和升迁上都不同于检察官。具体请见:《德国法院组织法》第142条第1款第3项之规定。——译者注

** 案例鉴定分析是德国法学生所必须掌握的一种文体。其根据直言三段论(Syllogismus)的要求,设计有固定的格式和语法上的时态语态要求。通过案例鉴定分析的训练,法学生可以掌握扎实的法教义学(Rechtsdogmatik)基础。——译者注

[61] 刑事案件信息告知制度(Mitteilung in Strafsachen)

** 刑事案件信息告知制度是指检察机关或法院在何种情况下有义务将所办理的刑事案件中的何种信息告知案外第三人的制度。具体请参见《刑事案件信息告知令》(Anordnung über Mitteilungen in Strafsachen)。——译者注

二、出庭

自入门研讨课结束后的第一周起,文官候补生在训练中将一方面需要完成公诉书的撰写和文书档案的整理工作,另一方面还要参与主辩论程序。至于具体的参与形式,要么是在作为训练官的检察官或检控官的指导下完成,要么是与刑事法官共同审理案件。

在训练开始后不久,文官候补生大多都能被授予独立向法院提起诉讼的权力。[62] 根据《德国法院组织法》(GVG)第142条第3款选择1之规定,一般情况下文官候补生可行使检控官的职权,这意味着,文官候补生可不受训练官的监督而独立承办公诉案件。根据《德国法院组织法》第145条第2款的规定,检控官可有限制地在地方法院行使检察机关的职权。[63] 根据由各州司法行政机关发布的全联邦统一的《检察机关组织及职务行使令》[Anordnung über Organisation und Dienstbetrieb der Staatsanwaltschaft (OrgStA)]的规定,只有经刑事法官独任审判,并且涉及目录中的犯罪行为的刑事案件,检控官才有权处理。此外,各州法律可就文官候补生的办案职权进一步规定细则。

根据《德国法院组织法》第142条第1款选择2之规定,文官

---

[62] 原则上上级机关往往通过指示就文官候补生的出庭委任事宜作出规定,即在训练的什么阶段、在哪些部门、就何种刑事案件,可委任文官候补生出庭。该指示会规定:任何情况下未经事先请示,文官候补生均无权通过法律手段放弃声明(Rechtsmittelverzichtserklärung),也无权根据《德国刑事诉讼法》第153条以下之规定作出案件终止的决定。

[63] 如检控官一样,文官候补生一样无权求取保安管束(Sicherungsverwahrung),精神病院治疗以及4年以上自由刑的判决。

候补生在个别情况下亦可行使检察官之职权,但需受检察官之监督。在这种情况下,文官候补生须在其训练官的指导下参与主辩论程序,其有权宣读公诉书、行使发问权(Fragerecht)以及做总结陈词(Plädoyer)。

其中总结陈词无疑是文官候补生所要面临的巨大挑战。原因在于,一方面文官候补生通常缺乏总结陈词所必要的临场发挥能力和语言表达能力方面的训练;另一方面文官候补生也缺少在大量听众面前进行公开演讲的训练;而长达数天的主辩论程序往往也会给文官候补生带来相当大的心理压力。[64]

市面上一些有关文官候补生训练的书籍也对如何以检察人员的身份出庭提供了很多意见和建议。[65] 此外主管文官候补生的人事部门常常也会发布一些书面的有关如何出庭的指导意见,有需要的文官候补生可自行向他们询问。

通常由设置于各个检察机关的中央书记处(Geschäftsstelle)负责特定庭审任务的分配,待分配完成后,书记处会向文官候补生发出参与庭审的邀请函。由于文官候补生收到相应案卷的时候离开庭往往只有几天时间[66],因而详细的阅卷工作与同训练官就案件进行深入讨论的工作往往是同时进行的;在此期间训练官大多会给文官候补生提供详尽的指点,并交代个别的办案要点。此

---

[64] 为了尽量降低出庭中的"风险",笔者建议,尽量将总结陈词的内容以关键词的形式事先做好摘要。此外法官在例外的情况下也会通过休庭给予文官候补生准备的时间。

[65] 有关文官候补生代表检察机关出庭需注意的要点可参见 Reinhard,JuS 2002, 169;Weinberg, JuS 1980, 355;Lenz, JuS 1992, 419。

[66] 检察官只有在例外情况下或者涉及由特殊案件部门承办的案件时,才会亲自阅卷以完成庭审。

外文官候补生还应该自备一件法袍(Robe)。

为了避免不必要的突发事件,笔者建议各位文官候补生再次向相关法院的书记处询问申请的庭审日期是否确定地登记在庭审日期预约目录(Terminrolle)当中。尤其需要留心的是,地方法院常常会突然取消业已确定的庭审,并重新确定一个庭审日期。[67]

文官候补生应当准时出庭。经法官宣布开庭,并记录相关个人信息之后,文官候补生将首先宣读公诉书。

纵使被合法传唤的被告人(Angeklagte)有可能未能到庭或无辩论能力,文官候补生也应就法官的要求进行公诉准备。当然有时候也会存在例外情况,即被告人缺席审判。[68] 在此应注意以下情况,即根据《德国刑事诉讼法》第412条第1句和第329条第1款第1句之规定,申请驳回简易处刑令(Strafbefehl)*异议的情况。[69] 当然在提起公诉后,于符合法定要件的情况下,文官候补生还可以申请简易处刑令;若文官候补生选择申请简易处刑令,则需要根据《德国刑事诉讼法》第407条第2款之规定,就个案的刑罚进行考量。最后,若需要根据《德国刑事诉讼法》第230条第2款之规定,就被告人的缺席发布拘传令(Vorführungsbefehl)或逮捕令(Haft-

---

[67] 笔者建议,有时文官候补生可事先亲自拜访法官,当然这也不是必须的。

[68] 参见《德国刑事诉讼法》第231条第2款、第231a条至第233条、第247条、第411条第2款。《德国刑事诉讼法》第329条第2款、第350条第2款则不涉及文官候补生参与庭审的情形。

* 所谓简易处刑程序是指针对一些轻罪可以通过简易程序处以较轻刑罚的制度。具体请参见《德国刑事诉讼法》第407条第2款。——译者注

[69] 该申请应表述为:"兹申请驳回被告人所提出的有关简易处刑令的异议。"

befehl),文官候补生通常还应注意比例原则(Verhältnismäßigkeit)的适用问题。

若被告人出席庭审(这是正常的情况),主辩论程序则会进入询问(Vernehmung)阶段:在此阶段,文官候补生将通过行使检察官发问权(Fragerecht des Staatsanwalts),对证人(Zeugen)和鉴定人(Sachverständigen)[70]进行询问,同时文官候补生亦有权根据《德国刑事诉讼法》第241条第2款之规定,对辩护人和被告人的不当发问[重复发问行为(Wiederholungen derselben Fragen),诱供式发问(Suggestivfrage)]提出抗议。当然由于经验上的缺乏,笔者不建议文官候补生过多或故意地行使前述的抗议权(Beanstandungsrecht)。

此外文官候补生还有权以检察官的身份就证人的宣誓问题(《德国刑事诉讼法》第59条以下)[71]发表意见,并如辩护人一样有权申请证据调查(Beweisanträgen)(《德国刑事诉讼法》第244条第2款至第6款)。

若被合法传唤的证人无正当理由未能出庭,文官候补生则有权申请该证人承担由于其未能出庭所产生的费用,并对其处以罚金(Ordnungsgeld),并在罚金无效的情况下,有权申请对其处以拘留(Ordnungshaft);罚金的数额和拘留的时间应用数字精确地表明。

若在庭审过程中出现诉讼部分或全部终止的情况[72],文官

---

[70] 在询问过程中文官候补生应随时记录下关键词,以利于将来自己的发问,且这也使得文官候补生能撰写出最具有说服力的总结陈词。

[71] 尤其应注意:第61条第2项(被害人)和第61条第5项(宣誓的放弃)。

[72] 《德国刑事诉讼法》第153条和第153a条;《德国青少年法庭法》第47条。

候补生应在发表意见之前向其训练官报告。文官候补生无权独立提出诉讼终止的意见,因为这会产生外部关系上的效力且此意见是不可撤回的。在这种情况下,笔者建议,文官候补生要么随身携带手机参加庭审,要么向法官请求允许其使用法庭小房间或办公室中的电话,以与训练官取得联系;当然文官候补生应尽可能避免在庭审大厅打电话,尤其是在有旁听人员在场的时候,更应避免,即与训练官的通话不应完全地公开。

这里各位文官候补生需特别留心,在证据调查(Beweisaufnahme)阶段之后,公诉书所秉持的法律见解(die rechtliche Würdigung)是否有变更的可能。若有法律见解之变更,则应根据《德国刑事诉讼法》第265条之规定,由审判长(Vorsitzende)向被告人释明(Hinweis),并由此使得判决以新的法律见解为依据。文官候补生在此应关注此种法律见解的变更,并在有需要的时候提醒审判长履行释明义务。

证据调查阶段结束之后,庭审就会进入总结陈词阶段(Schlussvorträge oder Plädoyer)。根据《德国刑事诉讼法》第258条第1款之规定,在此阶段文官候补生将以检察机关代理人(Vertreter)的身份首先发言。在例外情况下文官候补生还有权对辩护人的总结陈词进行反驳。当然总结陈词阶段的最后发言权总是赋予被告人的。

文官候补生的总结陈词应以精练且指明结果的引导句为开端。[73]之后文官候补生方可根据证据调查所得出的结果,结合

---

[73] "证据调查已经证实,被告人犯有本院所指控之犯罪行为。"

自己的理解,就案件事实进行严密的叙述。[74]

证据评价(Beweiswürdigung),根据案件的复杂程度,既可在案件事实叙述部分一并撰写,也可在叙述完案件事实后单独撰写。一如既往,证据评价部分应首先写明被告人的辩解。如果被告人作出了自白,文官候补生仍需写明应该相信被告人自白中的哪些内容,以及为什么相信。假如被告人否认犯罪,文官候补生则需在此部分重述被告人的辩解,并尽可能地指出,依据何者的证言被告人的辩解部分乃至全部是不能成立的;为此文官候补生应尽可能地原文复述证人证言并予以评价,也就是说,文官候补生应解释,其为什么相信证人的证言而不相信被告人的辩解。[75]

撰写完证据评价之后,紧接着文官候补生就要以简练的语句撰写法律见解。能够被分配给文官候补生出庭办理的自然是简单的案件,从而文官候补生在大多数情况下[除了宣告无罪[76](Freispruch)的案件]只需在此确认公诉书中的法律评价即可。

对于文官候补生来说,总结陈词中的难点和陌生之处莫过于量刑问题:就此文官候补生应首先从相关法条中推导出一般量刑幅度,通常这并不会在个案之间造成相互冲突的问题。之后,文

---

[74] "被告人于今年7月3日16点左右进入位于S的Hansen百货大楼皮革制品部……"

[75] "被告人否认其犯有犯罪行为。他如下辩解道,当天他并没有到往A地,相反他在B地。但是被告人的辩解被令人信服、细节详尽且能相互引证的证人J和证人P的证言所驳倒。证人J和证人P就此作证道,他们曾经……兹没有理由怀疑证人J和证人P证言的正确性,因为……与此相对,被告人的叙述不具有可信性,因为……"

[76] 如有可能,文官候补生应在就宣告无罪的事实与法律理由进行总结陈词之前,向其训练官进行请示,并与其就无罪的判断理由进行商讨。当然宣告无罪并不会改变总结陈词的论述结构。

官候补生应就具体的量刑进行说理,并综合考量罪轻(strafmildernder)和罪重的(strafschärfender)所有情节(生平、前科、自白、损害的赔偿情况和被害人谅解,等等)。在此文官候补生往往易于犯将基本犯罪构成情节(Regelbeispiel)或加重结果犯情节(Qualifikation)重复评价为罪重情节的错误,也易于犯将可构成责任能力(Schuldfähigkeit)降低进而可改变量刑幅度的醉酒情节重复评价为罪重或罪轻情节的错误。文官候补生应尽力避免前述重大错误,因其违反了《德国刑法典》(StGB)第46条第3款*所规定之禁止双重评价规则(Das Doppelverwertungsverbot)。

  文官候补生所要面对的难点还有,一方面其需要判断是否应请求法官判处被告人以自由刑或罚金刑[日额金[77](Tagessätze)的计算以及《德国刑法典》第54条和第55条所规定的总和刑(事后)构成方法(Gesamtstrafenbildung)],另一方面其还需要判断是否应请求法官根据《德国刑法典》第56条以下之规定判处被告人以缓刑(eine Strafaussetzung zur Bewährung);为此文官候补生应在庭审之前借助法律评注就相关的法律条文进行认真地研读。这些法律条文大多是文官候补生在其大学学习阶段完全忽略的。随后文官候补生还应就这些条文与其训练官进行商讨,当然这是以这些条文未在相关的文官候补生训练研讨课讲

---

  * 原文为"《德国刑事诉讼法》(StPO)第46条第3款"。但是禁止双重评价规则系规定于《德国刑法典》第46条第3款。因而原文应为作者笔误。——译者注

  [77] 日额金是以扣除被告人及其赡养权人(Unterhaltsberechtigte)的免除额之后的月纯收入再除以30天计算出来的。

授过为前提。[78]

总结陈词会请求就刑事程序费用分担(《德国刑事诉讼法》第464条及以下)作出裁判,如有可能,还会请求处以附加刑(Nebenstrafe)[《德国刑法典》第44条:驾驶禁止(Fahrverbot)],矫正与保安处分(die Besserung und Sicherung)[《德国刑法典》第61条及以下,例如吊销驾驶执照(Entziehung der Fahrerlaubnis)]以及追缴和没收处分(Verfall und Einziehung)(《德国刑法典》第73条及以下)。[79]

总结陈词完毕之后,大多经短暂的休庭法官就会宣告判决。这里正如上文业已提示过的,非经请示训练官,文官候补生不得擅自作出法律手段放弃(Rechtsmittelverzicht)的声明!

最后文官候补生应在案卷庭审笔录(Terminvermerk)上签名,并记录法庭的组成情况、本人的个别诉之声明以及法院判决书的裁判内容。然而在请求无罪判决或诉之声明与裁判之间存在重大差别时,文官候补生应将前述请求的理由通过报告书详细地论述。

三、司法事务官与书记官

若文官候补生未能被分配到检察机关,而是被分配到刑事法官那里,则如在民事机构训练一样,其通常要么根据《德国司法事

---

[78] 不论是从内容上还是从结构上,检察机关的总结陈词与刑事判决书都很相似;两者的本质区别主要在于,判决书中有关裁判结果的内容将会作为主文(Tenor)置于文书的开头,而在总结陈词中相当于判决书主文的内容则是作为诉之声明置于文书的末端。

[79] "综上所述,兹请求法院以25欧元的日额金判处被告人30日的罚金刑,并处没收编号……之物证。"

务官法》(RPflG)第 2 条第 5 款之规定被临时委任负责司法事务官(Rechtspfleger)的工作,要么被委任负责书记官(Urkundsbeamte der Geschäftsstelle)的工作,抑或被委任同时负责前述两种工作。根据《德国法院组织法》第 10 条第 1 句之规定,不同于在民事机构的训练,在刑事机构文官候补生不得被委任主持口头辩论,也不得被委任负责证据调查。[80]

《德国司法事务官法》第 3 条详细列举了可委任司法事务官的事务。同时《德国司法事务官法》第 4 条和第 5 条分别就委任的范围和提交法官处理义务(Richtervorlagepflicht)作出了规定。根据《德国法院组织法》第 153 条第 5 款之规定,联邦和各州可就书记官任职所需的知识和工作能力作出规定。文官候补生绝对是满足书记官任职所需的知识和工作能力要求的。

因此,被分配给地方法院的文官候补生就常常作为备忘录记录官(Protokollführer)从事刑事训练;作为备忘录记录官的文官候补生不仅要在备忘录中记录下刑事法官或陪审法庭主持的主辩论程序中的所有流程,而且根据《德国刑事诉讼法》第 273 条第 2 款前半句之规定,还要记录(证人)询问的主要情况[所谓的"言词备忘录"(Wortprotokoll)]。由于法院人手紧缺,文官候补生大多会被任命为备忘录记录官。为了避免在记笔录时犯下错误,文官候补生在执行任务之前,一方面应借助教科书和法律评注(如有可能)及时研读《德国刑事诉讼法》的相关条文(第 271 条至第 275 条),另一方面也可参考一下其他庭审的备忘录,并应就此与其训练官进行详细讨论。

---

[80] 根据通说,"刑事案件"广义上甚至包括秩序违反案件(Ordnungswidrigkeit)。

第四节　民事机构

民事机构训练的目的在于使文官候补生具备独立负责并切合实际地将民事案件尽可能终局性地全面了结的能力。

文官候补生在大学学习阶段主要是通过研习那些不存在案情争议的案例来学习实体法知识。而在文官候补生训练阶段,他们则一方面需要更多地学会运用程序法,另一方面还要学会克服真实案情本身的复杂性和争议性。纵使证据调查的必要性对于这时的文官候补生而言还很陌生,他们也应该学会通过运用报告技术(Relationstechnik)从当事人的主张中发现案件的争点(die streitigen Sachverhaltsaspekte)。此处对于文官候补生尤其困难的是,如何精准地将案件事实与当事人的法律观点区别开来。

正是出于这个原因,经过多年学习的文官候补生在开始其民事机构训练之前,须首先参加为期数周或至少数天的由实务人士(大多是现职的民事法官)主讲的有关民事法院工作的研讨课。[81] 之后文官候补生将会在其训练官(地方法院的民事部门或区域法院民事审判庭或商事审判庭)的个别指导下进一步地通过参加民事法庭的工作[阅卷、卷宗的誊录、各种处分的制作、庭前准备、言词辩论、和解、判决(Urteile)和裁定(Beschlüsse),等等]和其他事务性工作(案例鉴定分析报告的撰写、裁定和判决草稿的撰写、报告书的撰写、庭审秩序维持、案情汇报)了解初审民事法庭的工作内容。与此同时,根据《德国司法事务官法》第2条第5项之规定,在民事法庭训练的文官候补生亦可被临时委任负责司法

---

〔81〕　具体请参见本书第六章。

事务官之工作,书记官之工作亦然。[82]

审判实践中的民事纠纷是多样的,纠纷的解决方式也五花八门。通过这种实践学习,文官候补生可以掌握在大学学习阶段不甚熟知的民事诉讼法知识和规范结构,而其想要通过大学学习了解民事诉讼的实践操作和法律适用却几乎是不可能的。这也同样适用于对《德国法院组织法》、《德国法院费用法》(Gerichtskostengesetz)和其他各种《德国规费条例》(Gebührenordnungen)的学习。

一、言词辩论的主持[83]

文官候补生经多次参加其训练官所主持的庭审并完成相关训练之后,应至少自己亲自主持一次言词辩论。[84] 这一方面是以学习法官的日常工作为目的的民事机构训练的必然要求,另一方面文官候补生的法庭实践学习也已经使得其对法官的日常工作有了初步认识,具有了独立主持言词辩论的能力。训练官应对文官候补生主持言词辩论程序的行为进行监督,并对其评分,在必要的时候还应进行适当的干预。

---

[82] 《德国司法事务官法》第3条具体规定了司法事务官有权从事的工作;《德国司法事务官法》第4条和第5条则分别规定了委任的范围和提交法官处理的义务。根据《德国法院组织法》第153条第5款之规定,联邦和各州可就书记官任职所需的知识和工作能力作出规定;当然文官候补生绝对是满足书记官任职所需的知识和工作能力要求的。

[83] 具体参见 Emde, Die Leitung einer Zivilverhandlung durch einen Referendar, JURA 1995, 205。

[84] 《德国法院组织法》第10条第1句规定了在何种条件下文官候补生可行使民事法官的职务。同时根据同条第2句之规定,文官候补生无权要求当事人宣誓或接受当事人的宣誓。

34　　　为了避免出现训练官干预庭审而不利于诉讼参加人的情况,文官候补生应在主持庭审之前对所承办案件的卷宗进行深入研究,并就此与其训练官进行讨论;文官候补生应能就本诉和反诉(Widerklage)的合法性、辩解意见的合理性、证据调查的必要性以及裁判的成熟性作出正确判断。为此文官候补生不仅应事先进行详细的卷宗摘录,还要模拟庭审中的各种争议情况,以进行口头练习。口头练习可以关键词的形式进行,如有可能,也可邀请其他文官候补生一同参与。为了应对当事人在庭审过程中变动诉之声明,以及保证能够及时与卷宗进行核对,文官候补生应就当事人之前所提出的诉之声明的内容进行认真核对,并做详细的笔记。同时文官候补生需注意,庭审备忘录(Sitzungsprotokoll)不仅要记录其与当事人或代理人所讨论的内容,还要记录诉之声明的内容。

　　此外文官候补生应从形式和内容上认真全面地就证人或鉴定人询问工作进行准备。尤其是考虑到文官候补生在法官工作方面缺乏训练,因而将所要提问的每一个问题都内化为形式化的流程,并将其记录在自己随身携带的备忘录中是非常有必要的。

　　在证人或鉴定人询问工作方面,在开庭前文官候补生应首先审查本案是否有构成《德国民事诉讼法》第383条及以下规定的作证拒绝权(Zeugnisverweigerungsrechte)的可能,因为法官有义务向相关证人告知此项权利。同时备忘录中还要就证人是否行使作证拒绝权的情况进行记录。[85] 此外每次询问证人都应首先向

---

〔85〕 例如:"作为被告人的父亲您享有作证拒绝权。这意味着,您有权拒绝作为证人进行作证。如果您拒绝作证,被告人亦不会因此而遭受消极后果。若您放弃作证拒绝权而作证,则您必须如其他证人一样履行如实作证的义务。"在备忘录中应记录下:"在告知作证拒绝权的情况下,证人依然表达了希望作证的意思。"

证人告知如实作证义务和作伪证的刑事责任。[86]

之后证人的个人信息也应记录于备忘录中：姓名、头衔、年龄、职业、居住地以及证人与当事人之间是否存在血亲或姻亲关系（Verwandtschafts-oder Schwägerschaftverhältnis）[如果涉及公司法人（Gesellschaft），则还要注明证人与法人机关的关系，例如是否为有限责任公司（GmbH）的经理或股份有限公司（AG）的董事]。

待证事实应尽可能地通过多方证人证言得到相互印证。待证事实一般可见于搜证裁定书（Beweisbeschluss）或在涉及《德国民事诉讼法》第273条第2款第4项所规定之证人传唤（Zeugenladung）时，见于相关的庭审准备备忘录中。对证人的询问应首先以开放性问题获得对待证事实的全面描述，之后还应进行有目的性的开放性追问，即所谓的"W发问方式"（W-Fragen）*。询问中出现的相互矛盾之处也应一并记录到备忘录中。此外，文官候补生常常感到困难的是如何记录诉讼代理人对证人的发问以及相应的回答。最后请务必不要忘记向证人宣读其证言，并取得证言系其真实的意思表达的许可。与此同时，还要注明询问的结束时间[这有利于费用主管官员（Kosten-

---

[86] 此项告知可如下撰写："今日您作为证人应向法庭作证。作为证人您有义务如实作证，并全面回答法庭的所有问题。您无权对提问保持沉默或进行补充。若您对有关提问所涉及的内容无法回忆起来，则应明确表达无法回忆的意思。如其他证人一样，本席有义务告知您，若您作伪证，无论是否有悖于您的誓言，您都将面临刑罚的制裁。"

* 所谓W发问方式系一种开放式的提问方式，因在德语中这类发问的语句多系用以W开头的疑问代词开头，因而习惯上称为"W发问方式"。例如，在哪里发生的（Wo geschah es?）、发生了什么（Was ist passiert?）、有多少伤者（Wie viele Verletzte gibt es?），等等。——译者注

beamten)的结算工作]。[87]

训练官在选择文官候补生可办理的案件时,原则上只会挑选那些不仅涉及事实和争议情况的查清,而且也需要证据收集(证人或鉴定人的询问)和进行较高难度和解会谈(Vergleichsgespräche)的案件;在民事诉讼制度改革之后,未来文官候补生还要学会运用《德国民事诉讼法》第278条第2款所规定的和解谈判制度(Güteverhandlung)。在和解谈判中,文官候补生不得不随机地面对当事人和律师,并应对随时可能发生的意料之外的庭审状况,尽管证据调查程序之前已经完成了。而文官候补生不得不对这些突发状况作出即时的正确反应,并作为"调停人"尽力使双方能够通过谈判而达成和解。

二、判决书的撰写

民事机构训练的核心要点在于学会撰写判决书草案,这也是文官候补生所要参加的候补文官考试的要求。此外文官候补生通常还需满足最低训练成绩(Mindestausbildungsleistungen)。有的州会在其训练证书(Ausbildungszeugnis)上将最低训练成绩予以公示,而在有的州,最低训练成绩连同文件号和个别成绩是其训练证书所不可缺少的组成部分。

而除了完成其他一些文书工作以外,在民事机构训练的文官候补生还必须完成3到4份判决书的撰写。当然出于加强练习

---

[87] 例如:"业已大声宣读并取得许可"(Laut diktiert und genehmigt)、"经宣读后取得证人的许可"(Nach Diktat vom Zeugen genehmigt)、"业已宣读并取得许可"(Vorgelesen und genehmigt)或"业已播放并取得许可"(Vorgespielt und genehmigt)。

并取得更好的训练成绩的目的,一般来讲文官候补生应撰写比基本要求更多的判决书。

在此期间,文官候补生须学会将在大学期间奋力习得的"鉴定式文体"(Gutachtenstil)转换为以结果为导向的具有精确性和严格性的"判决式文体"(Urteilsstil)。"判决式文体"的习得是文官候补生在民事机构训练中所要解决的最大问题。判决书草案的"裁判理由"(Entscheidungsgründe)部分的好坏往往会直接决定考试成绩,从而文官候补生有必要与其训练官一道就"判决式文体"进行深入研习。文官候补生也应重视训练官就其判决撰写的建设性批判意见。

"判决式文体"具体表现为,先写明判决的结果,紧接着以尽量精练的语言对此结果进行说理,从而最终达到在读者看来该判决之结果是理所当然的。在此意义上"判决式文体"乃是"鉴定式文体"*的反转而已。判决理由的撰写不应是天马行空和旁征博引式的,而应围绕着主文所确定的结果进行论证。

具体来说:在论证构成要件的该当性(如果是驳回起诉的案件,则只需论证哪些要件未能满足即可)之前,应首先写明案件的抽象结果,并紧接着写明具体结果。[88] 之后则进入涵摄阶段(Subsumtion):首先作为裁判基础的主要案件事实要么无争议,要么经证据调查之后已经达到法庭确信的标准;随后应将此案件事实置于构成要件之下,以检查构成要件的该当性。在涵摄阶段必

---

* 关于"鉴定式文体"和"判决式文体",具体请参见吴光荣:《留德随感:也谈作为科学的法学》,载《法律适用》2009 年第 7 期。——译者注

[88] 抽象结果:本案所涉合法之起诉系有理由。(本案存在物上之瑕疵)具体结果:原告人有权请求损害赔偿。(作为买卖合同标的的汽车系有缺陷)

要时可引用概念定义以完成论证。[89]

在论证结果部分,推荐在句与句之间多使用"因为"(denn)进行连接;这样有利于文官候补生及时审查其裁判理由的论证是否有足够的逻辑性。此外若在论证表达中出现了虚拟语气["本应"(müsste)、本能(könnte),等等],则无疑证明文官候补生的论证犯了错误,因为虚拟语气只会用于"鉴定式文体",而不能用于"判决式文体"。

除了严格遵守"判决式文体"的要求,文官候补生还要保证其所撰写的主文是无歧义、完整且具有执行能力的。文官候补生可以将主文连同完整的当事人信息(Rubrum)一并作为"名片"递送给训练官和其他评分人(Votanten)。经过他们的指正,笔者相信文官候补生在民事机构训练结束之前应能改正那些所有初学者都会犯的错误。[90]

在判决书事实部分(Tatbestand)的撰写中,文官候补生应首先注意此部分所需的正确架构。大多数情况下这对于文官候补生并不困难。文官候补生原则上只需严格遵从他们在研讨课上业已习得的模板(Schema)即可[紧凑的引导句、无争议的当事人意见、有争议的原告意见、诉之声明、有争议的被告答辩意见、审

---

[89] 例如:某车因安装了不合规的排气装置而被吊销了一般汽车行驶证(Allgemeine Betriebserlaubnis für Fahrzeuge)。(案件事实)一般汽车行驶证的吊销属于《德国民法典》第434条意义上之物上瑕疵(Sachmangel)。(构成要件要素)因而缺少行驶证必然造成当事人无法对买卖标的物进行预订的使用。(涵摄)。

[90] 例如文官候补生常常会忘记在主文中"附带"写上驳回起诉或执行阻却权(Abwendungsbefugnis);也有时会将诉讼费用的分担计算错误,即要么总比例超出100%,要么少于100%;或令人遗憾地出现"同意起诉"(Der Klage wird stattgegeben)这样的语句(现实当中这样的错误并不少见)。

理经过(Prozessgeschite)]。

如判决书的其他部分一样,对事实部分撰写的最高要求就是可读性和可理解性:假如有争议的案件事实是少数的,则可将此部分放置于无争议的案件事实部分中一并撰写,但要将有争议的部分区别开来。此外,在存在执行决定(Vollstreckungsbescheid)或缺席判决(Versäumnisurteil)之时,审理经过可先于诉之声明撰写,否则读者很容易对诉之声明的由来认识不清。然而若诉讼涉及多方当事人的参加之诉、被告人提起的抵销权(Aufrechnung)或反诉,甚或出现较为复杂的诉讼进程[纠纷解决声明(Erledigungserklärung)、诉之变更(Klageänderung),等等],则文官候补生就应当知晓并运用一些合适的特别模板,或自行按照事件的时间顺序设计易于理解的论证结构,此时则需要文官候补生具有相当的创造能力。

在撰写事实部分的时候,文官候补生尤其应注重就有争议事实和无争议事实进行正确的区分,且只有那些裁判理由撰写所需要的案件事实才需要在事实部分写明。在裁判理由部分也需要就事实部分中的有争议事实和无争议事实进行相应的回应。在此应绝对避免将当事人的所有意见一股脑地塞进判决的事实部分。能够精练地选择和描述案件事实的文官候补生会被认为是精明干练的。事实的叙述作为"故事"本身亦要保持相当的完整性和逻辑性,为此,部分与案件分析本身无关的事实也需要在判决的事实部分写明。

事实部分原则上应避免复述原告意见和被告答辩中相互有争议的法律观点,判决书事实部分应是案情报告的精简版。只有在例外情况下,例如当事人双方对全部案件事实并无异议,只是对请求权基础(Anspruchsgrundlage)有争议,简短的法律观点论证才能帮助读者们(律师、上诉法庭以及当事人)更好地理解案件事实和判决书。

文官候补生的训练官和评分人在给判决书草案打分的时候最看重的还是裁判理由部分的撰写:在此文官候补生应证明自己有能力以"判决式文体"在主文中全面准确地论证包括利息、诉讼费用和假执行(vorläufige Vollstreckbarkeit)在内的判决结果,并且还要避免跑题。避免跑题的能力连同合理分配时间的能力,则需要文官候补生尽量利用民事机构训练期间或之后的各种练习考试的机会,予以培养。

第五节 行政机构

除了民事机构和刑事机构外,行政机构是文官候补生训练的第三重要的领域。而正如下萨克森州司法部(das Niedersächsische Justizministerium)所指出的[91],行政机构训练的目的在于,使文官候补生初步掌握行政机关工作的方式方法和办事流程。具体来说,则如《萨尔州法律人训练条例》(die saarländische JAO)第22条第4款所规定的:"行政机构的训练应培养文官候补生在行政机关办公的能力,为此应尽可能地让文官候补生有机会参与会议、讨论、谈判和视察的工作。"

文官候补生行政机构的训练习惯上(但并非一定)都是在行政机关(Verwaltungsbehörde)完成的。文官候补生训练所在的行政机关一般都是国内的行政机关。当然去国外的行政机关进行

---

[91] Der Juristische Vorbereitungsdienst in Niedersachsen (September 2006), S. 36.

训练也并非完全无可能,但文官候补生大多不会如此选择,而更多会将国外的行政机关作为选修机构。此外,文官候补生还有另外一个选择,即以"学生"的身份到位于施派尔的德意志行政科学高等学校(die Deutsche Hochschule für Verwaltungswissenschaften in Speyer)*进行训练。

一、总论

对于文官候补生来讲,行政机构训练阶段是最没意思的。之所以没意思,一方面是因为在此阶段文官候补生不得不面对那些"干巴巴"的公法文书;另一方面,则或许是因为,对于大多数州的文官候补生来说,这是他们人生第一次需要履行出勤义务。[92] 不容否认的是,许多文官候补生因抱有偏见和非理性的观念而对在行政机构训练存有接触恐惧症。若所在行政训练机构非为行政法院,而系行政机关之时,则此接触恐惧更甚。可以说这种接触恐惧更多的只是一种心理状态而已,但是若文官候补生将此种对行政机构的偏见带入训练生活当中,并在训练中时时刻刻地寻找印证此种偏见的证据,则肯定不会学到任何东西。为此,我们有必要就行政机关与较受欢迎的企业进行一下比较:与行政机关一样,企业本身亦不仅在事物上还在人际关系上存在"小气候",有自己的内部规矩,有自己的强项和弱项。从而主观上,文官候补生

---

* 位于施派尔的德意志行政科学高等学校现已更名为位于施派尔的德意志行政科学大学(Deutsche Universität für Verwaltungswissenschaften Speyer)。——译者注

[92] 出勤也不一定就是坏事,长达5个小时的训练通常在下午早些时候就会结束,之后文官候补生有整个下午的时间可以自由安排,而这未尝不是惬意之事。

能否成功地完成训练在本质上取决于其自身的适应能力。也就是说,文官候补生应有能力找到最适合自己的禀赋和兴趣的训练单位。而如果文官候补生在经典意义上的行政机关找不到适合自己的训练岗位,笔者认为,其也一定能够在下文的诸多选项中,找到适合自己的那一个。

二、行政机构训练的持续时间

近些年有关文官候补期制度的相关改革已经持续地影响到行政机构的训练。前几年巴伐利亚州的行政机构的训练期间甚至达到了7个月,是当年最长的训练期间。目前训练期间已经合理地缩短:训练期间超过4个月的行政训练机构在各州已经不存在了。

对于2006年12月以后参加训练的文官候补生而言,行政机构的训练期间如下:

4个月:巴伐利亚州、不来梅市、黑森州、莱茵兰-普法尔茨州、萨克森州、萨克森-安哈尔特州、石勒苏益格-荷尔斯泰因州、图林根州。

3个半月:巴登-符腾堡州、柏林市、勃兰登堡州、汉堡市。

3个月:不来梅市、下萨克森州、梅克伦堡-前波美拉尼亚州、北莱茵-威斯特法伦州。

三、国内行政机构的训练

为了保险起见,这里需要事先说明的是:文官候补生在行政训练单位通常不会被分配从事行政机关典型的"申请处理工作"。相反,基于文官候补生受过法学训练这个事实,训练机构常常会安排他们到机关部委的法制部门(Rechtsabteilung)[法制部门常常以"法制科"(Rechtsamt)、"法制处"(Rechtsreferat)或"法制厅/法制办公室"(Justitiariat)命名]工作。由此文官候补生在日常训练中既不会面对繁重的程式化的业务工作,也不会陷于令人望而生畏的公众公关业务(Publikumskontakt)。

联邦行政机关与州行政机关的划分问题是极其复杂,乃至令人费解的。甚至专业人士在面对联邦和州的行政机关分权问题时也会抓狂。[93] 因而笔者建议,期望到行政机关完成其行政机构训练的文官候补生应事先详细了解相关行政机关的基本组织架构,以能够充分发掘文官候补生训练的所有可能。

联邦和州的行政体制是通过各个相互之间存在联系并按照分工予以划分的行政部委或(最高)行政机关的协作而实现的。这其中首先涉及的是行政机关的横向结构问题。最高层级的行政部门的划分问题一般来讲受制于政治变动,即每个新的议会任期[94](Legislaturperiode)都会有新的变化。而各个专业部委[例如:建设部(Bauministerium)、社会部(Sozialministerium),等等]都同时由多个不同的以从事具体业务为目的的厅局(Ämter oder Referate)所组成。有些所属局只会存在于特定的行政部委[例如所属于社会保障部或社会保障机关的社会与复健局(Amt für Soziales und Rehabilitation)],而另外一些厅局却是各个行政部委

---

[93] Maurer, Verwaltungsrecht, §22 Rn.1.
[94] 虽然从结果上看变化不一定是有意义的,但作为政治意志形成过程的结果,这种变化却必须得到接受。例如萨尔州在其第十三届议会任期所设立的司法、健康及社会部(Ministerium für Justiz, Gesundheit und Soziales)。

所通有的,例如法制局。[95]

　　此外,考虑到巨大的工作量,行政机关一般还会被纵向分割。这意味着,最高行政机关(die oberste Behörde)会在其之下设立以完成区域性专业事务为目的的中等和初等行政单位(die Verwaltungseinheiten auf der Mittel-und der Unterebene)。相比来讲,联邦行政机关很少会设立纵向的中等或初等行政机关。国家所设立的联邦中等行政机关有区域和地区征兵事务局(Bereichs-und Bezirkswehrersatzämter)和地方海事署(Wasser-und Schifffahrtsdirektionen);而初等行政机关则有县征兵局(Kreiswehrersatzämter)和海事局(Wasser-und Schifffahrtsämter)。此外,在作为联邦行政组成部分的劳动市场行政体系中也存在类似的行政机关架构,例如联邦劳动署(Bundesagentur für Arbeit)。如果说行政机关的纵向分级在联邦层级是例外的话,在州层级则是常态:州这一层级的地方行政大多通过行政机关分级予以实现。[96] 大多数州实行的是三级行政机关制度。[97] 其中行政大区主席府负责设立中等行政机关,而县区政府则负责设立初等行政机关。行政大区一般是设立法制局的,而文官候补生是有机会在此完成其训练的。当然在有些州,例如在巴伐利亚州,法制局的训练甚至是强制性的。县级政府也会设有专属的法制机关,然而文官候补生并不必须要在此完

---

〔95〕 有关行政机关的内部结构可参见 Wolf/Bachof/Stober, Verwaltungsrecht, Band 1, 11. Aufl. 1999, §3 Rn.9。

〔96〕 汉萨自由市汉堡(Freie und Hansestadt Hambury)则是个例外,其州宪法(Landesverfassung)第4条规定了"行政统一"原则(Einheitsverwaltung)。关于"行政统一"请参见 Bull, in Hoffmann-Riem, Hamburgisches Staats-und Verwaltungsrecht, 3. Aufl. 2006, S. 82。

〔97〕 例如巴登-符腾堡州、巴伐利亚州和北莱茵-威斯特法伦州。

成其训练。

正如我们在各个法制机关中所看到的,行政机关的等级划分是会影响到个别行政单位的职责分配的。由此初等行政机关主要负责行政行为的初次作出(Aufgaben der ersten Verwaltungsinstanz),或者简单来说,负责所有直接涉及公民的行政行为(Verwaltungsakte)的作出。而在初等行政机关内部,此种包括不受欢迎的申请处理工作在内的行政行为的初次作出大多委由中等文官、二级高等文官或其他相应级别的行政职员负责处理;这实际上限制了初等行政机关中法律人的业务领域。与此相对,中等行政机关大多设有专属的法制机构,从而法律人可以在此一展拳脚。

法制机构的职能定位往往是双重的。一方面法制机构会承担指导功能(Intendanzfunktion),亦即负责解答同级或下级专业部门的法律问题(Rechtsfragen)。举一个例子:某地方建设局(Bauamt)的工作人员就建造许可(Baugenehmigung)申请中的存续保障(Bestandsschutz)问题持有疑问,则其可就此向主管法制局询问。就指导功能来说,行政机关中法制机构的地位和作用实际上与商事企业中的法务部门并无差别。另一方面,法制机构还有权直接作出高权行为。就针对初次行政行为而作出的行政复议进行相应的裁决系法制机构的典型高权行为(《德国行政法院法》(VwGO)第68条和第70条)。

最高行政机关很少会涉及低级行政机关所处理的个案,其更多的是就有关政策问题作出指导性决定,例如行政规程(Verwaltungsvorschrift)和法律草案的编纂工作。

前文只是对州和联邦行政机关制度基本内容的简要叙述,且没有涉及联邦和州的宪法机关(Verfassungsorgane)。有兴趣的文官候补生亦可选择在这些宪法机关的法制厅或法制办公室完成其训练。以立法机关为例：在德国，联邦议会（Bundestag）、联邦参议院（Bundesrat）和各州的议会机关都设立了以指导功能为己任的法制咨询机构。这些法制咨询机构的主要职责一方面在于解答有关宪法和议会法制的各种问题；另一方面则是指出个别立法案在法律上的问题。政府方面亦会设立法制咨询机构，例如各州的总理办公厅（Staatskanzlei）内部所设立的法制咨询机构。

文官候补生还可以选择在州议会党团（Landtagsfraktion）完成其训练。[98]当然党团工作一定是具有很强政治性的。文官候补生通常要负责为党团撰写要提交议会审议的议案，此外，新闻发言或演讲的草稿有时也会交由文官候补生处理。总之，对于文官候补生，尤其是对于那些立志从政者，是可以通过在作为"权力中心"的党团进行训练而一窥德国政治的实践操作，并借此切身感受政治与法之间的紧张关系。同时去党团而非传统的行政机关完成训练对那些患有行政机关接触恐惧症的文官候补生无疑是个不错的选项。

无疑，越是高等级的行政机关，甚或宪法机关，文官候补生的训练越难完成。由此绝大多数文官候补生都会选择去中等行政机关通过处理行政复议的工作以完成其训练。鉴于处理行政复议的工作往往是行政机关训练的通常内容，我们有必要对其有基本的认识。

首先需要指出的是，中等行政机关中的法制局或法制办公室的主要工作职责就是处理行政复议的申请。虽然基于《德国行政法院

---

〔98〕 文官候补生需要就此向文官候补生人事处（Personalstelle für Referendare）请示。

法》第68条第1条第2句之规定,10年来各州都有权通过制定法律(Gesetz)而废止行政复议前置制度(ein Widerspruchsverfahren als zwingende Zulässigkeitsvoraussetzung für eine Klage),然而在该规定出台的最初几年却几乎没有受到过重视。而直到最近几年才有个别州通过制定《行政法院法施行法》(Ausführungsgesetzen zur VwGO)以"废止"行政复议前置制度,通常是详细例举不以行政复议为必要的个别法域。[99] 此外,下萨克森州于2004年将行政复议前置的废止定为原则[100],而只有在例外的个别法域(《下萨克森州行政法院法施行法》第8a条,即建造法和环境保护法领域),还保留行政复议前置制度。可见在未来几年中废止行政复议前置制度的趋势还会继续下去。其主要原因是,各个联邦州都希望通过裁撤权利保护机关以节省财政开支,并期望由此能使行政程序的运作更有效率。当然,这种趋势并不意味着今后德国的中等行政机关不再具备行政复议的权能。实际上,州法(Landesgesetz)只能就州具有立法权能的事项规定不以行政复议前置为必要。[101] 对于联邦法则并不存在这种可能。

此外市面上有很多关于行政复议程序的著作。[102] 同时笔者也建议文官候补生利用其从事行政复议工作的机会从头到尾地独立完成多个行政复议程序。在此期间,为了便于记忆,文官候

---

[99] 例如《巴伐利亚州行政法院法施行法》第15条。
[100] 参见《下萨克森州行政现代化法》(2004年11月5日)(下萨克森州法律与命令公报第394号)。
[101] Kopp/schenke a. a. O., §68 Rn. 17.
[102] 例如:Piezner/Ronellenfitsch, Das Assessorexamen im öffentlichen Recht, 11. Aufl. 2005;这里特向读者推荐一本非常有阅读价值,但可惜已经售罄的著作:Weides, Verwaltungsverfahren und Widerspruchsverfahren, 3. Aufl. 1993. Siehe auch:§11, 3。

补生应将行政复议程序划分阶段,并将各个阶段所涉及的工作记录下来,最终形成一个草图:

第一步,文官候补生应根据阅卷的情况判断出该行政复议案件的基本审理结果。这可以通过撰写一份简要的案情鉴定报告来实现,同时这也是文官候补生训练的必备内容之一。此外训练官往往也会让文官候补生在案情报告会上介绍其鉴定结论,并基于此就下一步的工作提出意见和建议。文官候补生应妥善利用这种介绍鉴定结论的机会,通过这种方式,文官候补生可以在一种相对放松的气氛中完成有关法律问题的报告,并为今后口试的重要组成部分做好准备工作。虽然根据法律的规定(《德国行政法院法》第71条),只有在行政复议决定的内容包含新的或附带性的不利益(Belastung)时,才应举行听证程序。但是若文官候补生在经过案情鉴定后,认为某行政复议申请应予以驳回,则此时习惯上,仍应在驳回行政复议申请的决定作出之前为行政复议申请人举行听证会。这是因为,除了要考量相关部门法的规定,文官候补生还应注意《德国基本法》第19条第4款所规定的公平听审原则(der Grundsatz rechtlichen Gehörs)。据此,只要行政复议程序涉及对当事人的不利益,当事人都享有举行书面或言词听证(开庭)的权利。[103] 在书面听证的情况下,文官候补生应就行政复议机关驳回行政复议申请所持的法律上的理由进行详细论证,并由此形成听证书(Anhörungsschreiben)。在听证书中,文官候补生一方面应就其对本案所持的法律观点予以阐释;另一方面,则应注意在行文中应尽量使用当事人能理解的语言表述相关

---

[103] Weides, Verwaltungsverfahren und Widerspruchsverfahren, 3. Aufl. 1993, § 19 IV.

的法律概念。同时在书面听证中,候补生也应给行政复议当事人适当的时间,以让其能有就事实方面进行补充说明的机会。[104] 听证的另一种形式则是与异议当事人进行言词讨论。[105] 在某些适合文官候补生办理的案件中,文官候补生亦有可能得到主持言词听证程序的机会。在主持言词听证的时候,文官候补生应展现其应有的谈判技艺并扩展与行政复议当事人(往往是"有问题的当事人")进行适当沟通的能力。这时候如何正确处理亲民态度与官方利益代表之间的关系是文官候补生所要面对的第一难题。再者为了达成法律上的和平(Rechtsfrieden),文官候补生亦要具备相当的妥协能力。

根据各州的州法规定,行政复议申请的裁决组织形式可以是由一名法律专员所组成的独任制,也可以是由多名法律专员所组成的委员制。根据《德国行政法院法》第185条第2款所规定的授权性规范,个别州有权作出不同于《德国行政法院法》第73条第1款之规定[106],即通过设立一个由多数人组成的独立的行政复议委员会,并依据少数服从多数的原则,就行政复议案件作出裁决。该行政复议委员会大多系由一名作为委员会主席的法制机关的工作人员(法律人)和其他多名来自于社会各行各业的未受过法学教育的人所组成(类似于刑事审判组织的组成模式)。一般来说行政复议委员会主席享有辩论程序上的(大多是形式上的)指挥权,并且该主席亦有权将适当的案件委由文官候补生处

---

[104] Kopp/Schenke, VwGO, 14. Aufl. 2005, §71 Rn. 3.
[105] Kopp/Ramsauer, 9. Aufl. 2005, §28 Rn. 39 ff.
[106] 例如自由汉萨同盟城市汉堡的行政复议裁决书就是由一个独立的行政复议委员会(Widerspruchsausschuss)作出的,而不是由上一级行政机关作出,参见《汉堡市行政复议委员会令》(Hamburgische Verordnung über Widerspruchsausschüsse)。

理。文官候补生应通过审理行政复议案件向其训练官表现出其具备主持多数人参加的辩论程序和作出合理裁决的能力。

若行政复议听证程序未发现新的事实,则此时应就案件作出行政复议决定(Widerspruchsbescheid)。鉴于行政复议决定书系行政机关法律观点的权威体现,此决定书之作成自然应作为"主业"而交由法律人处理。同时行政复议决定亦是未来可能的行政诉讼程序的基础,因而其本身应在程序上和实体上准确无误地被作成。对于文官候补生来说,撰写行政复议决定书自然就是其在行政复议机关最重要的实习工作。至于如何在实体和程序上撰写好行政复议决定书,有兴趣的读者可以参看前文所引用的有关文官候补生训练的著作。

除此之外,在行政机关训练的文官候补生还有可能作为行政诉讼被告人的代理人从事相关的诉讼活动,即作为州或行政机关的代理人在法院,尤其是在行政法院(一般公法上的纠纷)和社会法院(社会法上的纠纷)进行诉讼。这尤其会发生在当事人对(驳回性的)行政复议决定不服并提起诉讼的情况下。

文官候补生作为代理人在行政法院为自己所撰写行政复议决定辩解是一种理想状况。当然这种情况在实际中却只是一种理想而已,因为显而易见的是,耗时只有5到7个月的行政机构训练几乎无法让文官候补生完全完成从行政复议到行政诉讼的整个程序。考虑到根据新的规定训练期限将会下降到3至4个月,而与之相对的则是较长的诉讼期间[107],从而文官候补生完全

---

[107] 被告人通常会提起的诉讼假处分通常就会持续6到8周,而言词辩论的传唤一般来讲至少也会耗时2周(《德国行政法院法》第102条第1款,《德国社会法院法》第110条第1款),而在实践中则通常会长达4周。

走完整个程序就更成为了一件不可能的事。

当然即便不作为"自己"处理的行政复议案件的代理人,文官候补生作为被告方参与到法庭审理活动中亦应是行政机构训练的主要组成部分。通过参与到法庭的审理过程中,文官候补生可以学习到如何在法庭维护其所代表的利益。习惯上文官候补生往往作为其训练官的副手参与到法庭辩论程序当中,当然在适合的案件中,其也有机会独立办案。然而文官候补生的训练官应与主审法官就文官候补生是否可独立承办特定案件进行商讨,有关的行政法官并不总会认为文官候补生独立承办特定案件是"适当的"。

四、外交部门[108]

另外一个可以供文官候补生完成行政机构训练的地方是外交部门。就一般观念来说,能够在外交部门完成训练总是伴随着某种特殊的光芒。外交部门的文官候补生将会通过在国外的大使级或领事级代表机构从事相关工作的方式完成其训练。因此,这对许多文官候补生来说无疑是难以拒绝的机会。

理论上德国所有的联邦州都会承认在外交部门进行的文官候补生训练。但各州对于外交部门中的训练应该归属于哪种训练机构有不同的认识。不过这对于大多数的联邦州来说并不会成为问题。文官候补生既可以选择在行政机构训练阶段,也可以选择在选修机构训练阶段,进行外交部门的训练。当然也有个别州规定行政机构的训练只能在德国(国内)的行政机关完成。如此,有意到外交部门进行训练的文官候补生就只能通过在选修机构训练阶段选择外交部门的方式实现其愿望了。如有疑问,笔者

---

[108] 具体请参见本书第五章第七节。

建议各位候补生应在整理行装之前及时向主管的人事部门就有关问题进行请示。

若外交部门能够为文官候补生提供多处训练机关,则此时文官候补生应判断在哪个外交机关进行训练对于其是最有利的。这完全是一个个人选择的问题但各位文官候补生仍应注意以下问题,即在外国居留的同时也意味着要付出更多精力和时间。尤其需要注意的是,在地处他国的训练机构进行训练必然会面临很多新的压力,进而很难再安排出足够的时间以应付第二次国家考试。因而笔者建议,除非文官候补生不介意外交机构的这种压力,否则不应将外交机构训练置于第二次国家考试临考前的阶段。

实务中能否分配到外交部门以完成训练系由主管的人事部门负责。而文官候补生有义务向主管人事部门证明其已经得到了相关外交部门的训练许可。为此文官候补生应事先向有关外交部门提交文官候补生训练的申请。[109]

文官候补生的训练申请书应非常准时地到达外交部门,即至少在训练开始前的 7 个月就应到达。这意味着,如果文官候补生计划在外交部门完成必修的行政机构训练,则其必须在文官后补期的伊始,往往此时其还在第一个训练机构进行训练的同时就着手进行必要的申请工作。为此文官候补生须准备全面完善的申请文件。有兴趣的文官候补生可以到外交部的网站[110]下载相关的申请表格。而外交部所属的训练及继续教育部门则会根据文官候补生所提交的申请文件进行必要的筛选工作。这意味着并不是所有有意向到外交部门进行训练的文官候补生都会被录取。

---

[109] 参见外交部地址:Werderscher Markt 1, 10117 Berlin。
[110] http://www.auswaertiges-amt.de。

此外，外交部的录取标准是多元的，其中主要会考虑第一次国家考试的成绩、国外背景、职业教育背景和外语能力。

目前德国业已与这个世界上绝大多数的国家建立了外交关系，亦向诸多国际组织，例如联合国，派遣常驻代表。文官候补生具体会被派往哪个外交机构则取决于外交部的自由裁量。文官候补生当然可以在其申请书中写明志愿，以获得外交部尽最大可能的满足。然而文官候补生的志愿并不能保证被实现，尤其是当其将纽约、伦敦、巴黎或罗马作为志愿的时候。若已经被外交部录取的文官候补生的志愿服务地未能得到许可，外交部会为其推荐其他地点以供训练。然而外交部不会派遣文官候补生赴危机地区进行训练。我们必须承认的是，事实上供训练的国家或地区正好与文官候补生的最初意愿相符的情况实际上是极少的。鉴于此，各位文官候补生必须做好心理准备，其能否真正忍受在雷克雅未克或卡拉奇长达数月的居留生活。

总而言之，相比于在经典行政机关完成文官候补生的训练，在外交部完成训练确实更有吸引力。虽然外交部门的训练与第二次国家考试的考试内容缺乏直接关联，但对于那些不在乎此点的文官候补生，外交部门训练无疑为其提供了获得外国生活经验的绝佳机会。当然不可忽视的是，对于那些致力于在通过第二次国家考试后赴外交部工作的文官候补生，能够事先在外交部完成其训练，无疑是对其受益良多的。尽管这种事先在外交部门的训练经历并不会保证文官候补生以后一定能够获得外交部门的工作岗位，然而对于那些工作能力得到外交部门认可的文官候补生，其相对于其他没有相关经验的"外来"申请者，无疑会占有相当大的优势。同时外交部也一再证明了其对合格的完全法律人的求职申请总是抱有最大的善意,甚至对于只通过了第一次国家考试的申请者也不例外。

五、外国机关所属的训练机构

原则上,在外国所属的机构完成行政法相关的文官候补生训练也并非没有可能。这其中首先涉及的就是在欧盟(Europäische Union)及其所属机关、欧洲委员会(Europarat)和联合国进行的文官候补生训练。当然文官候补生在计划到国外机构进行训练之前应首先明确,相关训练主管机构是否已将前述国外训练机构纳入文官候补生训练的必修阶段。实务上确有个别州是将国外机构的训练作为必修阶段[111],但对于大多数州,国外公法机构的训练往往是在选修阶段[112],此外还有个别州,例如巴伐利亚州[113]或柏林市,是将国外机构的训练作为律师事务所训练的必修阶段。

(一)欧盟

在欧盟的机构中,最常见的训练机关是欧盟委员会(Europäische Kommission)。法律人训练须以一个程式化的任命程序为前提。欧盟委员会中负责此任命程序的部门为实习生办公室(Bureau des Stages)。[114]

---

[111] 例如,北莱茵-威斯特法伦州,参见《北莱茵-威斯特法伦州法律人训练法》(JAG NRW)第35条第5款第1句之规定。

[112] 例如,巴登-符腾堡州、勃兰登堡州、不来梅市、汉堡市、下萨克森州、石勒苏益格-荷尔斯泰因州。

[113] 在巴伐利亚州,国外机构的训练也可能在行政机关训练的最后几个月内展开(《法律人教育与考试法》(JAPO)第48条第4款第1句第3项b和e,及同条同款第2句)。

[114] Commission Européenne, Bureau des stages, 200 rue de la Loi, B-1049 Brüssel (Bruxelles); das Bureau des Stages im Internet: http://www.ec.europa.eu/stages.

有关实习训练,欧盟委员会制定有《欧洲联盟委员会官方实习工作办法》,并已以欧盟之各官方语言公布于互联网上。[115] 据此欧盟委员会的实习期为5个月,且于每年的5月1日和10月1日任命两次。具体的任命条件为:

(1)具有欧盟成员国家的国籍;

(2)高等学校毕业文凭;

(3)掌握两门欧盟国家的官方语言,并且其中一门应为欧盟的工作语言(英语、法语、德语),且须达到非常好的水平。

实习的书面申请不仅可以通过在线形式也可以通过书面形式提交至实习生办公室,申请人可于欧盟委员会网站下载相关的申请表格并填写。申请书必须至少在实习开始前7个月送达实习生办公室,这意味文官候补生应从长计议。

由于有超过6000名申请者竞争600个实习岗位,因而筛选程序是必要的。该筛选程序包括初选和终选两个阶段。筛选主要考虑个人素质和其他优先因素两个方面。就个人素质来说,主要有高等学校文凭的品质、工作经验、语言能力和其他资质;就其他优先因素来说,则主要是考虑尽可能地保证实习生来源国的多样性。当然对于那些未能被录取为实习生的申请者,在根据拒绝理由而满足特定条件的情况下,仍然有机会再次提交新申请。有关筛选程序和时限的详细信息请查看实习生办公室的网站。

被录取的申请者将会被分配到欧盟委员会下辖的34个总局和处。大多数的总局都位于布鲁塞尔,也有个别派出机构设立于卢森堡。由此实习生亦可以根据其志愿选择到卢森堡的派出机构完成

---

[115] Beschluss der Kommission vom 2. 3. 2005, C (2005) 458; nachzulesen unter http://www.ec.europa.eu/stages/rules/rules_de.pdf.

49 训练。赴卢森堡的派出机构训练尤其会对那些法语能力未能达到日常交流水平的申请者具有吸引力。因为德语亦是卢森堡普遍流行的母语之一。在实习训练期间,实习生将主要负责资历尚浅的一级高等文官有权处理的事项,例如撰写会议纪要、资料搜索或就欧洲共同体法的具体问题作出解答。

除了欧盟委员会,文官候补生还可以选择到欧盟的其他机关进行训练。这其中尤其以欧洲议会[116](das Europäische Parlament)为代表。有关欧洲议会实习的具体信息可通过邮政系统或互联网[117]自行询问。当然可供实习的单位还有位于卢森堡的欧洲审计院[118](Europäische Rechnungshof)和欧洲投资银行[119](Europäische Investitionsbank)以及位于美茵河畔的法兰克福的欧洲中央银行[120](Europäische Zentralbank)。需要特别提醒的是,位于卢森堡的欧洲法院[121](Europäischer Gerichtshof)并不接收文官候补生,因其实习岗位只对完全法律人开放。

此外笔者建议那些无法获得欧盟机构实习岗位的文官候补生也不用气馁,因为除了欧盟机构以外,其他一些训练机构也是可以提供欧盟相关的实习岗位的:在德国不仅在联邦层级而且在州层级都存在许多与欧洲政策相关的机关或机构,所有联邦州也都设有负责欧洲政策与法律问题的行政机关。这些行政机关主要负责研究和阐述所属联邦州有关特定欧洲政策问题的意见和

---

[116] Europäisches Parlament, Bureau des Stages, KAD02C007, L-2929 Luxembourg.
[117] http://europarl.eu.int/stages。
[118] 详细的信息请登录:http://eca.eu.int。
[119] 详细的信息请登录:http://eib.org。
[120] 详细的信息请登录:http://ecb.int。
[121] http://curia.eu.int。

建议,并在必要的时候代表各个联邦州在有关会议上就欧洲政策问题发表观点。这些会议的主办单位有例如承担谘议功能的欧洲区域委员会(ADR)。这些行政机关也常常代表所属州参加欧盟的立法程序并发表相关观点,尽管这种立法参与行为具有间接性,但绝对是必须的,也是卓有成效的。再者欧盟有关的主管机关在制定发布指令(Richtlinie)和规程(Verordnung)之前须将相关草案发至各个成员国国内有决定权之机关讨论。而根据《德国基本法》第23条第2款之规定,德国有权就欧盟指令和规程提出意见和建议的机关为联邦议会和联邦参议院。同时总结各州对欧盟指令或规程草案的具体观点也是重要任务,因为各州都已认识到欧洲政策与各州的利益密切相关。与此相应的是,各州大多设有高等级的负责欧洲政策的专门机关。有些州设有欧洲事务部[122],而另外一些州则将欧洲事务委托给州长办公厅内设的专门机关负责。[123] 具体的机构设置情况也是因时而变的。此外几乎所有联邦州都在欧盟设有其常设代表机构。这些设立于布鲁塞尔的代表机构的首要职责就是代表各州在欧盟的利益,并保障相关游说工作的顺利进行,进而促使欧盟各机关在作出相关决定的时候能够充分考虑到德国各州的利益。个别联邦州会为文官候补生优先提供在这些州代表机构工作的机会。详细的信息请询问各文官候补生人事主管部门。

(二)欧洲委员会

文官候补生还有机会赴位于斯特拉斯堡的欧洲委员会[124]完

---

[122] 例如,勃兰登堡州、黑森州和图林根州。
[123] 例如,巴伐利亚州、柏林市和萨尔州。
[124] Avenue de l'Europe, 67075 Strasbourg Cedex. Internet: http://www.coe.int.

成具有国际化背景的公法训练。

欧洲委员会并不是欧盟的所属机构[125],其成立于1949年,是以46个欧洲国家为成员国的政治组织。欧洲委员会的职责在于"作为民主秩序的守护者,以促进人权、民主和法治原则的实现"。[126]

欧洲委员会可为文官候补生提供为期3个月的实习。欧洲委员会的实习期安排是非常僵化的,即其每年只提供3个固定实习期,也就是1月到3月,4月到6月以及10月到12月。实习工作的主要内容则多为研究报告的撰写和相关专业著作和其他文献的整理利用。

有关实习申请的具体方式可于欧洲委员会的网站上查询得知。申请过程是非常漫长的,一般每年的4月网站会公布下一年度的实习计划表。这意味着,2007年4月提交申请的文官候补生,2008年方有可能获得实习机会。

欧洲委员会的实习经历原则上是会得到公认的。惯例上各州会将欧洲委员会的实习作为首选的选修科目予以推荐,与此相同的还有下文将会讲到的在联合国的实习。[127]

(三)联合国

对于那些认为欧洲的政治舞台还不足以施展其拳脚的文官候补生,赴联合国实习未尝不是一个很好的选择。在联合国完成具有国际化背景的公法训练,不仅能够为文官候补生带来声

---

[125] 请不要与欧盟理事会(Rat der Europäischen Union)或欧洲理事会(Europäischer Rat)相混淆。

[126] 1993年10月《欧洲委员会高层峰会宣言》。

[127] S. z. B. Mitteilung des Thüringer Justizministeriums "Wahlstation Ausland", veröffentlicht am 22. 9. 2005 in ThJMBl. S. 48.

誉,而且也为其提供了一次了解异国风情的机会。

申请的录取工作自然是由联合国负责。有关申请和录取的详细信息请查阅联合国官方主页[128]中的"Internship"项下之内容。文官候补生除了有机会到位于纽约的联合国总部工作以外,还有可能参与到联合国诸多所属组织或机构的工作中去。[129]

与前述有所区别的是在德国设于联合国的常设代表机构实习。目前德国不仅在纽约[130]而且在日内瓦[131]设立有联合国常设代表机构。当然德国在联合国的常设代表机构并非联合国的机构,而是德国所属机构,从而德国的外交部系联合国常设机构的实习和训练的主管机关(参见上文)。

六、公共企业

公共企业处于公共服务体制的边界。公共企业并非行政机关,相反其系基于私法而组织的企业,但行政机关通过它们可以营利或非营利的方式参与到经济生活当中去。由此国家可以生产性或服务性企业主的法律形式运作行政权[132],这尤其存在于生存保障领域（Daseinsvorsorge）,如城市公共服务企业

---

[128] http://www.uni.org。

[129] 有关联合国环境署（UNEP）在肯尼亚的工作回忆录,请参见 Gallep, "Ein Blick auf die Vereinten Nationen, durch die Hinterür-Verwaltungsstation bei der UNO in Nairobi", JuS-Magazin 3/2005, S. 21。

[130] 有关经历报告参见 Erfahrungsbericht dazu: Hasse, JuS 11/2000。

[131] 联邦德国驻日内瓦联合国代表机构:联邦德国驻日内瓦总领事馆,28 C, Chemin du Petit-Saconnex, CH-1209 Genève; 邮箱地址:Postfach 171, CH-121 Genève 19. 网址:http://www.Genf.diplo.de.在这里文官候补可以获得实习的机会。详细的信息可查阅前述网站的"申请、实习和文官候补生"栏目。

[132] 参见 Wolff/Bachof/Stober, Verwaltungsrecht, a. a. O, §3 Rn.10。

（Stadtwerke）、供水和供能企业（Wasser-und Energieversorgung）以及医院。对于达到一定规模和重要性的公共企业而言，法务部门同样是不可缺少的。例如地方公共废物处理企业、水供给企业或城市公共服务企业通常就设有自己的法务部门。公共企业的法务部门不单要负责民法相关问题，例如合同法问题，还要负责公法相关问题，例如道路修通、管道布置权，等等。[133] 公共企业的这种公法与私法问题交织存在的现象对于文官候补生的训练可以说是卓有意义的。

有兴趣的文官候补生应在申请公共企业实习之前就实习学分的认可和所属训练阶段的情况向训练主管机关予以询问。通常文官候补生将公共企业训练作为自己的选修科目一般不会有问题。但是根据目前各州《训练条例》之规定，行政机构训练大多被限定于在经典意义上的行政机关的训练，而未包括公共企业，因而选择将公共企业作为其必修行政机构训练地点的文官候补生不免面临麻烦。

七、行政法院的训练

除了可在行政机关完成训练，文官候补生还可以选择在享有行政诉讼管辖权（Verwaltungsgerichtsbarkeit）的法院完成训练。

首先任何享有一般行政案件管辖权的德国法院都可以成为训练机构。1994年德意志行政法官联盟（BDVR）就全德的行政法院及其通讯地址制作了一个目录。[134] 而这个目录应该能够为选择有关的法院提供参考作用。此外个别情况下特别行政法

---

[133] 有关公共企业的具体职责和任务可参见相关企业的网页。

[134] BDVR-Rundschreiben 6/1994. Die Zusammenstellung wurde erarbeitet von RiVG Dr. Olav Rumpf, Darmstadt.

院,即财税法院和社会法院,未尝不是一个很好的选择。

然而需要注意的是,个别州的《训练法》或《训练条例》对行政机关训练与行政法院训练之间关系的规定各有不同。有些联邦州系将行政法院训练规定为必修的行政机构训练科目的组成部分[135],并可部分或全部替代行政机关的训练。而另一些州则将必修的行政机构训练科目限定于行政机关的训练,从而行政法院的训练只能作为其他训练阶段的科目内容。其中有的州,例如萨克森-安哈尔特州,将行政法院训练作为独立的必修训练阶段,有些州则是仅将其作为选修训练阶段。[136] 为此分别查阅各州的文官候补生训练法规是非常有必要的,当出现训练期限重合的情况时,务必要向训练主管机关寻求帮助。

行政法院之训练系于各行政法院或高等行政法院下属之审判组织内完成。文官候补生可以通过个人关系自行联系可作为训练官的法官,训练主管机关亦可向文官候补生指定法官以作为训练官。

不同于在行政机关的训练,在行政法院的训练并不需要文官候补生履行每日的出勤义务。这可以视为一项有利于文官候补生的制度。

就训练的内容和结构来说,行政法院的训练在很大程度上与民事或刑事法院的训练是相似的。行政诉讼制度在很大程度上与民事诉讼制度的内容是一致的。[137] 当然行政诉讼中的辩论日期制度还是具有一定特殊性的。一般文官候补生有权作为审

---

[135] 例如,巴伐利亚州、巴登-符腾堡州、黑森州、莱茵兰-普法尔茨州。
[136] 柏林市、勃兰登堡州。
[137] 参见本书第五章第四节。

判组织的成员参与到诉讼活动当中去。在适当的情况下,文官候补生通常有权在法庭辩论程序中就案件事实发表观点。但文官候补生是否可被委托在言词辩论程序中行使指挥权则未有统一之规定。虽然《德国法院组织法》第 10 条原则上允许文官候补生在除刑事诉讼以外的诉讼程序中行使辩论指挥权(Verhandlungsleitung),但偶尔还是有观点认为,行政诉讼程序中文官候补生亦不应享有辩论指挥权。因此,文官候补生应个别地就指挥权的问题与其他主审法官予以商定。

实务上在行政法院实习的文官候补生亦会负责相关行政案件判决书和裁定书草案的撰写工作。同时考虑到第二次国家考试的内容之一就是行政判决书的撰写,从而判决书草案的撰写工作亦具有相当的考试相关性。行政判决书的结构和形式在很大程度上和民事判决书相近。[138] 鉴于文官候补生在之前的训练中已经习得有关民事判决书撰写的知识,行政判决书的撰写对于此时的文官候补生应也不是什么难事了。

原则上特别行政法院亦可作为文官候补生的训练机构,首先需要提到的就是社会法院,当然在社会法院实习并不具有较高的实用价值。原因在于,一方面社会法院所适用的法律往往是那些具有专业性和复杂性的特别公法规范,这与第二次国家考试并没有直接相关性;此外第二次国家考试中也只在很有限的范围内会涉及适用于社会法院的程序法制度:立法者通过《德国社会法典第 10 编》(SGB X)制定了独立的社会行政程序法,其只在很有限的范围内与《德国行政程序法》(VwVfG)的规定相一致:虽然《德国社会法典第 10 编》第 31 条所规定的社会法上的行政行

---

[138] Pietzner/Ronellenfitsch,§20 Rn. 1.

为与《德国行政程序法》第 35 条所规定之行政处分在概念的核心内容上是一致的,但是根据《德国社会法典第 10 编》第 45 条及以下之规定,社会法上的行政处分之撤回(Rücknahme)和撤销(Widerruf)却迥异于《德国行政程序法》中之有关规定。而在社会程序法(Sozialprozessrecht)中也存在类似情况:相比于更具考试相关性的《德国行政法院法》,《德国社会法院法》(SGG)所规定之程序在很大程度上具有差异性。除非出于考试以外的目的,例如社会利益或法学研究的需要,文官候补生不应过多地在前述之特别行政法制度上浪费太多时间。

这也同样适用于在财税法院(Finanzgerichte)的训练,因为与社会法一样,财税法亦包含大量特殊规则。

八、位于施派尔的德意志行政科学高等学校

前文所述之于全国各级行政机构进行的训练是公法上文官候补生训练的常见经典模式。行政机关的训练除此之外当然有其他选项。而通过在位于施派尔的德意志行政科学高等学校进行有期限学习的方式完成公法上的文官候补生训练也是不错的选择。

位于施派尔的德意志行政科学高等学校系由联邦和各州共同出资组建的公法上的社团法人(die Körperschaft des öffentlichen Rechts),并向全国招生。该校的录取是有名额限制的,每学期一共只招收大约 550 名学员。学校将会为学员提供优良的学习条件,包括领先的师资和硬件保障。截至 2006 年,德意志行政科学高等学校设有涵盖法学、经济学、社会学和政治学在内的 18 个教席(Lehrstühle)。[139] 此外,学校还配有 80 名编外讲师

---

[139] 截至 2006 年底 18 个教席中有 3 个教席空缺。

(Dozenten),他们大多数系来自于经济、行政和政治界的实务人士。最后,学校图书馆的条件无论是从软件还是硬件上都是极为精良的。

目前位于施派尔的德意志行政科学高等学校专为法律文官候补生提供为期一学期的提升训练课程。

学校每学期都为学员提供超过一百场以不同课题为内容的大课(Vorlesung)和小组研讨课。这些课程无疑是具有时效性和多元性的。此外,位于施派尔的德意志行政科学高等学校为了使学员能够更多地了解跨学科的知识,除了提供传统的法学培训以外,还同时加入许多其他专业领域的知识。例如该校所开设的"行政现代化"研讨课就很好地结合了就业政策和企业经济管理两个学科的内容。为了让文官候补生能够通过第二次国家考试,该校还提供专门的考试复习课和模拟考试。甚至课堂研讨课也会以与考试相关之内容为题目举行。

德意志行政科学高等学校的一学期将会持续3个月,并在一年之内分别举办冬季学期,即5月1日至7月21日,和夏季学期,即11月1日至1月21日。

然而德意志行政科学高等学校的培训应作为文官候补生的哪个训练阶段,各州对此的规定却是不尽相同的。有些州[140]明确规定将该校的培训作为必修的行政机构训练的组成部分;而另外一些州则对此没有明确规定。[141]后者虽然没有就德意志行政

---

[140] 例如,巴伐利亚州、巴登-符腾堡州、不来梅市、莱茵兰-普法尔茨州、萨尔州以及图林根州。

[141] 石勒苏益格-荷尔斯泰因州和柏林市:其高等区域法院虽在其网站(http://www.kammergericht.de/ref)上写明,2003年的《训练法》并没有将德意志行政科学高等学校的培训排除在文官候补生的训练制度之外。然而该网站同时也指出:"于行政机构训练期间进行高等学校的培训显系不可能。"

科学高等学校的培训是否属于必修的行政机构训练作出规定,但仍不影响文官候补生将其作为选修的训练机构。文官候补生除了可在德意志行政科学高等学校以国家学和行政学作为自己的学习方向以外,还可选择一些国际化的学科,例如国际公法或欧洲共同体法。就此各位文官候补生可与其所属人事机关商定。

主管文官候补生训练之各机关系德意志行政科学高等学校录取的主管机关。该主管机关还在一定程度上就是否录取享有自由裁量权。[142] 文官候补生首先应向主管机关提交申请志愿。之后各州的主管机关将会根据特定的筛选程序决定相关申请者是否能够被德意志行政科学高等学校录取,若主管机关同意某位申请生赴德意志行政科学高等学校学习,则其会被直接派往学校。与此同时,任何私人的个别申请都不会被德意志行政科学高等学校所接受。

被德意志行政科学高等学校录取则意味着要短期迁往施派尔或其附近居住。学校本身配备有3栋学生宿舍,但只能够每届学员的一半人使用,即240名学员。当然学员也可以租住私人的住所。[143] 为了方便学员寻找适合的住处,学校提供了相关的住房信息卡。文官候补生可就生活上的问题随时向学校的学员事务秘书处寻求帮助。[144]

---

[142] 魏玛高等行政法院的一个裁定(Beschluss vom 31. März 2000, 2 ZEO 220/00)业已指出,文官候补生对于是否能够得到录取不享有请求权。主管机关有权根据客观情况,尤其是文官候补期训练的实际组织情况,拒绝录取相关申请者。

[143] 迁往施派尔往往会造成双重住所问题。相关的税法问题本书将在第八章探讨。

[144] 参见施派尔德意志行政科学高等学校学员事务秘书处地址:Freiherrß-von-Stein-Straße 2, 67346 Speyer。

接下来的问题则是,在德意志行政科学高等学校完成文官候补生训练的优势和劣势分别是什么？首先文官候补期制度就其本质来说是为了让那些在高等学校学习多年法学理论知识的法律人能够有机会学以致用;此外文官候补期应能使得文官候补生得以适应不同的工作环境。由此我们应当承认,德意志行政科学高等学校提供的培训并不符合文官候补期制度的目的,因为高等学校的课程安排虽然充满多样性,但究其本质仍是课堂教育的延续。当然,选择到施派尔进行培训的文官候补生可以通过在事后的选修阶段赴行政机关训练的方式弥补自己实践经验上的不足。

除了前述不足,在德意志行政科学高等学校进行学习还是有很多优势的。首先文官候补生获得了一次精进自己公法基础知识的机会,并且也能学到一些大学必修课程以外的公法领域知识。而学员们一般都会对其在施派尔所受到的学术训练赞誉有加。此外,学员们的未来雇主也会将施派尔的学习经历视为是否决定录取他们的必要考虑因素。而对于那些致力于在通过第二次国家考试后从事公职的文官候补生,在德意志行政科学高等学校学习的经历虽然并不会在录取过程中带来什么奇迹,但这确实会给文官候补生的公职申请加分,并且会给录用单位留下良好的印象。最后施派尔学习经历的一个不可低估的重要优势还在于,文官候补生有机会通过认识其他来自全国各地的同学而建立起自己的人脉关系。这些人脉关系将会使文官候补生今后的职业生涯受益匪浅。而且这种人脉关系也不局限于法律圈,相反施派尔的学习经历会让法律文官候补生有机会接触到其他专业的朋友,例如一位决定今后从事公职的经济学专业的学生一般也会选择到施派尔学习。最后,为了使这种建立人际关系的想法能够得以制度化,德意志行政科学高等学校的毕业生自然还组织有校友会。

九、挑选行政训练机构的标准

上文中笔者详细介绍了完成行政机构训练的各种可能性。文官候补生在选择行政训练机构时可遵从的标准是多元的。这一方面取决于个人对于行政机构训练的认识,另一方面也取决于策略上的考量。

选择一个有利于通过随后的国家考试的训练机构绝对是非常实用的,例如到行政复议机关或行政法院完成"经典的"训练。虽然在行政复议机关或行政法院进行训练并不会给候补生带来"激情"或"荣誉感",但是他们在此会得到与第二次国家考试相关的行政法个案处理的训练,并了解到有关行政复议和行政诉讼在程序法上的细微差别。

此外比较注重自己个人兴趣的文官候补生也可以选择自己喜爱的专业机关完成训练。例如对环境政策感兴趣的文官候补生可以选择赴联邦或各州的环境部进行训练。而对于航海运动有特别感情的文官候补生甚至可到海事局完成其实习训练。

其他对于研修个案缺乏兴趣的文官候补生也可以去有关政治机关所属的行政机构或海外完成训练。然而正如本文所指出的,在前述机构进行训练在很大程度上是不会有助于通过第二次国家考试的。但是从另一方面来说,在政治机关或海外机构的训练经历无疑是文官候补生今后职业生涯的一笔宝贵财富。

最后坊间一直都认为在公共行政领域存在所谓的"潜水机构",即那些工作量很少,文官候补生可以坐享其成的训练机构。

这些所谓的"潜水机构"往往在历届文官候补生中口耳相传。但笔者需要提醒的是：选择这类机关作为自己的训练机构固然可以，但文官候补生要为自己的选择负责。这其中尤其需要各位文官候补生注意的是，不仅你们知道哪些训练机构属于所谓的"潜水机构"，企业、行政机关及联邦和各州的办公厅所属的主管完全法律人录用工作的部门长官也同样知晓。因此，笔者建议各位文官候补生最好不要在这种所谓的"潜水机构"待太长时间，以免影响到自己今后的职业前途。

第六节　律师事务机构

根据《德国联邦律师法》（BRAO）第 59 条的规定，律师有义务在适当的范围内参与文官候补生训练制度。律师有义务对指派给他们的文官候补生就律师业务进行教导，并给予其从事实践工作的机会。文管候补生通常会参与的实践工作主要有以下三个方面：非讼业务、诉讼准备工作和出庭。[145]

非讼业务主要是指为客户提供法律咨询服务、诉讼外的文书往来、诉讼外调解以及合同草案的撰写；诉讼准备工作则主要有整理委托人的相关诉求并进行法律上的评价、修补委托人事实陈述中可能的漏洞、撰写起诉状、撰写答辩书、撰写上诉状或上告状以及其他法律文书。这些诉讼准备工作一般也是第二次国家考试的考试内容。最后作为诉讼代理人出庭一如既往地是文官候补生所感兴趣并视为重要的事务，本书将在下文中对此展开详细探讨。[146]

---

[145] Eckert, JuS 2001, 1008.
[146] 参见本节"二、出庭"。

一、律师法律文书的撰写

长达9个月的律师事务所训练的目的之一就在于让文官候补生学到足够的有关于律师文书和合同草案撰写[147]的知识。通常文官候补生有义务向其训练官提交小型案件法律鉴定分析报告(Rechtsgutachten)。然而文官候补生的首要任务还是要学会独立阅卷。如有可能各位文官候补生还应将自己的工作状态调整到与律师事务所的其他年轻律师相近的强度。只有如此文官候补生才能学到实务知识并真正认识律师工作。律师事务所显然是无法被归入"潜水机构"的。

这其中对于文官候补生而言重要的是,学会在起诉状中全面准确地写明诉之声明的内容。[148] 律师事务所实习工作对于文官候补生所提出的要求绝不仅限于通过将来的第二次国家考试;相反实习中的文官候补生应尽其所能为当事人找到最好的问题解决方案,并尽量帮助当事人节省不必要的费用。例如在涉及诉讼费用救助(Prozesskostenhilfe)申请的案件中,文官候补生应主动向其当事人表明,只有当诉讼费用救助被批准之后,才会为其撰写相关起诉状,以至于经济上弱势的当事人只需承担诉讼费用救助申请本身的费用,而无需支付所有诉讼费用。此外在申请诉讼费用救助的过程中,文官候补生还应向当事人指明,"单纯的"诉讼费用救济申请的提出并不会产生诉讼系属(Rechtshängigkeit)的效力,且不会发生诉讼时效(Verjährung)中止之效力。这意味着,诉讼时效效力

---

[147] 参见 Rehbinder, Vertragsgestaltung, 2. Aufl. 1993。
[148] 具体请参见 Zwanziger/Heitmann, Erfolgreich als Anwalt praktizieren, Leitfaden für Berufseinsteiger, 2. Aufl. 1998。

的产生须以正式起诉为前提。

(一)起诉状与答辩状

文官候补生必须掌握基本法律文书的撰写技能,即起诉状(给付之诉[149]、确认之诉[150]和返还原物之诉[151])、答辩状(Klagerwide-

---

[149] 给付之诉的首句可表达为:"基于原告人的授权并以原告人之名义,本人兹提出以下之诉,并请求法院为此确定一个新近的庭审日,以进行调解和言词辩论。"之后,则应写明该给付之诉的诉之声明:1. 兹请求判令被告人向原告人支付1万欧元,及2002年1月1日至2003年1月1日的相应利息(按基准利率上浮8%之年利率计算)9000欧元;2. 兹请求判令本案诉讼费用由被告人承担;3. 兹请求根据《德国民事诉讼法》第331条第3款和第276条第1款第1句之规定,缺席判决被告人;4. 兹请求内含送达权能和执行文(Vollstreckungsklausel)的简易判决书之做成。这其中第2项和第4项之声明虽非为起诉状之必备内容,然为求完整性实务当中却仍将此两项列入。第4项之声明实际上只是为了迎合委托人对于诉讼费用由对方承担的期望而设。

[150] 交通肇事案件中常常涉及以下诉之声明(无具体数额给付的给付之诉和确认之诉):"1.兹请求判令被告人向原告人给付基于法院自由裁量的适当之抚慰金,及自诉讼系属产生之后的相应利息(按基准利率上浮5%计算);2.兹请求确认被告人有义务赔偿原告人自2007年1月1日在汉堡市与被告人所发生之事故中所生之所有物质和非物质损害,并请求确认该项请求权并未移转于社会保险经办机构或其他第三人。" 当然不无争议的是,鉴于(部分)败诉中成本风险的存在,是否应注明诉之声明中的抚慰金之具体数额。例如这样撰写前述第1项之声明或许更好:"兹请求判令被告人给付原告人至少1000欧元抚慰金。"从律师的角度看,通过数额可以相对容易地事先确定争议价值(Streitwert),并能够就诉之声明额之大小给法院和委托人以第一印象。据此,确定一个大致的抚慰金数额在诉讼策略上是有优势的。

[151] 于返还原物请求之诉中应就所涉标的物的具体情况予以详尽描述。

rung)[152]、假处分申请书[153]（der Antrag auf Erlass einer Einstweiligen Verfügung）以及诉讼费用救助申请书。[154]

尽管言词原则（Mündlichkeitsprinzip）系民事诉讼的基本原则之一，但律师法律文书的质量在诉讼过程中仍占有举足轻重的地位。更何况实务当中鉴于案件审理在时间上具有紧迫性，许多法院往往只能将庭审期间单纯地用来口头复述相关法律文书中的请求事项。文官候补生应当尝试在出庭时将庭审重点转变为对案件的事实问题和法律问题的讨论，如若不然，法庭往往会毫无征兆地公布"裁判日期"，而不会事先给当事人任何有关裁判的提示。在这种情况下，当法庭认为无需再作出搜证裁定书时，亦会直接作出实体判决。

第二次国家考试中有关律师职业的部分往往就是以原告人或被告人的视角出发所编写的案例分析作为考试内容。此案例分析将着重考查文官候补生对诉之合法性（die Zulässigkeit der Klage）、原告人实体法上请求权和被告人抗辩权（Einwendung）的论证能力。在此基础上，第二次国家考试还会考查文官候补生是

---

[152] 有关答辩状的练习，请参见 Sejas, Assessorexamenklausur – Bürgerliches Recht: Klageerwiderung, JuS 2005, 824. 该书甚至写明有关反诉中的答辩状的案例。

[153] 例如不作为处分申请书："假处分申请书——紧急！——请立即呈送——申请人……——诉讼代理人……案由:不作为。标的价值（估算）:2000 欧元。基于申请人之授权并鉴于事态之紧迫性，本人兹申请法院不经事前言词辩论得作出以下之假处分:1.被申请人不得在位于埃尔姆斯霍恩市的房屋所属土地之界限范围内修筑篱笆，或以其他方式阻碍他人进入该房屋;2.被申请人于违反第1项所规定之义务时得被课以 25 万欧元之秩序罚金，并于秩序罚金无法实现时，得被课以 6 个月以内之拘禁;3.被申请人应承担本程序之费用。"

[154] 参见 Michel/Von der Seipen, Der Schriftsatz des Anwalts im Zivilprozess, 6. Aufl. 2004。

否具备判断其所选择的诉讼程序与取得胜诉之间在诉讼策略上关系的能力。为此,第二次国家考试往往还会以起诉状的撰写作为考试内容。

另外,需要注意的是,在律师实务中,起诉状的撰写实际上要求详尽的法律检索、司法判例的充分援引以及必要的举证。这意味着:对具体诉之声明的把握是不言而喻的。

由于闭卷考试具有时限性,从而考试中的文官候补生在撰写其起诉状或答辩状的理由部分(Begründungsteil)时只能就案件事实(Sachverhalt)部分予以简单的复述。对于法律实务工作,这种简单的复述显然是不够的,因为法庭希望能从起诉状或答辩状的理由部分看出所有的诉讼攻击和防御手段(die Angriffs - und Verteidigungsmittel),因此文官候补生在其实务工作中应将更多精力投入丰富理由部分的案件事实内容。法庭不愿意见到文官候补生在调解或之后的言词辩论阶段就案件事实或证据予以"事后完善"。而对方当事人亦会针对这种"事后完善"而提出延时抗辩(Verspätungsrügen),法庭此时亦有可能出于诉讼经济的理由而拒绝询问事后提出的证人(《德国民事诉讼法》第296条第1款)。

律师和其当事人应利用理由部分充分全面地描述他们所认为的案件事实。同时案件事实的叙述应保证逻辑形式清晰易懂,以使对相关事态并不熟悉且可能仅从新闻上了解事实的法官能很好地了解案件事实。此外,文官候补生应重点论述与请求权基础有关的案件事实,以使得时间有限的法官能够迅速地明确原告人的诉求。

当然,为了保证起诉状说理上的明晰性,可将其分为"(一)案件事实"和"(二)法律观点"两部分。同时,文官候补生需要注意保证自己不因与对方当事人的反复论辩而丧失自己所撰写的起诉状或答辩状所应有的逻辑体系,甚或"跳到"对方当事人的观点中。与此同时,文官候补生还应避免过多地就对方所持观点进行论辩。这是因为作为原告代理人的文官候补生没有义务提醒被告人所犯的错误。若文官候补生针对被告答辩中的不足侃侃而谈,则被告人不免会就此而提取关键词并"完善其观点"[155],而陷原告人的诉请于被驳回之风险中。

目前就起诉状尚无法定的形式模板。虽然所有律师事务所都置备有诉讼文书样式书[156],文官候补生却不应不加批判地照单全收。例如经济法,尤其是其中的竞争法,由于其自身的性质,很难保证相关法规和判例的稳定性,从而文官候补生单纯地照搬有关诉讼文书模板可能会发生引用失效法律条文的尴尬情况。

因此,文官候补生或律师有必要自行积累诉讼文书模板。而如果文官候补生能够在第二次国家考试开始之前就完成这些诉讼文书模板的收集工作,则会在相当程度上帮助其在时间压力下快速搞定作为试卷最后大题的起诉状撰写题。

不论是在国家考试还是在实务中,起诉状撰写中的错误无外乎是:诉之声明不具有足够的完整性进而缺乏可执行性(vollstreckbar)、遗漏从权利或利息计算错误、进行了多余的请求[诉讼费用承担请求或认诺(Anerkenntnis)]甚或有意忽略了提出关键

---

[155] 当然在第二次国家考试中,文官候补生可以针对对方当事人的抗辩理由相对尽情地予以简要驳斥。

[156] 参见 Beck'sches Prozessformularbuch, 10. Aufl. 2005; Beck'sches Formularbuch Bürgerliches, Handels-und Wirtschaftsrecht, 9. Aufl. 2006; Vorwerk, Das Prozessformularbuch, 8. Aufl. 2005。

案件事实或证据。而律师的"求胜之心"以及文官候补生期望在训练和之后的第二次国家考试中取得高分之心却是显而易见的。作为第二次国家考试阅卷人的实务专家通常也会特别注意起诉状或答辩状中诉之声明部分的质量。为此,文官候补生应着重锻炼诉之声明部分的撰写能力。

(二)法律手段——上诉和抗告

第二次国家考试的律师考试部分通常会将起诉状、催告程序(Mahnverfahren)、书证及汇票诉讼程序(Urkunden-und Wechselprozess)、独立证据程序(das selbständige Beweisverfahren)、诉讼费用救济程序或暂时权利保护程序(der einstweilige Rechtsschutz)作为其考试内容。与此同时,在律师事务所进行文官候补实习训练的文官候补生常会受其训练官的指派,处理有关上诉(Berufung)或抗告(Beschwerde)的案件。有哪一位超负荷工作的训练官会反对将卷宗数量巨大的第一审案件的上诉理由交由聪明的文官候补生撰写呢? 由此,文官候补生首先应明了于2002年1月1日的民事诉讼法改革[157]之后的上诉程序和抗告程序各自所适用的领域。[158]

于2004年8月24日公布[159],并于同年9月1日生效的《第

---

[157] 参见《民事诉讼改革法》[Gesetz zur Reform des Zivilprozess (Zivilprozessreformgesetz), BGBl. 2001 I, S. 1887]。

[158] 相比于以往的单纯抗告(einfache Beschwerde)为原则、即时抗告(sofortige Beschwerde)为例外的制度设计,改革后的民事诉讼程序则将会以有期限限制的抗告为原则。根据《德国民事诉讼法》第567条第1款第1项之规定,即时抗告只能在法律明文规定的情况下使用,即列举原则(Enumerationsprinzip)。有关诉讼费用救济程序拒绝的即时抗告申请书之模板,请参见Beck'sches Prozessformularbuch, 10. Aufl. 2005, Kapitel Prozesskostenhilfe。

[159] BGBl. 2004 I, 2198.

一次司法现代化法》(1. Justizmodernisierungsgesetz)实行了一系列重要变革。例如,根据《德国民事诉讼法》第 522 条第 2 款[160]之规定,上诉法院有权不经言词辩论即就上诉作出不可撤销的驳回裁定。这意味着,法律实务工作者应高度重视上诉理由书的撰写。

由于第二审并非是第二次事实审,对于法律实务工作者而言,上诉理由的撰写和上诉程序的运作都要比第一审程序难得多。为此,法律实务工作者应在其上诉状中就第一审所认定的案件事实中的重要细节予以详尽地描述,因为原则上二审程序不会再提供新的陈述(Vortrag)机会。

二、出庭

作为诉讼代理人出庭一直以来都是文官候补生最重要的训练内容。出庭训练不论对训练官还是对文官候补生来说都是一件颇有裨益的事情。一方面对于文官候补生来说,出庭是可以获取法庭实务经验的难得机会;另一方面作为训练官的律师也可以借此省下出庭的时间。因此,对文官候补生出庭所应具备的条件以及这种机会能否被拓展至律师训练机构之外进行探讨,是非常有必要的。

(一)权限

根据《德国民事诉讼法》第 78 条之规定,只有适格的律师(ein

---

[160] 根据《德国民事诉讼法》第 552a 条之规定,上告法院同样有权就上诉法院所许可的上告不经言词辩论而驳回,但需该上告不满足上告所必须的合法性要件且上告无成功之预期。据此,联邦普通法院(Bundesgerichtshof)甚至有权摆脱他们所不乐意受理的上告案件。

zugelassener Rechtsanwalt)才有权作为诉讼代理人于区域法院及更高等级的法院出庭或代理部分亲属法案件(Familiensachen),即强制律师代表制(Vertretungszwang)。这意味着文官候补生无法于前述法庭或案件中为有效的诉讼行为。由此,文官候补生只能根据《德国民事诉讼法》第 79 条所规定的当事人诉讼制(Parteiprozess)[161],作为诉讼代理人于地方法院出庭为诉讼行为(亲属法案件除外)。在当事人诉讼中文官候补生的诉讼权限基本上不受任何限制,但文官候补生的诉讼行为与训练目的背道而驰,或其本身之能力不足以胜任相关诉讼工作者,不在此限。[162]

此外,根据《德国行政法院法》第 67 条、《德国社会法院法》第 166 条第 1 款以及《德国财税法院法》第 62a 条之规定,高等行政法院(Oberverwaltungsgerichten)、联邦行政法院(Bundesverwaltungsgericht)、联邦社会法院(Bundessozialgericht)以及联邦财税法院(Bundesfinanzhof)的行政诉讼程序系实行强制律师代表制。从而,文官候补生只能于各地方行政法院、地方社会法院、区域社会法院和地方财税法院独立为诉讼行为。

已经参加文官候补生训练超过 15 个月的文官候补生可根据《德国刑事诉讼法》第 142 条第 2 款之规定,于存在同法第 140 条第 1 款第 2 项至第 5 项以及第 140 条第 2 款之情形时,被任命为地方法院案件的强制辩护人。但文官候补生并不享有被任命为

---

[161] 在实行代理强制制度的程序中是有可能因适格律师的原因而中断案件审理的。这意味着,文官候补生需要再拜托一位律师作为诉讼代理人(往往是在诉讼前程序业已参与案件的律师——保险起见文官候补生应及时将此情况向其律师事务所汇报),并为其提交相关申请。

[162] LG Frankfurt AnwBl. 1978, 30; Gerold/von Eicken/Schmidt/Madert, Rechtsanwaltsvergütungsgesetz, 17. Aufl. 2006, §5 Rn.7.

强制辩护人之请求权。[163] 此外,根据《德国刑事诉讼法》第139条之规定,刑事辩护律师在取得当事人同意的情况下可将其辩护资格(Wahlmandat)(《德国刑事诉讼法》第138条)转托于任何受雇于其的候补生,该文官候补生甚至可于较高等级的法院作为辩护人出庭。当然根据同条之规定,非受雇于该律师的文官候补生则不能受此委托。

根据《德国民事诉讼法》第157条第1款之规定,于民事诉讼中基于律师之委托,非受雇于其的文官候补生是有机会不受限制地作为诉讼代理人出庭的。然而根据同条之规定,只有作为律师协会成员的法律顾问(Rechtsberater)才有权为他人提供商业法律服务。同时《德国联邦律师法》第59条第2款第1句明文规定《德国民事诉讼法》第157条第1款不适用于受律师雇佣之文官候补生,进而可知,非受律师雇佣之文官候补生的出庭代理行为属于为他人提供不法的商业法律服务。但是考虑到《德国法律顾问法》(Rechtsberatungsgesetz)的立法目的,应对《德国民事诉讼法》第157条之规定进行限缩性解释。因为根据《德国法律顾问法》第1条第1款之规定,为他人提供独立性的法律服务而未取得主管机关许可者,其行为系属违法,但因从事从属性劳动而为他人提供法律服务者,则不在此限。比如根据《德国法律顾问法》第1条第6款第1项第2分项之规定,法律顾问所雇之人员为他人提供法律服务工作是为法律所许可的。文官候补生的人事关系虽然未在其所工作之律师事务所,但在联邦各州,训练官对其所享有之指令权使其与律师事务所之雇员在法律关系上系处于

---

[163] LG Berlin, NStZ 2000, 51 f.

同一地位。[164] 因此,纵使非律师事务所所雇佣之文官候补生,现行法亦未排除其作为诉讼代理人出庭的权利。从而前述之文官候补生自然可于不适用强制律师代理制度的一审劳动法院作为诉讼代理人为诉讼行为。

根据《德国联邦律师法》第 53 条第 7 款之规定,若文官候补生受委托而获得一般代理人之资格,则可享有与律师一样的诉讼权限。根据同法第 53 条第 1 款之规定,一日历年中律师若发生任何阻碍其执行职务之客观情况,州司法行政机关得要求其任命一名代理人以代其执行职务。根据同法第 53 条第 4 款第 2 句之规定,该代理人原则上可为律师或已参加文官候补训练达 12 个月的文官候补生。这意味着,具有一般代理人资格的文官候补生可享有任命他的律师在有关法院的所有诉讼权限。若作为义务辩护人的律师任命某文官候补生为其一般代理人,该文官候补生亦可行使义务辩护人之诉讼权限。[165] 法院无权就阻碍律师执行职务之客观情况进行事后审查。[166] 但是州法可对任命文官候补生为一般代理人进行必要之限制。最后,若一般代理人的任命不成立,则文官候补生需以律师之诉讼权限为先。

(二)报酬及费用报销请求权

文官候补生代理律师出庭为诉讼行为原则上并不会减少律师的收入。一般来说,律师的收费总额不会因此而发生变化。根

---

[164] Rennen/Caliebe, Rechtsberatungsgesetz, 3. Aufl. 2000, Art. 1 §6 Rn. 4; Altenhoff/Busch/Chemnitz, Rechtsberatungsgesetz, 10. Aufl. 1993, Art. 1 §6 Rn. 646.

[165] Kleine-Cosack, BRAO, 4. Aufl. 2003, §53 Rn. 5.

[166] BGH, NJW 1975, 2351 f.

据《律师报酬法》(RVG)第 5 条[167]的规定,律师通过文官候补生完成法律服务工作与其亲自完成该工作所获得的报酬在金额上是一致的。然而,根据同条之规定,前述同等报酬规则却并不适用于非处于律师事务所雇佣关系下的文官候补生(Nichtstationsreferendar),即兼职文官候补生,因为《律师报酬法》明文将所适用的文官候补生限制在已被分配从事训练者。当然,代理律师从事法律服务工作的文官候补生并非仅限于分配于该律师之文官候补生,实际上任何处于训练状态下的文官候补生都可以接受律师的委托。[168]

处于雇佣关系下的文官候补生的法律服务工作报酬给付请求权的规范基础系《德国民法典》第 612 条。在缺乏符合税收政策或惯常报酬标准的情况下,根据《德国民法典》第 315 条和第 316 条之规定,律师就报酬事项享有单方确定权(Bestimmungsrecht)。[169]

其他非处于律师事务所雇佣关系下的文官候补生的报酬给付请求权的范围和界限目前判例尚无统一观点,各个地方对此有不同之规定。同时,有关学者的著述亦未能就《律师报酬法》第 5 条未规定的代理人和非处于律师事务所雇佣关系下的文官候补生之报酬给付请求权如何处理,得出一致见解。这其中,非处于

---

[167] 《律师报酬法》第 5 条:"律师虽未亲自为法律服务,然亦可根据本法获得相应之报酬,但以该法律服务系通过其他律师、一般代理人、律师事务所所辖的候补文官以及已被分配从事训练的文官候补生完成者为限。"参见 OLG Hamm, MDR 1994, 736。

[168] Gerold/von Eicken/Schmidt/Madert, Rechtsanwaltsvergütungsgesetz, 17. Aufl. 2006, §5 Rn. 9.

[169] Gerold/von Eicken/Schmidt/Madert, Rechtsanwaltsvergütungsgesetz, 17. Aufl. 2006, §5 Rn. 11.

律师事务所雇佣关系下的文官候补生和代理人应与律师同工同酬,或其报酬给付请求权不应成立,都有相关学者之著述支持。[170] 而通说则认为非处于律师事务所雇佣关系下的文官候补生和代理人的报酬应达到律师报酬的二分之一[171]到三分之二。也有个别律师事务所只报销相关办案费用。[172]

为了避免因雇佣非处于律师事务所雇佣关系下的文官候补生而产生的报酬减少之后果,律师可与其当事人通过约定达成协议:纵使律师指派其他非属《律师报酬法》第5条所规定之人作为代理人,律师亦可根据《律师报酬法》的规定计算其报酬。[173] 非处于律师事务所雇佣关系下的文官候补生可提醒律师与当事人约定此类协议。[174]

除报酬的问题以外,还有办案费用的报销问题,请注意,这两个问题并不是一回事。根据《德国民事诉讼法》第91条第2款第1句之规定,只有律师或《律师报酬法》第5条所规定之人才有权因其代理活动而享有法定的律师报酬和费用报销请求权。非处于律师事务所雇佣关系下的文官候补生的费用报销请求权问题就只能根据《德国民事诉讼法》第91条第1款(若为刑事案件,则

---

[170] 参见 Gerold/von Eicken/Schmidt/Madert, Rechtsanwaltsvergütungsgesetz, 17. Aufl. 2006, §5 Rn.12。

[171] LG Achen, JurBüro 1978, 261; LG Bochum, AnwBl. 1971, 296; LG Braunschweig, JurBüro 1986, 53; LG Düsseldorf, JurBüro 1987, 1031; LG Frankfurt, NJW 1967, 2067。

[172] LG Berlin, JurBüro 1973, 124; OLG Düsseldorf, JurBüro 1991, 671。

[173] Gerold/von Eicken/Schmidt/Madert, Rechtsanwaltsvergütungsgesetz, 17. Aufl. 2006, §5 Rn.14。

[174] 此类协议并不会影响到法庭的费用确定程序。这意味着,纵使法庭于胜诉或部分胜诉的情况下未进行费用之确定,当事人仍需根据协议之规定给付全部律师费用。

适用《德国刑事诉讼法》第464a条第2款第2项之规定)的规定解决。而根据该条文之规定,非处于律师事务所雇佣关系下的文官候补生是否能享有费用报销请求权,则取决于该费用是否具有"必要性"。从完全支持非处于律师事务所雇佣关系下的文官候补生享有费用请求权到完全不支持都有相应的代表观点。通说则认为非处于律师事务所雇佣关系下的文官候补生不享有费用报销给付请求权。[175] 然而通说的观点并不值得推崇,因为指派成本相对低的非处于律师事务所雇佣关系下的文官候补生去处理难度相对低的案件是有助于节省诉讼成本的。同时也不能推导出"必要性"这一概念,文官候补生应因其是否处于相关律师事务所的雇佣状态下之不同而被区别对待。实践中有主管机关在个案中支持了部分费用的报销请求权[176],这尤其应适用于对那些虽然未处于相关律师事务所的雇佣关系下,但表现优秀的文官候补生。

须注意的是,诉讼费用救助机关指派的律师所委任的代理人须属于《律师报酬法》第5条所明文规定之人。若诉讼费用救助机关指派的律师委任了其他人,尤其是非处于律师事务所雇佣关系下之文官候补生作为其代理人,则由此产生的费用不得向国库

---

[175] KG Berlin, NJW 1972, 1872 ff.; OLG Düsseldorf, JurBüro 1985, 1496; OLG Zweibrücken, JurBüro 1984, 1668; LG Frankfurt, NJW 1967, 2067; LG Freiburg, NJW 1964, 69; LG Göttingen, NJW 1969, 946; LG Heilbronn, MDR 1995, 968f.; LG Mosbach, NJW 1965, 1034; LG Wuppertal, JurBüro 1974, 349; a. A. LG Frankfurt, MDR 1974, 64 f.

[176] 按照《联邦律师费条例》所规定的律师费标准的35%报销,具体参见 OVG Köln, Beschluss vom 1.3.2000, Az. 6 E 115/00, n. V.。

(Staatskasse)请求报销。[177] 根据《律师报酬法》第48条第5款之规定,候补文官,亦包括非处于律师事务所雇佣关系下之文官候补生,作为义务辩护人时所产生之报酬亦不得请求国库予以报销。[178] 这样规定的理由在于,国库只对法定的而非约定之薪酬有报销职责。据此,纵使是处于律师事务所雇佣关系下的文官候补生亦无权就主辩论程序所产生之薪酬请求国库予以报销。[179]

(三)法袍穿着义务

目前各个联邦州的法律就文官候补生是否享有法袍穿着权,甚或需承担法袍穿着义务,有着不同的规定。[180] 作为律师代理人或义务辩护人而为刑事辩护活动的处于律师事务所雇佣关系下的文官候补生是有权穿着法袍的,甚或在个别情况下,其还需履行法袍穿着义务。

当文官候补生根据《德国联邦律师法》第53条之规定以一般代理人之身份从事工作时,其享有与律师一样的法袍穿着权。同时,根据《律师执业条例》(BORA)第20条[181]之规定,律师于出庭时有义务以符合执业习惯的方式穿着法袍,而这亦适用于以

---

[177] OLG Saarbrücken, JurBüro 1984, 668; OLG Düsseldorf, JurBüro 1985, 1496; OLG Stuttgart, JurBüro, 1996, 79.

[178] OLG Hamm, AnwBl. 1969, 65; Riedel/Sußbauer, §4 Rn. 11.

[179] LG Berlin, JurBüro 1996, 80.

[180] 例如,AV des JM des Landes NRW vom 5.2.1963, 3152-I A 5, JMBl. 1963/l. 49; Runderlass des MdJuE des Landes Hessen vom 27.2.1998, JMBl. S. 357.

[181] 正如克莱内·科萨克(Kleine-Cosack)所准确指出的,律师的职业装穿着义务应追溯到1726年12月15日弗里德里希·威廉一世·冯·普鲁士(Friedrich Wilhelm I. von Preußen)国王陛下的内阁敕令:"内阁奉上谕,尔等讼师(Advocati)自应按有关之条例着过膝之长袍,为此朕之臣民方能将尔等区别开来,以免受尔等之诈欺,钦此。"参见Kleine-Cosack, BRAO, 4. Aufl. 2003, §20 BORA Rn.1.

一般代理人身份出庭之文官候补生。该法律条文也明文规定,于地方法院开庭审理民事案件过程中,律师并没有义务穿着法袍,从而文官候补生纵使忘记穿着法袍出庭,亦不会承担法律后果。当然目前在德国绝大多数地方法院中,律师还是会按照职业习惯的要求穿着法袍出庭。而在区域法院,穿着法袍更是一种义务。

除上述情况以外,文官候补生,不论其是否处于律师事务所的雇佣关系下,都无权利也无义务穿着法袍。

(四)出庭前的准备

除要将开庭所需之卷宗材料烂熟于心,并与当事人交待庭审要点以外,文官候补生还需要铭记一些庭审事务中的操作技巧。而除法袍以外,手机也是必不可少的装备。有了手机,文官候补生就可以在庭审辩论中止的间隙与当事人或训练官取得联系,并且当文官候补生在赶赴法庭的路上碰到麻烦的时候,亦可及时告知法庭。若文官候补生没有带手机,在出现紧急情况时富有善意的法官亦会允许文官候补生使用法院书记处的电话。

尤其重要的是,文官候补生应携带由律师手写签名的出庭委托书(Terminsvollmacht)。同样地笔者亦建议各位文官候补生于出庭时随身携带通过常用的律师软件所生成的"庭审要点"(Terminszettel),该"庭审要点"以清晰的结构标明了和解谈判、言词辩论或主辩论程序举行的时间和地点,并相应地注明所应采取的措施,且在一旁可供"画叉"。除此之外,文官候补生还应当为此单独做备忘录。最后,文官候补生于法庭辩论后提交给当事人的庭审报告(Terminsbericht)亦应基于"庭审要点"而撰写。

按时出庭参加法庭辩论也是非常必要的,如若不然,则会面临缺席判决的不利后果。为此,各位有必要根据法院大堂门厅所设之庭审公告栏上的时刻表核对自己的庭审时间是否正确,如列有证人名单,亦可同时核对。事先通过庭审公告栏核对的好处亦在于能够及时得知审判时间的变动。需要特别注意的是,当在法院庭审大堂遇到对方当事人或其律师时,应尽量避免与自己的当事人讨论案情。通常情况下,法院都设置有律师接待室以供案情讨论之用。最后,出于礼貌,文官候补生还应当通过庭审公告栏记住主审法官的姓名。

文官候补生有必要在庭审日之前赴相关法院旁听一次庭审,以便具体了解该法院的程序操作,这也有助于缓解紧张情绪。

(五)庭审现场——出庭情况之确认及诉之声明(Antragsstellung)

从旁听席方向看,习惯上原告方位于旁听席的右侧,而被告方则位于左侧。在当事人随同出庭且法庭空间狭小的情况下,作为诉讼代理人的文官候补生可坐于委托人与对方当事人或其律师之间,以避免双方直接接触。

法官于庭审开始时将首先确认出庭情况。此时,文官候补生应向法庭提交庭审授权委托书,以便其附于庭审卷宗之中。需要注意的是,庭审法官在此将正确注明出庭代理之文官候补生是否系处于律师事务所的雇佣关系之下。据此,文官候补生将根据前文所述因其不同的身份而获得不同的报酬请求权。不同于已经废止的《联邦律师费条例》(BRAGO),新的《律师报酬法》并没有就辩论费(Erörterungsgebühr)作出规定,取而代之的是庭审费(Terminsgebühr),从而有关案件事实问题与法律问题的庭审备忘录在律师报酬法的意义上就不再具有重要性了。

在辩论阶段,有的法官习惯于立即促成诉之声明。这样做既有优点也有缺点:优点在于,不会在辩论结束后才发现遗漏了诉之声明;而缺点则在于两方面,即一方面无法利用《德国民事诉讼法》第333条所规定的"遁入迟延"制度;另一方面,根据《德国民事诉讼法》第269条之规定,作出诉之声明后,原告人撤诉须以被告人同意为必要。如果主审法官没有在辩论阶段直接促成诉之声明,则一定要注意,诉之声明必须在庭审终结前作出。

为诉之声明时,文官候补生应以该诉之声明在庭审卷宗中的最终有效形式为之,且应将包括请求数额、辅助声明或反诉声明在内的所有诉之声明内容全面地提出,并由法官将这些内容记录于庭审备忘录之中。

若对方当事人未能出席庭审,文官候补生应根据《德国民事诉讼法》第330条之规定提出作出缺席判决之申请,或根据《德国民事诉讼法》第331a条之规定,申请根据庭审卷宗作出裁判。

文官候补生必须无条件地服从其训练官的指令,这意味着,在签订和解协议之前,应向训练官汇报并取得其明确的答复。如得到训练官同意和解的指示,文官候补生亦应签订附撤销权保留(Widerrufsvorbehalt)的和解协议。无论如何,文官候补生都不应该提出撤诉申请,纵使面对法庭的压力,也应尽其所能地避免为撤诉之申请,从而保证其当事人不会因《德国民事诉讼法》第269条第3款之规定而承担相应的诉讼费用。根据前条之规定,在对方当事人提出申请的情况下,原告人需因撤诉而承担诉讼费用。此外,在未经事先认真权衡并与其训练官协商的情况下,文官候补生不应为《德国民事诉讼法》第307条所规定的认诺行为。

若于庭审结束时达成了和解协议或存在法官释明(richterlicher Hinweis),则文官候补生应将法庭备忘录的相关内容仔细地记录于其庭审要点中。

(六)庭审报告

在当事人未能亲自出庭的情况下,文官候补生可将庭审结果书面告知当事人。该书面报告应以庭审要点为基础。庭审报告并非仅仅起到告知当事人的作用,其也是负责撰写案件卷宗的律师所要依据的备忘录,因为庭审报告中存在有关庭审和相关重要结果的记录。

若当事人要求对法庭释明或和解协议予以复述,文官候补生应注意准确为之,因为当事人可凭借数天后收到的法庭备忘录检验其庭审报告复述的正确性。随后文官候补生应回到律师事务所,并与其训练官研讨庭审过程。

三、文官候补生于律师事务所取得的额外报酬

一些大型律师事务所,尤其是专业经济案件律师事务所和位于大城市的律师事务所,通常会向每日出勤的文官候补生提供每小时 10 到 12 欧元的额外报酬。[182] 而在专业经济案件律师事务所,文官候补生的月额外报酬可达 325 欧元到 1278 欧元不等。当然,对于每月能够得到 1278 欧元额外报酬的文官候补生,其正式的文官候补生报酬往往会被相应减发。[183]

四、德意志律师协会的训练

一直以来,许多文官候补生对由德意志律师协会(DAV)多年以来提供的、以赴受其认证的律师事务所进行训练为内容的德意

---

[182] 该额外报酬数额系根据 2003 年于各律师事务所的书面问卷所得。
[183] 具体的减发额需要询问相应的文官候补生训练机构。

志律师协会律师训练项目(DAV-Anwaltsausbildung)相当陌生。受认证的律师事务所名单按高等区域法院管辖区分类,可参见网站:http://www.anwaltverein.de/anwaltsausbildung/kanzleien.html。

德意志律师协会律师训练项目缺乏吸引力很有可能是因为其高昂的价格。仅是完成哈根远程大学(die Fernuniversität Hagen)的理论课程学习就要花费2250欧元。为此,许多以律师职业为目标的文官候补生,尤其是那些从事过经济顾问或其他自由职业的文官候补生(税务师和会计师),强烈要求对参加德意志律师协会训练的文官候补生予以资助。德意志律师协会则明确指出,有兴趣参加公会训练项目的文官候补生是完全有机会从有关的律师事务所获得无息资助的。而相关的律师事务所往往也会为其所感兴趣的合格的未来员工承担部分或全部的训练费用。[184]

在《法律人训练改革法》颁布之后,德意志律师协会更认为,合格的律师职业准备离不开以律师职业为导向的专门训练内容,而现行的第二次国家考试制度并不能很好地甄别出真正适合律师职业的候补文官。据此,德意志律师协会意图通过他们所提供的专门训练使候补文官具备律师职业所必要的知识和技能,并避免华而不实的文官候补生训练。[185]

目前为止,文官候补生对与律师事务所有关的工作以及律师职业法律制度几乎一无所知。他们也不会主动学习律师职业法律、律师常用表格以及律师专业软件的相关知识。这也是德意志

---

[184] 目前用于资助德意志律师协会训练项目的经费在很大程度上还不具有抵税能力,具体请参见 http://www.anwaltverein.de/anwaltausbildung。

[185] Die DAV-Anwaltsausbildung, Beilage zu Anwaltsblatt, Heft 11/2002.

律师协会专门设立以满足律师职业要求为目的的训练项目的原因。

德意志律师协会律师训练项目将会以文官候补生为导向,并保证其在接受训练之后就能立即独当一面且专业地为其客户提供法律服务,从而也为其在就业市场中取得优势提供了机会。此外,处于该项目训练状态下的文官候补生将会获得"律师文官候补生"的头衔。

德意志律师协会的律师训练项目包含三个部分,即为期12个月的实习训练、为期3个月的理论课程以及一份训练证书。

首先,在实习训练阶段,文官候补生将会在一个或多个由德意志律师协会所认证的律师事务所完成训练。德意志律师协会将会直接与其所在的律师事务所保持联系,以保证训练的品质。在此,每个文官候补生都会得到一本训练手册。该手册详细写明了完成训练所必需的科目,例如合同草案的撰写与审查、法律咨询、庭外纠纷解决、强制执行程序或破产程序的申请、诉讼费用风险的计算、诉讼前景的预估、律师报酬的计算、律师事务所会计常识、实习手册的撰写等律师常备的业务技能。其他训练科目还有办公室组织事务[186]、沟通事务[187]、职业相关法律知识、律师事务所的法律责任、律师事务所的发展战略与营销策略以及律师事务所的品质与时间管理。

其次,德意志律师协会还通过与哈根远程大学的合作为文官候补生提供为期3个月的理论学习机会。该理论学习将会分为

---

[186] 例如,邮件收发、电话管理、档案管理、文件呈送、延期、律师报酬计算、会计、税务、人事管理、办公设备管理、数据管理。

[187] 例如,客户、法院、行政机关、对方当事人以及其他同事。

两个时间相当紧凑的模块,并须在结束后通过考试。第一个模块课程,即"律师事务所"(4周),文官候补生应于开始前述实习训练之前完成。该模块主要致力于向文官候补生传授有关律师事务所的基础知识,如律师事务所的设立、合伙方式、税法以及组织架构。此外,此项理论学习亦可在文官候补生等待期阶段完成,而这也会使文官候补生度过一个有意义的等待期。最后,理论知识的讲授者都是有着相当丰富经验和品质的律师实务人士。

第二个模块课程,即"律师代理业务",会在前述实习训练完成之后进行,其主要内容是对某些疑难法律知识的进一步深入学习,如联合国买卖法、国际私法、欧盟法以及亲属法、租赁法和劳动法等传统领域。

凭借最终的训练证书,毕业生们可以向世人证明其具有从事律师职业的能力。总而言之,德意志律师协会提供的律师训练项目绝对是值得的。尤其该项目理论学习阶段的课题亦有利于文官候补生通过第二次国家考试。虽然其他文官候补生训练机构往往也会提供一些具有实践相关性的课程,但这些课程却也往往因为缺乏足够的报名人数而无法实际开课。[188] 德意志律师协会的训练项目则能保证所有文官候补生都能听到其所感兴趣的课程(例如,劳动法、公司法或社会法)。

第七节　国外机构或其他特别机构

文官候补生训练是具有相当的广博度和灵活性的。文官候

---

[188] 例如亲属法讨论课往往就因为被认为缺乏考试相关性而不得不被停课,与此相对,强制执行法讨论课却往往超员。

补生除了可以选择国内机构,甚至还有机会基于自己的志愿赴国外相关机构完成其训练。当然,是否能够获得此机会,则取决于各州有关文官候补生训练和考试的相关制度规定,以及有关文官候补生主管机关是否足够宽宏大量。[189]

近年来各州已经消减了数月的文官候补生训练时间,尤其是选修机构的训练时间,这造成现在的文官候补生更难获得赴国外机构进行训练的机会。同时,以往赋予文官候补生基于其申请在完成必修训练之后进行选修训练的制度也由于训练机构将训练时间统统缩短到了不影响训练目的的 3 到 5 个月,而变得越发不具有意义。更何况主管人事部门本来就对文官候补生申请选修机构进行训练持消极态度。

一、选择标准

一直以来,选修训练机构就不仅包括德国境内的各类法院[190]、行政机关、律师事务所,也包括国外的有关法律人训练机构。当然,国内的选修训练机构往往更能提供和深化考试所必须的实务法律知识,国外机构则更多地是有利于个别文官候补生自己的职业规划,即有利于文官候补生了解就业市场并建立自己的人脉关系。

---

[189] 2002 年的法律人训练制度改革通过赋予文官候补生更多以自己的职业意愿为导向的训练项目选择权而增加了文官候补生赴国外完成其训练的机会。例如,汉堡就允许文官候补生在选择为期 3 个月的选修训练科目以外还可以选择同样时长的以其职业意愿为目标的自拟训练科目;参见"Eckpunktepapier für die Reform der Juristenausbildung" der Hamburger Justizbehörde.

[190] 以劳动法院、财税法院或社会法院作为自己的选修训练机构是可能的。具体参见 Eckert, JuS 2001, 1003, 1009 (m.w.N.)。

国外的训练经历对于文官候补生来说并不仅仅意味着法律知识上的精进和职业道路的定位,更意味着文官候补生可提高其外语知识并能够以超越游客的身份切身体验及学会尊重其他国家人民的生活方式。而国外训练所带来的"开阔眼界"亦不只意味着一次令人难以忘怀的人生经历,其更有助于培养文官候补生以更开放的工作态度、更广博的人生阅历更好地完成本职工作。

二、重点训练领域

各州的文官候补生训练与考试条例规定了选修训练中所应当涉及的重点领域。同时,各州也会就此重点训练领域[191]制定完善的表格名单。

文官候补生不应在训练即将开始的时候才作出选择。相反,其应事先就相关问题告知主管机关,从而主管机关能够就其申请进行分配,或在出现特定情况的时候采取必要的应对措施,例如文官候补生所选择的训练机构无法提供该州所规定之重点训练领域。许多州的训练及考试条例甚至规定了文官候补生须在特定期间内向主管机关告知其重点训练领域的选择结果。[192]

---

[191] 虽然各州对于重点训练领域的具体规定是不同的,但主要还是涉及:经济、家庭、劳工与社会安全、税务、犯罪、国家与行政、司法、国际关系、国际法以及欧洲共同体法。

[192] 例如:§33 Abs. 3 Satz 1 Rh. -Pf. JAPO(4 Monate)。

三、训练计划

对于那些准备着手选择选修训练机构[193],尤其是计划出国进行文官候补生训练者,及时通过主管人事部门的招贴栏或网络了解相关职位的信息是必不可少的一步。这些信息包括,所选择职位是否确实列于有关州的目录当中以及该职位是否能研习到重点训练领域的相关知识。此外,文官候补生绝对有必要事先与其训练主管机关进行商讨,因为取得主管机关的选修机构分配许可不仅需要该主管机关就相关选修机构在训练上的合理性进行必要的审查,并且在涉及赴国外行政机关或社团法人进行训练之时,还得事先取得主管机关的许可。若训练主管机关就文官候补生所提之申请的适宜性存有怀疑,则其甚至有权根据其判断命令文官候补生按其所提供的训练计划赴有关训练机构完成训练。

为了省时间,笔者建议各位有特殊意愿的文官候补生一定要提早制订训练计划,尤其要及早与中意的训练机构的主管人员取得联系,并向其询问能否提供相关文官候补生训练的机会。而相关训练机构的同意训练通知书(Einverständniserklärung)亦应提交给训练主管机关,以证明其作为选修训练的可行性。最后,如有可能,文官候补生也应尽量获知其在该训练机构进行训练所取得的额外报酬数额。

为了能够真正实现选修训练之目标,致力于赴国外相关机构进行训练的文官候补生事先自行与相关训练机构进行沟通,并向其证明自身的外语能力,是绝对必要的。以单纯的外语学习为目

---

[193] 具体请参见 Großfeld/Vieweg, JuS-Auslandsstudienführer, 2. Aufl. 1991, §24。

的而选择的选修机构是不被允许的。

四、选择空间

鉴于选修机构所能提供的重点训练领域范围广博且千差万别,文官候补生在国内外选修机构[194]的选择上也获得了极大空间。

文官候补生可以通过多种方式获得选修机构选择上的参考和帮助:一方面,他们可以参考各州公布的训练机构目录[195];另一方面,他们也可以通过请教前辈的文官候补生以获得建议。此类前辈的建议和经验既可以通过直接与前辈交谈获取,也可通过相关的公开出版物[196]得知。

选修机构中尤其以各德意志外国商业公会[197](deutsche Auslandshandelskammer)较受欢迎。有兴趣的文官候补生可以通过德意志工业及商业大会(Deutscher Industrie-und Handelstag)查询到德意志外国商事公会的名录。此外,外交部还提供了有关外交和

---

[194] 参见 Großfeld/Vieweg, JuS-Auslandsstudienführer, 2. Aufl. 1991。

[195] 例如,柏林和巴伐利亚会通过网络详细提供其所认可的训练机构以及所涉的重点训练领域。

[196] 法学杂志是这类信息的主要来源之一,例如《法学训练》(Jus)和《法学教育》(JURA):JuS 2000, 829(作为选修训练机构的法国律师事务所);JuS 2001, 725(以色列最高法院中的德国法律人);JURA 2001, 208(作为选修训练机构的德国驻纽约总领事馆);JURA 2001, 279[作为选修训练机构的圣约翰救伤队(Johanniter)驻欧盟布鲁塞尔总代表处];JURA 2001, 352(作为选修训练机构的位于泰国曼谷的德国-泰国手工业公会);JURA 2001, 425(作为选修机构的位于阿根廷布宜诺斯艾利斯的律师事务所);JURA 2002, 69(作为法律文官候补生选修训练机构的德国驻莫斯科大使馆)。

[197] 在各德意志外国商业公会,文官候补生可以满足其对东道国经济、行政、税收等法制的兴趣。文官候补生在此主要从事为公会提供相关鉴定报告、建议书和信件往来的工作。

领事代表机构[198]训练的手册,文官候补生可随时领取。

此外,正如上文所提到的,许多国际和超国家组织[199]以及外国法院也可作为文官候补生的选修训练机构。然而,文官候补生亦需要及时与文官候补生主管机构进行沟通以确定个别情况下所申请的组织是否为其所认可。

对于有兴趣赴外国律师事务所进行训练的文官候补生而言,事先取得由德意志律师协会印发的《德意志律师协会外国训练指南》(DAV-Informationen zur Auslandsausbildung)以了解相关信息是非常有必要的。当然,若通过前辈的推荐而锁定了特定的律师事务所就另当别论了。

第八节 对于文官候补生训练官的要求

各州的法律人训练和考试条例并没有对文官候补生训练官的资质作出明确具体的规定。[200] 原因主要在于两个方面:一方面,为文官候补生训练官制定一个可得客观化的评价标准在一定程度上是不现实的;另一方面,相对于数量巨大的文官候补生队伍,训练官的供给却是不足的,在这种背景下,期望文官候补生人事主管部门去审查他们本身就不了解的文官候补生训练官的训

---

[198] 在外交和领事代表机构的工作从法律和领事事务到经济、文化和政治事务再到传媒和备忘录管理无所不包。

[199] 例如,位于纽约的联合国(UNO)、位于巴黎的联合国教科文组织(UNESCO)和经济合作与发展组织(OECD)以及位于斯特拉斯堡的欧洲委员会和欧洲人权理事会(europäische Menschenrechtskommission)。

[200] 目前只有很少的论述提及因缺乏财政上的支持,文官候补生训练官很少受过专门培训,或者说目前对于训练官本身资质的管理是比较缺乏的。

练资质就是一件不可能的事。长久以来,法官、检察官、行政法律人和律师一直缺乏投身文官候补生训练的热情,而与此相对的是,大量的文官候补生急需训练官的指导。

因此,往往当某位训练官能够向文官候补生人事主管机关或其他处于求职状态的文官候补生表达其愿意拿出时间完成此种不计报酬的额外工作之时,原则上就证明了该训练官具备从事训练的资质。当然,这也意味着,文官候补生训练官在向文官候补生传授其法律执业经验(当然也包括那些完全错误的实践经验)和处世之道的时候应能在大多数情况下保持开明的态度。

此外,训练官也应掌握一定的教育能力。在缺乏相应教育学训练的情况下,文官候补生训练官要么凭借其天分,要么经由多年的大学学习和职业经历自学,而获得相应的教育能力。

例如《莱茵兰-普法尔茨州法律人训练与考试条例》(Rh-Pf. JAPO)第22条第3款就要求研讨课指导老师应具备以下两项能力,即"必要的教育学知识能力[201]以及合适的职业经验"(并经证明适于从事文官候补生训练官工作)。

教育学的相关知识可以很好地帮助训练官指导文官候补生达到文官候补实践训练所应达到的目标,即文官候补生能够对其今后的职业有全方面的了解、能够处理好法律与现实之间的相互关系、能够通过一系列的预防和协商措施避免争议的发生或能够通过说理明晰的裁判文书解决有关争议。

最后,良好的文官候补生训练过程还取决于一些主观因

---

[201] 具备必要的教育能力这一指标对于文官候补生人事主管部门及文官候补生本人来说是不太好评价的。对于文官候补生来说尤其如此,他们在被分配到特定机构之前大多对于其训练官的个人情况一无所知。

素,尤其是训练官与文官候补生之间的个人关系是否良好,以及年长的法律人是否真的适宜作为年轻法律人的法律实务训练官。此外,其他一些因素,例如过大的工作压力、疾病和利益差异,也会在个别情况下对文官候补生的训练产生消极影响。

基于上述原因,在联邦各州相关规定允许自选训练官的情况下,文官候补生在进行选择的时候往往只能依赖于前辈文官候补生的"口头宣传"。然而需要指出的是,在某位训练官手下的成功或失败并不能完全复制到另一位个人情况和法律知识水平完全不同的文官候补生身上。

此外,为了保证训练的品质,德意志律师协会的训练项目还会要求合作的律师事务所能够保证为每个参加训练的文官候补生提供足够的机会和必要的时间去进行律师工作,并借此获得必要的实践经验。[202] 为此,文官候补生应在律师事务所中拥有自己的办公场所,以便完成交办于其的任务,训练官还应定期通过案例研讨循序渐进地对文官候补生予以指导。

颇为有趣的是,训练官还需提升文官候补生在经济事务、企业家思维方式和经营方面的兴趣。

考虑到在训的文官候补生以后也不一定会成为其受训律师事务所的后备人员,德意志律师协会训练手册所规定的这些训练内容往往成为训练官所要承担的巨大额外负担。但参训的文官候补生中的许多人会选择全日制[203]地于所属律师事务所工作,从而在经过一段时间的培训后,这些文官候补生会通过处理

---

[202] 有关德意志律师协会律师训练项目,请参见 Beilage zum Anwaltsblatt 11/2002, "Die DAV-Ausbildungskanzlei", S. 6。

[203] 高出勤率意味着高收入。

大量工作使律师事务所减轻负担。

第九节 文官候补生训练证书

一、导论

文官候补生每完成一个训练机构的训练,就会由其训练官向其颁发一份结训证书(Stationszeugnis)。各州对结训证书的具体内容则有不同的要求。结训证书的内容在本质上反映了受训文官候补生的实务能力及其目前的训练状况。[204] 有些训练条例还会要求结训证书明确反映文官候补生是否完成了当前阶段的训练目标。[205] 训练机构的总评成绩包括分数等级(Note)和具体分数(Punktzahl)两部分。此外,个别州还会为研讨课颁发单独的证书。[206] 最后,前述证书都将作为各个文官候补生个人档案的组成部分,并且通常会在放入档案前让文官候补生知晓其内容。

下文将着重就结训证书探讨下述内容,即结训证书的意义、结训证书的通常组成内容、要在商事企业中找工作的文官候补生在结训证书方面所要特别注意的问题以及权利保护。

二、结训证书的意义

对于文官候补生来说,结训证书的重要性是怎么说都不过分

---

[204] 参见§35 Abs. 1 Satz 1 JAVO-SH。
[205] §54 Abs. 3 Satz 3 BayJAPO.
[206] §54 Abs. 4 BayJAPO,§40 Abs. 3 JAPO M-V.

的,并且其意义也不仅限于文官候补生的见习阶段。[207] 结训证书将不仅会涉及文官候补期的品质,而且也会对文官候补生一生的职业生涯产生至关重要的影响。

对处于文官候补期中的文官候补生来说,结训证书具有双重功能。[208] 一方面,结训证书能够反映结业的文官候补生现所具有的能力能否符合实践工作的要求,以及受训者今后所需提升的领域;另一方面,主管文官候补生训练的高等区域法院亦可通过结训证书掌握相关文官候补生目前的训练状态。有些州甚至要求结训证书需具体详细地标明受训文官候补生是否已经达到了训练目标。此外,结训证书甚至会造成文官候补生身份的丧失。在某些州的州法中明确规定,若文官候补生不适于从事训练或通过训练其能力无法有效提升,主管机关有权撤销该生的文官候补生资格。

再者,若文官候补生未能通过第二次国家考试,结训证书亦为该文官候补生选择重修训练阶段的依据。另外,结训证书亦会影响口试的成绩,这是因为其是文官候补期实绩的重要证明。同时,结训证书还是加分的重要依据。[209]

此外,文官候补生训练机构或兼职工作的雇主往往也要依据文官候补生上一阶段的结训证书来决定是否接受其申请。对于许多著名的律师事务所而言,只有成绩优异的文官候补生才能获

---

[207] A. A. BayVGH Bay VBl 1996, 27, 28.
[208] BayVGH BayVBl 1996, 27, 28.
[209] 《德国法官法》第 5d 条第 4 款第 1 句规定:"若基于申请者的综合表现,其应获得比既有总评分数更高的分数,且分数的提高对于其是否通过考试不存在影响,则考试机关可授予该申请者高于其既有总评分数的分数;第二次国家考试应考量申请者整个候补阶段的实绩。"

得相应的训练岗位。

同时,除两次国家考试的成绩以外,结训证书对于文官候补生今后的职业生涯以及工作岗位的申请[210]亦具有最重要的意义,尽管结训证书本身并不是相应文官候补生的独立工作能力的完全反映。[211] 不同于两次国家考试证书,结训证书主要反映的是文官候补生与其训练官长期的共事情况。[212] 结训证书也可以展示文官候补生的个人特质和行为方式,而这些是单纯的匿名书面测试或短时间的面对面口试所无法展现的。结训证书亦是申请所有法律相关职业所需的"通常"文件。最后,博士申请生资格、大学授课资格(Habilitation)[213]或助教职位(Wissenschaftlicher Assistent oder Wissenschaftlicher Mitarbeiter)的取得也常受结训证书的影响。

三、结训证书的组成内容

结训证书通常以对相应训练机构的类型和训练时间的描述为抬头句。[214] 其后,正文则以文官候补生所完成的具体任务为内容。紧随其后的是文官候补生在训练期间的实绩。结训证书的结尾将会注明文官候补生的训练得分。若文官候补生被训练官评价为"适宜从事所受训练之工作",则表明该生得到了最优等

---

[210] Menne, JuS 1997, 574; OVG Koblenz VRspr 24, 936.
[211] OVG Brandenburg, Beschluss vom 14. 10. 2003, Az. 3 B 177/03, n. v.
[212] Martensen, JuS 1996, 1076, 1078.
[213] OVG Koblenz, VRspr 24, 936.
[214] "法律文官候补生某某某自某年某月某日至某年某月某日被指派于某训练机构从事训练,现已结业。"

的成绩。[215]

实务中许多结训证书多多少少存在以下问题,即有些结训证书在其第一页就刊载《训练条例》的节选,并根据《联邦评分令》(Bundesnotenverordnung)的内容,详细写明各个得分等级的具体涵义。同样糟糕的是,有些结训证书还将文官候补生所办案件的当事人信息、所涉法律纠纷以及案号并连同其个别得分详细列明。[216] 这会造成结训证书异常臃肿,以至于读者难以从中得到实质性的信息。[217] 最后,有些律师事务所提供的结训证书没有以抬头信纸的形式作出,取而代之的是单纯的盖章。这种结训证书对文官候补生往往具有消极作用,会给人一种该生所受之训练不够正规的印象。

四、对结训证书内容的误读

有相当数量的候补文官未来将会在经济领域从事工作。这大概占到结训文官候补生总数的 10% 到 15% 左右。而企业中享有求职者聘任权的领导层却往往并不具备法律专业的背景,他们在评判结训证书的内容时常常会产生误读的情况。例如,某法官在其文官候补生的结训证书中留下这样的评语:"本席对该生的训练表现总体满意。"该法官想表达的是,该文官候补生的表现在中等水平之上,并在绝大多数情况下对其工作是持满意态度的。但是,在经济专业背景的人士看来,这样的评语实际上表达了该

---

[215] "兹证明某某先生/女士适宜从事某某工作。"
[216] 例如:Heinz Müller OHG. /. Klaus Meier, Az. 44 C 700/01-12 Punkte。
[217] 更好的表达应为:"文官候补生于本次训练期间共完成十二份判决书的撰写工作,其主要所涉的法律领域有:……"

文官候补生的工作差强人意。而当评语中出现"努力于"（bemühen）这样的动词的时候，经济专业背景的人士甚至会认为该生完全不适宜从事其专业工作。

这种认识上产生偏差的原因在于，结训证书的颁发遵循两大基本原则，即真实性原则（das Prinzip der Wahrheit）和宽宏裁量原则（das Prinzip der wohlwollenden Beurteilung）。这是指，雇主必须从理性雇主的角度出发按照宽宏的标准拟定文官候补生的结训证书，并不应对其雇员今后的职业生涯造成重大的消极影响。为此，实践当中甚至发展出了一套针对结训证书的特定话语体系，其使得文字表达的内容相比于其实际内涵要显得仁慈得多。根据这套特定的话语体系，特定的文字表达被赋予了特定涵意。此种避免使用明确肯定语气的表达方式往往会给人一种印象，即雇主对于雇员的缺点隐含着某种意味深长的沉默之情。这尤其适用于"可信赖"这种评价。[218]

实务当中对实绩为极优（sehr gut）者的表达为："自始至终能令吾等最完全满意者"（stets und zu unserer vollsten Zufriedenheit）（实际上有语法错误）；为优（gut）者的表达为："自始至终能令吾等完全满意者"（stets und zu unserer vollen Zufriedenheit）；为中等（befriedigend）者的表达为："令吾等完全满意者"（zu unserer vollen Zufriedenheit）；为及格（ausreichend）者的表达为："令吾等满意者"（zu unserer Zufriedenheit）；为不及格（mangelhaft）者的表达为："令吾等总体满意者"（im Großen und Ganzen zufrieden stellend）。习惯上对于工作方式为极优者的表达为："自始至终能以最大的谨慎与细心之态度工作者"（stets mit äußerster Sorgfalt und größter Genauigkeit）；为优者的

---

[218] Schleßmann, Das Arbeitszeugnis, 14. Aufl. 1994, S. 93.

表达为:"自始至终能以很大的谨慎与细心之态度工作者"(stets mit großer Sorgfalt und Genauigkeit);为中等者的表达为:"自始至终能以谨慎与细心之态度工作者"(stets mit Sorgfalt und Genauigkeit);为及格者的表达为:"能以谨慎与细心之态度工作者"(Sorgfalt und Genauigkeit);为不及格者的表达为:"总体上能以谨慎与细心之态度工作者"(im Allgemeinen mit Sorgfalt und Genauigkeit)。

若司法机关、行政机关以及律师事务所的训练官授予文官候补生的结训证书无法适应商业实践的需要,则不免会给求职中的文官候补生带来严重困难。当然前述情况对于其他专业的大学毕业生也是适用的。同时还要注意到,由于国家考试的高度严苛性,法律人相对于其他职业群体在职业准入上实际上已经有所吃亏。此外,法律人还不得不面对诸多坊间谣传,诸如法律人对经济学知识缺乏了解、不具有阅读资产负债表的能力以及缺乏团队意识。为此,训练官在面对一位今后致力于在商业领域奋斗的文官候补生之时,需要以适当的方式考量前述问题。

五、权利保护

许多文官候补生和候补文官都会有这样的问题,即当他们对于结训证书的评分或内容持不同意见,且与其训练官无法协商一致解决前述纠纷的时候,其是否有相应的救济渠道。

根据《德国行政诉讼法》第40条第1款之规定,当事人有权就结训证书提起行政诉讼。依据当事人权利保护请求内容(Rechtsschutzbegehren)的不同,其可主张的诉讼类型主要包括撤销之诉(Anfechtungsklage)[219]和义务之诉(Verpflichtungsklage)[220]两大类。这其中绝大多数的诉讼系属考试法上的改善之诉(die sog. prüfungsrechtliche Verbesserungsklage),这是一种诉请内容仅限于作出新裁决的义务之诉。[221] 前述之诉讼类型之所以可得成立,乃因结训证书涉及行政行为。[222] 据联邦宪法法院(BVerwG)判例的精神,只要依据各州的《训练条例》所作出的分数评定行为具有对外效力(Außenwirkung),其就应被评价为行政处分。这一解释思路亦适用于对考试中的分数评定行为或考卷的筛选行为的法律评价。[223] 根据目前各州《考试条例》的规定,其结训证书应都满足行政处分所要求的对外效力。尤其在那些允许在第二次国家考试中进行加分的州,其结训证书被认定为具有对外效力,并因而具有行政处分的意义。当文官候补生的诉请旨在废除某个对其不利的结训证书、表述或认定,则就涉及撤销之诉。法庭对撤销之诉的支持将会导致一个新裁决的作出。相反,若文官候补生的诉请旨在授予特定的分数[224]或具有特定内容的证书,则所涉及的就是义务之诉。

巴伐利亚州行政法院(Bayerischer Verwaltungsgerichtshof)[225]

---

[219] VGH Kassel, NJW 1969, 1189ff.; Braun, DÖD 1974, 269; Martensen, JuS 1996, 1076, 1077.

[220] OVG Koblenz, VRspr 24, 936; VG Frankfurt, NJW 1972, 1294; Braun, DÖD 1974, 269.

[221] Vgl. OVG Münster, NVwZ 1993, 95ff.

[222] VGH Kassel, NJW 1969, 1189ff.; OVG Koblenz, VRspr 24, 936; VG Frankfurt, NJW 1972, 1294; Braun, DÖD 1974, 269; Martensen, JuS 1996, 1076, 1077; a. A. Lässig, DÖV 1983, 880.

[223] BVerwG, Buchholz 421.0 Nr. 74; von Mutius, JURA 1982, 555.

[224] VG Frankfurt, NJW 1972, 1294.

[225] BayVGH, BayVBl 1996, 27f.

一直以来都对已完成训练的文官候补生否认其还具有权利保护上的必要性。他们认为,文官候补生在通过考试之后所获得的结训证书,对于其今后的职业生涯并无实质影响。因为根据公认的法律职场经验,文官候补生能否获得心仪的岗位乃完全取决于其国家考试的分数和在第二次国家考试中所取得的名次。结训证书只是反映相关文官候补生在候补生训练中的表现而已,真正能够决定文官候补生水平的唯有最后的考试。当然法院认为,若结训证书中含有对文官候补生名誉上的消极评价之时,则亦有权利保护之必要性。

需要指出的是,巴伐利亚州行政法院有关结训证书的上述观点严重忽视了结训证书在实践中的极度重要性及其用途的多样性。不同于巴伐利亚州行政法院的认识,结训证书事实上对于法律人一生的职业生涯都具有相当的影响。国家考试本身并不能替代结训证书的功用。总之,结训证书在评定文官候补生成绩方面具有自己独立的意义和地位。

根据有些州的法律,有关结训证书的诉讼须以复议程序为前置条件。[226] 与此同时,在人事档案(Personalakte)中附带一份不限形式的针对结训证书评定的异议书亦是有一定作用的。[227]

义务之诉是否能被认定为有理由取决于原告人在实体法上是否享有颁发特定证书、特定评定结论、特定分数或特定评语的请求权。通常在涉及请求评定特定分数的案件中原告人是不会得到支持的。若原告人的诉请只是涉及成绩评定无误后发生的

---

[226] 例如,石勒苏益格-荷尔斯泰因州法律人训练和不来梅州就明文规定此行政复议前置规则,具体请参见§§35 Abs. 4 JAVO-SH, 42 Abs. 3 BremJAPO。亦请参见,§68 VwGO。

[227] 勃兰登堡州对此异议书制度有明文规定,具体请参见§26 Abs. 6 BbgJAO。

错误,例如总分计算错误[228],则原告人还是可获得支持新分数的裁判的。请求重新进行分数评定的请求很难获得支持的原因主要在于,一方面结训证书事实上极少会记录个别分数,另一方面个别训练成绩往往也不会体现为数字化的总评分数。

此外,如果诉请所涉结训证书的颁发具有违法性,则以新决定为内容的义务之诉和撤销之诉能够在本质上得到支持。

结训证书具有违法性的错误主要有:程序性错误、事实性错误、法律适用错误、违反一般公认之评判标准以及评定缺乏合理性。

典型的程序性错误例如结训证书的签发人系主管训练官以外的其他人。当然这里的程序性错误必须是那些能够对结训证书的结论具有实质影响的错误。[229]

文官候补生训练官的法律适用错误则主要是指违反实体法有关规定而颁发结训证书的情况。各州的文官候补生《训练条例》都属强行法规范,结训证书必须将各州《训练条例》所规定的评定标准予以明示。[230] 若未能明示,尽管在事实上遵守了相关规定,这也是不能满足合法性要求的。此外,虽然《训练条例》条文大多被表述为应当性规则(Soll-Vorschriften),但实际上这些条文所要表达的是必须性规则(Muss-Vorschriften)的意思。这意味着,违反这些条文需要特别的违法性阻却事由。同时,法庭还将对所涉的违法性阻却事由是否具备排除违法性所需的特殊性进行全面审查。

---

[228] 参见 OVG Koblenz, VRspr 24, 936, 941; VGH Mannheim, DÖV 1982, 164。
[229] BVerwG, NVwZ-RR 1994, 582; OVG Münster, NVwZ 1993, 95, 96.
[230] Vgl. VGH Kassel, JZ 1969, 429, 430.

结训证书应能够详细反映文官候补生于训练阶段中的实绩[231],且应符合一般公认的评判标准。当结训证书的评语实际上与文官候补生的得分不相一致,即前后矛盾(Inkongruenz)的时候,可以认为存在对一般公认的评判标准的违反。根据《联邦评分令》第1条[232]的规定,用于评价成绩的成绩等级和具体分数必须要有特定的意思。例如,良(vollbefriedigend)系指:"显著超越平均水准的成绩。"* 若结训证书的评语中所表达的意思未能反映在具体的分数上,则应被认定存在对一般公认的评判标准的违反。

评定缺乏合理性主要是指文官候补生训练官未能遵守实事求是原则(das Gebot der Sachlichkeit)。实事求是原则主要体现在国家考试结论和结训证书的评语应不含有任何情绪性的表达。[233] 具有侮辱性的结训证书不具有效力,应重新作出。

上述程序性错误的认定规则亦适用于对研讨课结业证书(die Zeugnisse der Arbeitsgemeinschaften)的审查。

为了避免日后的纠纷,主管训练官应与其所属文官候补生就

---

[231] 《北莱茵-威斯特伦州法律人训练条例》第30条第1款(§30 Abs. 1 NW-JAO)就此有明文规定。除北威州以外,其他各州为了有效实现对当事人的权利保护,也大多有类似规定。这是因为,只有结训证书能够详实反映文官候补生的训练实绩,文官候补生才能够就其得分提起有效的异议,并就此判断自己权利保护程序胜诉的可能。

[232] 参见附录四。

* 此处原文与本书附录四的对应内容存在不一致。根据本书附录四所列的《联邦评分令》第1条的规定,良应指:"超越平均水准的成绩",而非此处的"显著超越平均水准的成绩"。综上,此处可能是作者笔误。——译者注

[233] 参见 BVerwGE 70, 143, 151。

成绩问题进行详谈。[234] 同时,训练官应为文官候补生适时地修正、研讨其个别工作成绩提供机会,如有可能应对此进行个别评分。[235] 理论上结训证书应当在该阶段训练结束后的1个月内颁发,然而这往往不是常态。[236] 如果文官候补生今后需要在企业界发展,则应及时与其主管训练官就此进行沟通,并提醒其在撰写其结训报告的时候尽量使用一般公众所熟知的语言表述方式,以使他与其他专业的毕业生相比不会处于劣势。

---

[234] 根据《石勒苏益格-荷尔斯泰因州法律人训练条例》第35条第3款(§35 Abs. 3 JAVO-SH)的规定,经文官候补生的请求,结训证书可于该阶段训练结束前告知该文官候补生。据此,文官候补生可就结训证书的结论表达意见,如有可能,亦可为其进行补充性评分。

[235] 具体请参见§§35 Abs. 3 JAVO-SH, 26 Abs. 1 BbgJAO, §42 Abs. 1 JAGNRW。

[236] 例如,梅克伦堡-前波美拉尼亚州(§41 Abs. 2 JAPO M-V)、石勒苏益格-荷尔斯泰因州(§35 Abs. 3 JAVO-SH)和萨克森州(§41 Abs. 3 SächsJAPO)对此1个月的期限有明文规定。而勃兰登堡州的训练官甚至有义务与其所属的文官候补生于相应训练阶段结束之前就结训证书的草案进行讨论(§26 Abs. 2 BbgJAO)。

第六章　研讨课

除了实务训练以外,文官候补生还需要完成各色多样的研讨课程。[237] 这些研讨课程主要包括三种类型,即必修课、限定选修课和任意选修课。目前各个州的研讨课不论是在数量、课程内容还是与考试的直接相关性方面都具有差异性。

各州的法律人训练和考试条例必修训练阶段都要求应以必修的研讨课作为起始课程。同时,各州还具体规定了此必修性研讨课所需的教材和教学内容。此外,在导论性的研讨课结束之后,各个实践性训练开始之前,文官候补生也需要参加持续多日的针对性研讨课程。

在必修性的训练阶段之外,各州还可能要求在其他非必修性的训练阶段亦应拿出其最初三分之一的训练时长用于开设研讨课。这是因为,一方面,由于训练官所布置任务的压力,文官候补生很少会有时间和兴趣去参加导论性研讨课;另一方面,导论性必修研讨课所涉及的教学内容对于文官候补生完成训练任务是

---

[237] 多年以来对于文官候补生所要参加的研讨课程学界多有争论。(例如,Pieper, ZRP 1989, 201; Vesenmeyer Schröter, JuS 1984, 991; Palmer, JuS 1996, 247; Volkert, ZRP 1990, 45, 47)

非常有用的。通过研讨课,文官候补生一方面可以相对轻松地完成训练任务;另一方面,在面对研讨课已经讨论过的类似案件时,文官候补生也不至于无所适从,而需要再进行额外的学习。如此,文官候补期训练所要达到的专业理论学习与实践相互结合的目的方才不至于落空。

根据有些州的规定(例如,巴伐利亚州),文官候补生在导论性研讨课阶段就应当参加相应的闭卷考试,并颁发单独的研讨课结业证书;而在其他一些州[238],何时且以何种程度参加闭卷考试则全凭文官候补生的个人意愿。

除了必修性的研讨课,为了获取知识,训练阶段的文官候补生还可以自行参加其他类型的研讨课。需要区分限定选修研讨课和任意选修研讨课。就限定选修研讨课而言,文官候补生有参加此类研讨课的义务,其可在各考试办公室(Prüfungsamt)所提供的课程内容目录中自行选择感兴趣的课程(即所谓的限定选修研讨课或重点研讨课)。

不同于必修研讨课,限定选修研讨课的内容往往具有相当的独立性和专门性,授课教师一般来说也都是现任的法官、检察官、行政文官和律师;这类研讨课的学员规模,相比于必修研讨课,同时由于不同文官候补生的不同需求,亦会因为所涉主题的不同,而呈现巨大的差异性。限定选修研讨课的典型主题一般有:刑罚的裁量、竞争法实务、商标法、强制执行与破产法、欧洲法以

---

[238] 目前伴随着法律人训练制度改革,之前将闭卷考试的参与选择权交由文官候补生自行判断的一些州也越发倾向于将闭卷考试变革为必修内容,以期提高研讨课在训练中的重要性。具体请参见"Eckpunktepapier für die Reform der Juristenausbildung" der Hamburger Justizbehörde。

及税法。此外,鉴于对具有实务相关性与考试相关性的内容更为广泛的需求,并考虑到第二次国家考试所涉的"律师职业考试"的内容,限定选修研讨课也往往会以考试准备与复习深化课或律师研讨课的形式予以组织。

86 目前各个州就必修研讨课的内容和范围有不同的规定:

根据巴伐利亚州的规定,文官候补生除了要完成必修的研讨课,还须额外完成6门(巴伐利亚州将劳动法和税法作为必修课程)限定选修重点科目的实习训练和相应研讨课。此外,巴伐利亚州的文官候补生还须参加欧洲法高阶课程、具有考试相关性的法律适用高级课程以及为期一周的闭卷考试应试训练。

巴登-符腾堡州则规定民法训练阶段的文官候补生除了要参加实习导论性质的研讨课,还应参加为期60个小时的特别研讨课。该特别研讨课主要教授亲属法、继承法、强制执行法和破产法的知识。

然而在其他一些州,例如梅克伦堡-前波美拉尼亚州,文官候补生除了参加具有必修性质的实习导论研讨课以外,并无参加其他研讨课的硬性要求。

学有余力的同学,在参加必修和限定选修的研讨课以外,还可以选择参加任意选修研讨课。任意选修研讨课有:刑罚执行法研讨课、闭卷考试应试准备课、案件卷宗汇报课等。此外,诸如在汉堡,文官候补生还可通过参加特定的任意选修课程折抵选修机构的实习训练课时。各个州有关任意选修课的情况都是在不断发展变化的,因而笔者无法就此进行详细列举。有关的个别情况还是需要各位文官候补生向主管的人事部门具体问询。

同时,文官候补生还可自行组织研讨课或学习小组:正如文官候补生在大学学习阶段就已经知晓的那样,文官候补生是可以通过自行组织小型学习小组的方式共同研讨相关课题的解决方法,这对于通过第二次国家考试亦是颇有助益的。通过此种学习小组,文官候补生可就第二次国家考试的相关问题,诸如卷宗报告和有关的实体和程序法问题,进行充分的讨论、练习或复习。尤其是考虑到有关必修课程的实体法知识会因较长的等待期和文官候补期以及众多非法律事务而有被忘记和生疏的危险,文官候补生更应该利用好前述学习小组。

第七章 考 试

87　　文官候补生训练系以第二次国家考试(候补文官考试)的形式结业。通过该考试文官候补生得以证明其具备从事法官职业所需的能力。《德国法官法》第5条以下的众多条文就候补文官考试及国家考试所需的条件和内容作出了框架性规定。在此基础上,各州还通过制定各自的《训练法》及配套的《训练条例》对前述的框架性规定作出了补充和细化。根据《德国法官法》第5d条第6款的规定,国家考试的具体考试内容和相关程序规定于各州的州法中。目前,各州的《考试条例》在具体内容方面差别还是很大的,尤其体现在文官候补生需要通过的考试科目数量上。本书将在下文中就国家考试的相关内容与程序以及如何有效地备考进行详细介绍。

第一节　考试的流程

根据《德国法官法》第5d条第1款第1句的规定,候补文官考试由笔试与口试两部分组成。就考试的难度而言,相比于其他大学科目的考试,候补文官考试不论是从深度还是广度上都是要求极高的。对于文官候补生来说,候补文官考试不仅考验了其专业知识的掌握水平,也考验了考生在心理承受能力、书面表达能力以及身体素质方面的水平。

一、笔试

长久以来,各州的《训练条例》一直都对第二次国家考试的笔试部分应采取闭卷考试的形式保持一致意见。

通常情况下,笔试应在最后一站的训练机构的训练完成前举行。每场闭卷考试时间长达5个小时,整个笔试阶段由八场闭卷考试组成,整个阶段将会持续两周的时间。考试的具体安排大多是这样的:首先,一般在连续两天之内完成两到三场闭卷考试;之后,一般休息一天或一个周末;最后,再按照前述进程完成其他几场考试。有关考试的具体情况则与第一次国家考试相同,已经通过第一次国家考试的各位文官候补生应该对此已经有了详细的了解,因而笔者在此也就不详细说明了。

闭卷考试的具体题目涉及各种部门法知识。这其中,民法、刑法和公法的知识通常是必考的。《德国法官法》对此并没有作出非常具体的规定,而只是通过该法第5d条第3款第1句笼统地规定:第二次国家考试的笔试科目应以必修训练机构的训练内容为准。各州的《训练条例》对于笔试科目的具体构成和内容大都制定有具体规定。从而,各位文官候补生有必要事先就此详查各州的《训练法》或《训练条例》。有些州的笔试内容仅限于前述民法、刑法和公法这样的基础科目,其他一些州则还会在前述基础科目的基础上考查其他学科的知识。例如在巴伐利亚州税法和劳动法均必考的内容。

在下文中,笔者将列表说明各州、市闭卷考试的科目和分配情况,下表系基于各州、市适用于2006年及以后参加训练的文官候补生的《训练法》或《训练条例》整理而成。

州市名	需完成的考试	备注
巴登-符腾堡州	四场民法闭卷考试[239] 两场刑法闭卷考试 两场公法闭卷考试	需要完成八场闭卷考试。
巴伐利亚州	四场民法闭卷考试 两场刑法闭卷考试 四场公法闭卷考试 一场劳动法或社会法闭卷考试	需要完成十一场闭卷考试。
柏林市	两场民法闭卷考试 两场刑法闭卷考试 两场公法闭卷考试 一场涉及欧盟法的民法、刑法或公法闭卷考试。对此申请生享有选择权。	需要完成七场闭卷考试。
勃兰登堡州		与柏林市的情况一致。[240]
不来梅市	四场民法闭卷考试 两场刑法闭卷考试 两场公法闭卷考试	需要完成八场闭卷考试。
汉堡市		与不来梅市的情况一致。[241]

---

[239] 各州的《训练法》或《训练条例》对于作为考试内容的法律部门的具体术语或有不同。为了避免歧义,下文中笔者将统一以民法、刑法和公法指代之。

[240] 柏林市与勃兰登堡州的第二次国家考试事务系受同一个考试办公室管辖。

[241] 不来梅市、汉堡市与石勒苏益格-荷尔斯泰因州的第二次国家考试事务系受同一个考试办公室管辖。

(续表)

州市名	需完成的考试	备注
黑森州	三场民法闭卷考试 两场刑法闭卷考试 两场公法闭卷考试 一场经济法或劳动法闭卷考试	需要完成八场闭卷考试。
梅克伦堡-前波美拉尼亚州	四场民法闭卷考试 两场刑法闭卷考试 两场公法闭卷考试	需要完成八场闭卷考试。
下萨克森州	四场民法闭卷考试 一场刑法闭卷考试 两场公法闭卷考试 一场根据申请生的选择而进行的刑法或公法闭卷考试	需要完成八场闭卷考试。
北莱因-威斯特法伦州	四场民法闭卷考试 两场刑法闭卷考试 两场公法闭卷考试	需要完成八场闭卷考试。
莱茵兰-普法尔茨州	四场民法闭卷考试 两场刑法闭卷考试 两场公法闭卷考试	需要完成八场闭卷考试。
萨尔州	两场民法闭卷考试 一场刑法闭卷考试 两场公法闭卷考试 一场强制执行法闭卷考试 一场根据申请生的选择而进行的民法或公法闭卷考试	需要完成七场闭卷考试。
萨克森州	四场民法闭卷考试 两场刑法闭卷考试 三场公法闭卷考试	需要完成九场闭卷考试。

(续表)

州市名	需完成的考试	备注
萨克森-安哈尔特州	两场民法闭卷考试 两场刑法闭卷考试 两场公法闭卷考试 两场根据律师工作的需要安排的闭卷考试。这两场闭卷考试的内容涉及民法、刑法或公法的知识,具体的考试内容由考试办公室指定,申请生对此无选择权。	需要完成八场闭卷考试。
石勒苏益格-荷尔斯泰因州		与不来梅市的情况一致。[242]
图林根州	三场民法闭卷考试 两场刑法闭卷考试 两场公法闭卷考试 一场民法、刑法或公法闭卷考试。具体由考试办公室指定,申请生对此无选择权。	需要完成八场闭卷考试。

从上文的列表可知,各州长期以来对于笔试的具体内容实际上并无统一规定。

91　　相比于大多数州就笔试的内容采用了法定规则,其他一些州,例如柏林市、勃兰登堡州和萨尔州,则赋予申请生就闭卷考试的内容进行一定选择的权利。申请生得通过行使此种选择权减轻其考试准备的工作量,并得以选择其最擅长的法律部门作为其一场笔试考试的内容。同时,考虑到该选择权的行使需要事先为

---

[242] 不来梅市、汉堡市与石勒苏益格-荷尔斯泰因州的第二次国家考试事务受同一个考试办公室管辖。

之,因而申请生应结合其在训练机构中的结训成绩以及考试训练中的情况认真考量,以免出现碰运气的情况。考试办公室享有笔试科目选择权的情况(图林根州和萨克森-安哈尔特州)多少会使申请生心生不快。闭卷考试[243]对于考生最大的压力在于,考生必须在有限的时间内借助很少的参考资料完成法律上或易或难的问题的解答。一般第二次国家考试闭卷考试的案例题都是以卷宗摘要的形式展现,并要求考生回答其中的法律问题。从具体的表现形式上看,该卷宗摘要习惯上要么来自判决书(民法和公法)要么来自起诉书(刑法)的组成部分。最近几年的闭卷考试亦加入了新的问题类型。目前,在所有联邦州,至少有一场闭卷考试的内容来自律师的日常工作内容,即取代实体裁判文书而考查法律鉴定报告和诉讼法律文书(例如起诉状或答辩状)的撰写能力。这种以律师工作为导向的改革趋势早在1990年代末就已率先在民法闭卷考试中出现了。与此同时,律师业务在其他法律部门的闭卷考试中亦越发成为考查内容。目前市面上还有很多与此有关的专门著作。[244]最后,涉及公法的闭卷考试亦将行政复议决定书的撰写作为考查内容。[245]总而言之,近年来闭卷考试的考查内容相比于以前已经扩展了很多。

此外,我们还需要知道的是,闭卷考试的书面答案不仅要在法律问题上获得正确的结论,同时也要满足形式上的要求。两者

---

[243] 参见 Decker, JA 1997, 969ff。

[244] 这其中典型的著作有:Diercks-Harms, Die erfolgreiche Anwaltsklausur, 2003。

[245] 行政复议决定书的撰写并不像其表面上看起来那么令人生畏。实际上,除了个别地方略有不同以外,行政复议决定书与法院的判决书形式上是基本一致的;参见 Pietzner/Ronellenfitsch, Das Assessorexamen im öffentlichen Recht, 11. Aufl. 2005, §§23ff。

92　在评卷中是具有相同权重的。考生应当通过闭卷考试证明自己有能力在有限的时间内以符合实务工作形式的方式得出法律上正确的结论。这是因为，第二次国家考试的考官一般来说都是"实务人士"，他们特别强调法律文书形式与实质的并重。顺便提示一句，这种观点实际上对于文官候补生也不是什么劣势。形式标准问题相对来说是比较容易被掌握的，因为其并不需要很强的理解力。从而，笔者建议各位应该尽早了解法院判决书和检察机关的公诉书所需的基本形式，并且如有可能最好熟记，以便在闭卷考试当中能够将精力集中在解决有关法律问题上，当然能完全做到前述这些往往是很难的。市面上有很多著作能够帮助大家解决这类问题。[246]

二、口试

第二次国家考试的第二个组成部分是口试。口试应在最后一站的训练机构（选修机构）的训练完成后举行。不同于通常的口试（例如第一次国家考试口试），几乎在所有联邦州第二次国家考试的口试都是以案情汇报（Aktenvortrag）的形式完成。[247] 在口试中，考生将会被要求解答法律案例，并以口头报告的形式向考试委员会（Prüfungskommission）作答。口试除考查考生在处理法律问题方面的能力以外，还着重测试考生是否具备良好的口头表达能力。这要求考生应掌握激发听众兴趣的能力，即考生应以适

---

[246]　具体参见本书第十一章所列的书单。
[247]　巴伐利亚州的口试形式是个例外，其不要求案情汇报。根据巴伐利亚州《法律人训练与考试条例》（JAPO）第65条的规定，巴伐利亚州的第二次国家考试的口试在形式上与第一次考试一致。

当的口头表达形式进行汇报。考生在进行口试的时候一定要争取不给考官留下其"人在心不在"的印象。这意味着,考生要注意运用必要的语言艺术,以避免汇报使考官感到过于无聊和千篇一律。考生们不应当把上述建议理解为可以在口试当中开一些诙谐的玩笑。[248] 此外,口头表达能力作为大多数文官候补生在今后职业生涯中所必须具备的技能,往往是其不得不改进的方向。同时,临场的紧张情绪是很正常的,但各位文官候补生必须努力克服。当然,俗话说,熟能生巧。为此,各位考生应利用一切机会练习案情汇报的技巧。好的训练官应该会在早期的训练阶段就为其文官候补生提供练习案情汇报技巧的机会。必要的时候,文官候补生也应有目的地与其训练官研讨案情、汇报问题。尽管并不一定有用,文官候补生仍应利用好与同学合作或单独练习案情汇报的机会。其他有益的尝试请参见有关文官候补生训练的各类著作。[249]

第二节 考试的准备

候补文官考试(第二次国家考试)或许是法律人训练阶段中最大的挑战,也是文官候补生常年经历的艰苦学习历程的最终总结。相比于第一次国家考试,第二次国家考试给考生带来了更大的压力。这是因为第二次国家考试将会直接影响考生今后的职业成长,其潜在的雇主也会通过第二次国家考试的成绩了解考生

---

[248] 参见 Pietzner/Ronellenfitsch, Das Assessorexamen im öffentlichen Recht, 11. Aufl. 2005, § 1 Rn. 28。

[249] 例如:Pagenkopf, Der Aktenvortrag im Assessorexamen, 2. Aufl. 2004。

目前的知识储备和工作能力状态。与此同时,考生也指望着通过第二次国家考试至少维持第一次国家考试中所取得的分数,甚或有所提高,因为几乎没有任何一个职业比法律职业更看重考试分数。对于此现象,2006年底的《明镜周刊》(Der Spiegel)甚至刊载了一篇名为《种姓制度》(Kastensystem)的文章。该文章写道:"取得'良'就意味着飞黄腾达,而低于此的分数就意味着一辈子的奋斗。"[250] 文章作者也不无悲情地指出:"当取得'良'以上成绩的法律人谈着价值数十亿的生意之时,其他低分数的法律人则不得不……在乡村事务所中谋生。"

尽管这些语句毫无人情味,但它们实际上是正确的。因此,笔者认为,就第二次国家考试的内容进行全面的应考准备乃是考生们的当务之急。但仅限于用功是不够的,考生应有计划有方法地进行准备,并能够保证备考前后的连贯性。在下文,笔者将介绍备考中的基本技巧与建议。

一、基本原则

虽然第一次国家考试与第二次国家考试在诸多方面具有差异性,然而下述基本原则却是共通的:没有彻底周全的备考,就没有高分。而这也是第二次国家考试广泛的考查范围所决定的。同时,考试凭借其内容的多样性和巨大的题量亦能充分考查考生的工作能力,且相比于十年前所采用的家庭作业形式,现行的闭卷考试形式更具有考查上的精确性。现行第二次国家考试的笔试部分多达八场闭卷考试或以上,从而在个别科目上取得优异成绩是不足为奇的,然而考生只有在广博扎实的知识储备之上才能

---

[250] Der Spiegel 50/2006, S. 70.

在所有科目上都取得高分。

二、备考中的花费

考生们不应该低估备考中所产生的各种费用。首先,第二次国家考试的内容远广于第一次国家考试所涉及的内容。许多文官候补生往往容易忽略第一次国家考试中已经考过的实体法知识,而只关注一些所谓的新问题,尤其是程序法问题。在此,笔者必须敬告各位考生:实体法知识也是第二次国家考试的必考内容,而第二次国家考试所考的程序法知识往往也只是用程序法包装的实体法问题,在大多数的考试案例中实体法依旧是考试的重点领域。例如,检察机关的起诉书所涉及的人的行为一定是根据刑法分则的构成要件通过鉴定式的审查(gutachtliche Prüfung)所认定的犯罪行为;而行政法院法上的紧急程序制度(das verwaltungsgerichtliche Eilverfahren)在本质上也是实体法问题。由此可知,除了要学习所谓的程序法中的"新"问题,考生还应当努力复习实体法知识,甚或学习一些新的实体法知识。因此,文官候补生应在规划文官候补期时为必要的复习和备考尽早留出充足的时间。

具体要花费多长时间进行备考则在很大程度上取决于个人对考试成绩的期望以及学习能力。这其中有些考生喜好时间相对较短的全天候封闭式备考模式;而其他一些考生则认为不应将一天24小时都安排给考试准备活动,周期相对较长的劳逸结合模式更受他们青睐。

此外,在规划备考时间的时候一定要把闭卷考试举行的那周扣除。这其中包括扣除各场考试之间的休息日、周末以及个别场次考试日的休息时间。考生应充分利用前述休息时间养精蓄锐而不是进行备考活动,因为在此期间考生也学不到什么重要知识了。总之,如果考生在第一场考试前的那一晚看不进去书,那么在考试后的那个下午也是一样。

考生可参考自己第一次国家考试的经验拟定第二次国家考试的备考计划。因为参加第二次国家考试的考生都已经通过了第一次国家考试,从而各位考生完全可以按照自己而非他人的学习经验备考候补文官考试。考生自己完全有能力判断哪种学习方法能够取得成果,哪些方面还需要进一步改进,或是否应将第一次国家考试用过的答题模板再次用于第二次国家考试的备考中。

笔者建议各位考生尽可能地采取措施减轻笔试考试前一周的常规文官候补期训练的强度。这可以通过先前的训练机构选择实现。为此,文官候补生应将那些已知的以工作强度大著称的训练官和训练机构尽量安排在文官候补期的早期阶段。相反,若考生在闭卷考试前还处于高等区域法院的某个训练的训练状态,则势必会因此占用其大量的精力,进而无法全身心地投入备考当中。

考生能在笔试考试前得到至少几周的"无机构训练"时间是非常有意义的。然而各州目前几乎都未提供用于文官候补生备考的专门假期,各位考生原则上只能通过精明的休假安排为备考腾出必要的时间。当然,备考时间能够被腾出的前提是考生有足够的待休假日。为此,考生在计划其年休假(Jahresurlaub)的时候就应考虑到备考的问题。[251] 此外,训练官一般也会理解文官候

---

[251] 各位考生需要注意的是:如果考试安排在一年的第一个月举行,则文官候补期就会于当年中期结束,从而考生在当年不会获得所有假期,而只会获得部分假期。由此,对于在当年六月份结束的文官候补期,考生只能获得通常年休假的一半。考生可以通过将前一年中未使用的假期并入到当年的方式延长当年的假期。

补生安排假期的需求。实践证明,假期的调换问题只是程序性问题,鉴于文官候补生临近考试的实际情况训练官大多会予以配合。以防万一,笔者建议各位考生在最后一站的训练机构开始训练时就与其训练官商讨休假的问题,以避免日后出现尴尬。各州有关休假的具体规定各不相同,但综合来看,平均一站的训练机构中,文官候补生所能获得假期至多不会超过连续的三到四周,否则文官候补生的实际训练时间就无法得到切实的保证。

除了调剂假期,训练官还可以通过灵活安排工作的方式为考生省出备考时间。例如,文官候补生可在最后一站的训练机构的前半期通过加班的方式完成训练任务,从而在剩下的后半期可以拿出业余时间完成之前积攒的"鉴定式报告",以备战之后的考试。这种工作时间上的灵活安排需要文官候补生于训练开始之前就与训练官沟通好。经验表明,相比于法院或行政机关,律师事务所在工作时间上具有更大的灵活性。

三、备考的内容

备考的内容直接取决于考试所涉及的法律领域。对于考试所涉及的内容,各位候补生应及早通过各州的《训练条例》自行查知,进而结合自身的情况与需要为自己制定个性化的学习计划。

单纯学习法律知识固然是法律人训练中最困难和花费精力最多的地方,然而文官候补生除此之外还要注意做好考试临场的适应性训练。第二次国家考试的主要组成部分是闭卷考试,且题型和题量的设计是以考生在规定的时间内能够正好完成为目标的。从而,考生非常有必要掌握闭卷考试所必需的答题步骤:先全面认真理解题设案例,然后打答案草稿,最后完成答案论证。

只有能够在紧张有限的考试时间中干净利落地完成前述步骤的考生才能在考试中取得好成绩。有的考生只要掌握基本的论证方法就可免于在考试压力下犯错，而其他一些考生只有就模拟题反复训练才能达到尽量不会犯错的效果。

对于各位文官候补生来说，就闭卷考试练习题采用题海战术是必不可少的。这不仅意味着阅读案例并作答，各位文官候补生还要对照符合裁判要求的模板进行亲笔练习。换言之，各位考生应就每个法律部门和各种考试形式的模拟题至少练习一遍。需要强调的是，练习一遍仅仅是最低标准。尽管对于少数德国考生来说，仅仅练习一遍也能最终通过考试并取得一个有用的成绩，但不得不承认的是，这里面有相当一部分是运气。对于大多数文官候补生而言，只有反复多次的练习才能使他们掌握此种考试的方法和步骤。此外，文官候补生最好能在具有紧迫性的答题时间条件下进行法律案例的作答训练。因为只有具备时间紧迫性的闭卷模拟考试才能真正地产生训练效果。这种对时间紧迫性的掌控并不要求文官候补生在第一次模拟考试时就能达到，但是越临近正式考试，文官候补生越应该努力达到。最后文官候补生应该将自己的作答时间控制在 5 个小时之内，否则正式考试所要面临的时间紧迫性就很难被真正模拟，相关的技能亦难以被掌握。

在绝大多数州，研讨课都伴随着模拟考试；甚至很多研讨课中会强制要求文官候补生至少完成一次模拟考试，研讨课的教官常常也会就模拟考试的作答进行评分。此外，有些州还提供专门的模拟考试课程，如汉萨城市汉堡高等区域法院就设有此类课程：每周一节，每节课教官都会给文官候补生分发不同的模拟考试题以供回家练习，同时教官会针对文官候补生的作答情况进行严格的评阅。在此,笔者建议各位文官候补生应尽其所能地认真参加此类模拟考试课程。

四、辅导机构

商业性质的辅导机构的存在是当前法学教育的一大特色。仅为通过第一次国家考试,全联邦目前就有超过90%的法律专业大学生选择参加辅导机构的培训。最近几年,从事辅导业务的企业数量不仅有增无减,而且课程内容也日益丰富。现在的辅导机构除提供传统意义上的应试性专业辅导以外,尤其在大城市中还为新生或老生提供平行于甚或替代大学教育的全方位指导服务。或许人们会对这种现象喜忧参半,但无论如何,市场显然已经对考试焦虑所带来的商机作出了迅速的反应。

同时几乎所有全国性辅导机构都为文官候补生提供了专为通过第二次国家考试的培训课程。相比于针对第一次国家考试的辅导班,这些针对第二次国家考试的全国性辅导机构例如 Abel & Langels, Alpmann & Schmidt, Hemmer 以及 Jura Intensiv,受青睐程度要差很多。一般这些辅导机构会每周某天下午晚些时候开课一次,有时也会将开班时间安排在每周的星期六,以保证文官候补生能在半年甚或一整年的时间里都有针对考试的练习。对于大多数辅导机构,文官候补生只能在其所规定的固定申请时间报名参加辅导,然而对于个别辅导机构例如 Hemmer,文官候补生随时都可以报名参加。辅导的价格不菲,截至2006年底,辅导费用一般都达到了每月100到150欧元。[252] 另外,辅导机构除了提

---

[252] 例如 Alpmann & Schmidt 就设有4个各为期6周以上的应试单元课程,并提供相应的配套资料,每节单元课售价150欧元。

供课堂讲授服务以外,还会分发丰富的备考资料。这些备考资料不仅包含相当一部分的理论要点,还有很多富有实践意义的答案解析。这些备考资料的可读性是很高的。各个辅导机构在具体细节方面都还是有所不同的,对此各位文官候补生可在报名参加之前通过辅导机构的宣传资料或其网站具体了解。

文官候补生是否应当参加这些商业化辅导机构的培训?坊间向来有正反两派观点。在笔者看来,对于第一次国家考试(当然不仅限于此),辅导机构有用还是没用的问题基本上可归为一个信念问题。自信的自学者会认为没有辅导老师参与而参加考试"既便宜又富有成效且还感觉更好"[253]。尽管这听起来不错,但现实中数量众多的号称无需辅导老师的自学教程[254]恰恰说明了,处于计划和准备考试阶段的考生是需要额外指导的。是故,鉴于第二次国家考试广泛的重要性,应当对辅导机构的必要性持一种实用主义的观点。也就是说,应否参加辅导班取决于可得替代的备考方式,亦即私下学习小组或高等区域法院的研讨课,在多大程度上能够良好地发挥作用。

就私下学习小组而言,如果不是单纯的讨论会,则需要相当的作业强度和严格纪律。与此相对,由于辅导班并不意味着只是去上课听讲,也包括大量课前和课后的家庭作业,因而各位在辅导班上所花费的时间原则上一点也不会比在私下学习小组进行复习要少,这是真正的学习时间。但私下学习小组所提供的是真

---

[253] Berger/Rath/Wapler, Examen ohne Repetitor – Leitfaden für eine selbstbestimmte und erfolgreiche Examensvorbeireitung, 2. Aufl. 2001 (Vorwort).

[254] 同时网络世界也存有大量各种类型的辅导资料。例如 http://www.examen-ohnerep.piranho.com。

正的学习时间,因为毕竟不会有专门的辅导老师将其分配给其他人。

另外一个可以用来替代辅导班的学习形式无疑是各个训练机构的官方配套课程,课程配备有经验丰富的训练官。一些州甚至设置有平行于训练机构训练的专门研讨课,并强制文官候补生参加。巴伐利亚州在配套研讨课的设置方面是强度最大的。在巴伐利亚州,文官候补生不仅要参加众多研讨课,还要参加许多专门课程。具体来说,巴伐利亚州的文官候补生除了要参加民事、刑事和行政训练机构自设的导论性研讨课,还要参加以劳动法、税法和权利设计(Rechtsgestaltung)为内容的专门课程。这些课程都是为了实现富有价值的目标,即如巴伐利亚州司法部发行的《巴伐利亚州的文官候补期》一书中所言:"这些课程的设立都是为了使法律文官候补生在实践知识方面能够有所提升和深化……也是为了解决文官候补生在备考方面的问题和困难。"[255]当然,巴伐利亚州司法部也承认:"这些课程并不能完全替代文官候补生的自学,毕竟第二次国家考试的准备最终还是要依赖各位文官候补生自己的努力。"[256]

支持参加辅导机构的一个重要论点是辅导机构能提供的考试经验是无可替代的。考生若自己备考自然就要自己选择复习资料,这需要考生具有敏锐的问题意识和扎实的基础知识。在备考阶段就具备前述能力的考生事实上是不需要辅导机构帮忙的。但是从结果意义上看,个人自行备考仍然具有忽略或误解个别考

---

[255] 该书可以在 http://www.jusiz.bayern.de 检索到。所引内容参见该书第10页。

[256] 同上注。

试重点的风险。辅导机构的老师都具有长年的备考经验,其中有些甚至自己就是考官。此外,许多辅导教师掌握有应对之前提到的"时间紧迫现象"的秘诀。这些秘诀和经验一般都可在课程资料中找到,同时这些课程资料中也不乏考试模拟题。是故,理性的文官候补生没有理由放弃获得这些经验的机会。

如果文官候补生决定去报名参加辅导班,那么接下来的问题就是如何选择一个合适的辅导机构。培训机构的选择问题归根结底还是取决于各位的"喜好"。价位问题固然是一个重要的考量因素,但这并非是决定性的,因为辅导班在费用上基本都是高昂的,而当考虑到它们所提供的服务,人们就不应该再在小钱上斤斤计较。与此相对,辅导的内容和方法是更重要的考量因素。有时各个辅导机构所采取的工作方法是大相径庭的。它们中有的偏爱对应试所必需的知识进行或深或浅的全面讲解;有的则偏重对实质框架问题的理解和掌握。鉴于此,文官候补生可以结合自己在第一次国家考试中的备考经验进行判断。尽管能够帮助考生顺利通过第一次国家考试的辅导班也可信赖其能够在第二次国家考试的备考中发挥应有的作用,但毕竟两次国家考试之间还是有些许差异性。候补文官考试在结构内容上通常迥异于文官候补考试(Referendarexamen)*,课程主讲人往往也会发生变化。对此,各位文官候补生可尽量参加辅导机构的试听课,以确定第二次国家考试辅导班主讲人的风格和工作方法是否符合个人喜好。

---

* 文官候补考试即第一次国家考试的别称。——译者注

第三节　考试程序错误时的权利保护[257]

文官候补生若未能取得满意的考试成绩,一般来讲问题都出在自己身上。考官针对文官候补生口试期间所做的备忘录已能充分说明考官公开公正地完成了测验和评分工作。更何况考试程序发生错误在实践当中是非常鲜见的。因而,实际上考生极少有理由针对考试成绩和程序提出异议。尽管如此,我们还是有必要通过了解考试中的权利保护来认识一些可能的错误。理论上,考试中的错误可分为程序性错误和实体性评价错误两大类。

实践中,程序性错误的重要性远大于实体性评价错误。程序性错误是指考试未能遵守法定的考试指令和规定,或违反了一般考试原则,诸如机会平等原则、客观性原则以及公平原则。程序性错误通常会导致考试评判上的错误,尤其在不能排除其可能对考试成绩产生影响时,尤其应加以注意。

客观性原则和正当性原则要求,考生不应因考官的不恰当行为而遭受不利影响,亦即考生不应因工作能力受到歪曲而丧失获得更好工作的机会。司法判例亦将考官的行为不轨视为程序性错误。行为不轨包括实属下流的书面和口头评论以及有损女性的行为。有损正当性原则的行为,例如有考官在考试通告中扬言一定要搞垮所有考生。[258] 当然如果仅仅是为了活跃考试气氛所为的一些表达,则难谓有损正当性原则。

---

[257] 若要深入了解相关内容可阅读:Zimmerling/Brehm, Prüfungsrecht, 2. Aufl. 2001 (3. Aufl. in Vorbereitung)。

[258] OVG Münster, NVwZ 1988, 458.

另外,考试评语理由不充分也可构成错误行为。[259] 然而这种理由不充分错误往往经行政内部监督程序就已得到改正。反之,针对理由不充分的申诉也只不过得到理由调换的结果,而极少会对提高分数有实质意义上的帮助。

机会平等要求考官应在考试时间和材料上最大限度地给予考生同样的机会,以使考生能够证明其具有的知识和能力。需要注意的是,在口试中,考试时间和难度的差异性是不可避免的,而且这本质上属于考官自由裁量范围内,只有在偏差程度畸高的情况下才有可能认定考试存在程序性错误。

对机会平等原则的侵害亦可由外部环境所致,例如无法阅读或不完整的考试资料或其他环境障碍(炎热、寒冷以及噪音)。

然而各州之间不同的考试规则和平均得分却并不构成对机会平等原则的侵害,因为这是宪法所规定的联邦主义原则的必然结果。最后,考生不得以考官所批阅试卷涉及的法律领域与考官现实所从事的职业无关为由主张侵害其机会平等。

考生若认为存在程序性错误,则应在考试期间及时提出异议。事后提出的异议往往不会被接受。[260] 考试办公室应迅速地查明和改正相关错误。在程序性错误异议成功或考试办公室主动发现错误的情况下,考生享有考试作答时间延长请求权,以弥补由障碍等导致的时间丧失。但是前述请求权的成立以错误重大为前提。一般考试时间丧失超过总时间1%时可视为重大,而

---

[259] 当然仅仅由于第二打分人没有更改第一打分人的结论而单纯注明"同意"尚不能构成错误行为。对理由说明的高度责任要求只存在于评分人须在三分和四分亦即不及格与及格之间作出结论时。

[260] 由此考生应在考试前有目的性地查看相关考试规则。

时间弥补的范围也应以时间丧失的同等长度为限。

根据联邦宪法法院于1991年4月17日作出的有关职业准入性考试中基本权利保护的判决[261],针对考试评判的监督范围被大大扩展了。据此考生有权提出证据证明被考官判定为错误的答案或论证本身是正确或有理的。需要说明的是,对考试评价工作本身的异议仍旧被限制在相对较小的范围内,因为我们仍然需要承认考官对具体考试评分享有相应的自由裁量空间,故而法院一般仅就判断性错误进行审查。诸如考题难易程度的评价、错误重大与否的评价、论述和论证的质量评价以及工作是否达到平均要求程度的评价[262]通常都属于考官自由裁量的事项,此外语言表述和正字法[263]以及外观形式方面[264]的不足也属于考官自由裁量的范畴。

若考生针对考试评判提出了有事实依据的异议,则其有权启动一个行政内部监督程序,考官应基于考生所提出的异议进行复查。[265] 当然考生也可径行提起行政复议和诉讼以审查考官的评价行为。在行政内部监督程序中,考生还有权查看考官的评阅记录。

尽管对于文官候补生来说行政复议和诉讼涉及其分数可得改善的问题,但这并不能作为阻却业已举行的第二次国家考试之存续力(Bestandskraft)的理由。因此,律师执业许可的颁发并不会为行政复议和诉讼所造成的不确定状态所阻碍。另外,不利益

---

[261] BverfG, NJW 1991, 2005ff.; DVBl 1991, 801ff.; DÖV 1991, 794ff.
[262] BVerwG, NJW 2000, 1055.
[263] VGH Mannheim, NJW 1988, 2633 = NVwZ 1988, 1057.
[264] BayVGH, NJW 1988, 2632 = NVwZ 1988, 1057.
[265] BVerwG, DVBl 1994, 1362.

变更禁止原则(Ausschluss der reformatio in peius)应在此适用。[266] 当然,若只是考试的一部分需被重新评阅,则考生不会获得免于在重新评阅中获得更差的成绩的保护。

第四节 考试退出权

在患病的情况下,考生应考虑申请退出考试。但是考试退出权只有在存有重大理由的情况下方可成立,换言之须以无考试能力为前提,亦即在工作能力上出现重大障碍。单纯的考试紧张和压力并不足以构成无考试能力,同时慢性病亦不能合法成立考试退出权。[267] 考生应及时行使考试退出权。至于考试退出权形式上的要件,考生有必要参阅各个考试条例的具体要求。个案当中一般考生可于闭卷考试结束以后径直赴医生处并表达退出考试的意思表示。无考试能力的举证责任应由考生自行承担。有些考试条例甚至要求官方医生参与对无考试能力的判断。

第五节 欺诈

所有考试规则几乎都会规定,对于违反考试条例并且有欺诈行为的考生,其相应考试的成绩应作零分处理,在严重情况下甚至会剥夺考生参加所有考试的资格,并径行宣布其成绩为不

---

[266] BVerwG, NVwZ 1993, 686.
[267] 相反身体机能障碍只能成立补偿措施请求权,譬如笔试时间的延长或救助。

及格。[268]

欺诈行为包括利用未经许可的辅助工具。不论是对于第一次国家考试还是第二次国家考试,文官候补生长期争论的一个问题是,考生所携带的带有个人笔记的舍恩费尔德(Schönfelder)法律大全、赛多利斯(Sartorius)法律大全、法律评注书或州法律大全在多大程度上是被允许的。对此问题,各州在具体操作上并没有统一的标准,例如柏林就不允许考生携带任何带有边栏笔记的工具书,相反汉堡则允许考生携带有手写法条指引以及重点下划线的工具书。

---

[268] 有时甚至会以不可补考的考试资格除名处分作为处罚措施。

第八章　针对文官候补生收入的税收措施

第一节　导论

自进入文官候补期开始,许多曾经的大学生将第一次成为所得税纳税义务人。虽然应税所得低于特定数额是免于征收所得税的[269],进而无额外收入的文官候补生原则上都是免征所得税的,但考虑到文官候补生可能存在的兼职收入,以及其一般情况下会为训练支付的高额费用,尤其是不得不支付的因训练而产生的国内长途交通费,深入讨论针对文官候补生的所得税抵扣制度是值得的。为此,本章将为读者系统展现前述抵扣制度,希望能对各位文官候补生完成所得税报税申请有所帮助。[270]

---

[269]　目前所得税基本免征额(Grundfreibetrag)为 7 664 欧元;在存在合并计征所得税配偶情况下基本免征额按两倍计算(参见《德国所得税法》第 32a 条)。假如考虑到其他特定和概括性免征额,法律文官候补生还有可能获得更高数额的免税优惠。视相应的税收等级,法律文官候补生所得收入基本上是免税的。

[270]　如有可能各位也可利用个人电脑上的税务软件完成菜单式报税并预估纳税额。

一、文官候补期

文官候补生会因训练关系取得非独立性劳动报酬。[271] 对此,应税所得在本质上系指总收入减去必要谋利成本(Werbungskosten)(《德国所得税法》(EStG)第9条)、特别支出(Sonderausgaben)(《德国所得税法》第10条以下)以及异常负担(außergewöhnliche Belastungen)(《德国所得税法》第33条以下)之后的收入额。根据《德国所得税法》第38条第3款之规定,所服务之单位有义务经代扣代缴程序直接将税款缴纳至税务机关,而所附工资税表中应列明基于必要谋利成本的多达920欧元的免税额。[272] 这意味着,在计算劳动者工资税应缴额时一般已将前述额度的必要谋利成本算入。若劳动者总收入额仍旧超过600欧元(自报起点),则纳税人自行向税务机关提交更高额度的免税申请[273],以事先降低月扣缴额,就是十分明智的选择。纳税人可于当年的11月30日之前提出前述申请,并自下个月起享受工资税减免税待遇。[274]

《德国所得税法》第46条就个案中文官候补生是否应于下一年5月31日之前提交所得税报税申请[所谓的义务性核定(Pflichtveranlagung)]作出了规定。义务性核定尤其适用于那些相关年度与多名雇主维持雇佣关系、领有失业金或者申请工资税减免税的文官候补生。当然,文官候补生也可自行向住所地税务

---

[271] 《德国所得税法》第2条第1款第4项、第19条第1款第1项(参见BFHE 139, 190)。

[272] 参见《德国所得税法》第9a条第1句第1项。

[273] 有关工资税缩减申请,请参见《德国所得税法》第39a条。

[274] 参见《德国所得税法》第39a条第2款第3句。

机关提交所得税申报书［所谓申请性核定（Antragsveranlagung），先前则为工资税年度补偿制（Lohnsteuerjahresausgleich）］。笔者在此建议无全年性雇佣关系或必要谋利成本超过920欧元的文官候补生自行申请核定所得税。根据《德国所得税法》第46条第2款第8项第2句的规定，申请性核定应于第三年之前提出。此外，申请核定所得税并不会为申请人带来任何不利益，因为纵使被认定须补缴税款，申请人也可于异议期（1个月）内撤回核定申请。如果构成义务性核定，则不在此限。

二、非独立性兼职

文官候补生于候补期内可以同时在训练机构以外从事其他继续性和定期性的非独立性工作以获取额外收入。这些非独立性工作包括律师、大学中的科学研究助理或文字校对助理。根据《德国所得税法》第3条第26项的规定，为了补偿教学费用，文字校对助理每年1 848欧元以下的收入是免予征所得税的。[275] 另外，若雇佣文官候补生的大学对其在学校所得进行代扣代缴，文官候补生亦可在事后所得税申报（无论是义务性核定还是申请性核定）时主张税收减免。

根据《德国所得税法》第40a条的规定，从事兼职工作者在放弃出示工资税卡的情况下须接受概括性所得税征缴额。对于短期雇佣，概括性所得税税率为25%。短期雇佣是指文官候补生所从事的工作非为定期反复进行的偶然性雇佣关系，且该雇佣关系累计不得超过18个工作日，平均工作日收入不超过62欧元。

对于小额雇佣，雇主则有义务履行概括性所得税税率达30%

---

[275] Kempelmann JuS 2004, 550 m. w. N.

的代扣代缴额。小额雇佣是指月劳动报酬不超过400欧元的雇佣关系。

三、独立性兼职

文官候补生于某律师事务所就个别案件的代理获取的固定数额报酬即为独立性兼职收入。[276] 文官候补生就此收入有纳税的义务。由于根据法律规定,对文官候补生不适用账簿设置义务,故其可通过比较自身的营业所得与支出之间的差值来确定收入。[277] 营业支出是指营业所造成的所有花费。[278] 由于营业支出与下文所涉谋利成本[279]在基本规制上别无二致,故在此对营业支出相关规范,不予赘述。[280]

第二节 谋利成本

一、一般规定

谋利成本泛指一切用于劳动报酬的取得、担保以及保持的职业原因性费用(《德国所得税法》第9条第1款),亦即所有因职业而产生的费用。此费用不取决于其产生系基于自愿还是强制,也不取决于其系通常费用还是必需费用。[281] 仅仅依据《德国所得

---

[276] BFHE 92, 99.
[277] 参见《德国所得税法》第4条第3款第1句。
[278] 参见《德国所得税法》第4条第4款。
[279] 参见《德国所得税法》第9条第5款。
[280] 其他如礼品花费(《德国所得税法》第4条第5款第1句第1项)以及娱乐花费(《德国所得税法》第4条第5款第1句第2项),亦然。
[281] BFHE 168, 567 m.w.N.

税法》第12条所规定之一般生活成本不属于谋利成本,然以该一般生活成本非属不当为限。[282] 当然在出现因收入取得而产生,却又与一般生活相关的混合费用时,如何计算谋利成本是一个问题。根据《德国所得税法》第12条第1项所规定之分配禁止和减免禁止规则,前述混合费用不得予以减免。[283] 但是,若费用之发生主要系工作原因,而一般生活只起到次要作用,则该费用仍然可作为谋利成本适用减免规则。另外,混合费用中容易客观区分的因工作原因所造成的费用支出也可作为谋利成本按比例适用减免规则(例如,账户管理费或电话费);如有必要,个案中也可对此费用进行估算。

二、职业协会的会费

根据《德国所得税法》第9条第1款第3句第3项之规定,职业协会系指非以经济性营业为目的且以所属职业团体的精神和经济利益保障为宗旨的社会团体。[284] 其中这种利益代表团体尤其是指,依据其规章以代表已通过第一次国家考试,且以律师职业为愿景的文官候补生利益为宗旨的德意志律师协会青年律师论坛(das Forum junge Anwaltschaft des Deutschen Anwaltverein)。

三、住所与工作场所之间的路程费用

从2007税务年度[285]起,住所与工作场所之间的路程费用已

---

[282] 参见《德国所得税法》第9条第5款和第4条第5款第7项。
[283] BFH BStBl II 1993, 559.
[284] BFH/NV 90, 701.
[285] 注意:2007年发出的报税申请针对的是上一年度。

不再被视为谋利成本。[286] 只有出行距离达到21公里,相关概括出行费用方可被视为谋利成本。此外,此概括出行费用的计算与交通工具的选择无关。这意味着,不论是选择私家机动车、自行车还是公共交通工具往返住所与工作场所,即便劳动者并未因出行产生实际开销,都不影响概括出行费用的计算。由此体现了立法者鼓励合伙用车的立法目的,因为合伙用车的每一个成员都可以获得出行费用概括计算的优惠。

概括出行费用按照住所和工作场所之间的路程计算。路程按照距离最短的交通方式计算,而不是按用时最短的交通方式计算,但如果有一种交通方式明显比距离最短的交通方式更便宜,且也是劳动者往返住所和工作地点通常会选择的交通方式,则按这种交通方式计算路程。概括出行费用从路程的第21公里起算,每超过1公里,累计0.3欧元,但每年最高不得超过4 500欧元(费用上限)。如选择私家机动车作为交通工具,则不受4 500欧元的限制。

根据联邦财税法院的新判决,文官候补生的工作在满足某些前提的情况下可以被视为无固定工作场所的职业(Einsatzwechseltätigkeit)。[287] 如果劳动者所从事的独立职业活动具有工作地点持续频繁更换的显著特点,则该职业为无固定工作场所的职业。[288] 在这种情况下,住所和工作场所之间的路程费可以根据差旅路程费的慷慨原则进行减免。也就是说,餐食额外开支(Verpflegungsmehraufwendungen)和从第1公里起计算的出行费用

---

[286] 参见《德国所得税法》第9条第2款第1句。
[287] BFHE 160, 532; Schmidt, Einkommensteuergesetz, 21.Aufl. 2002, §9 Rn.124.
[288] R 37 Abs. 5 LStR 2005.

也可以包含在内。

四、双重家政花销

无论是已婚的还是单身的文官候补生,如果他在工作场所所在地拥有第二住所,则可以要求返还双重家政花销的费用。[289] 但首先需满足的前提是,该文官候补生在居住地自负家政花销。也就是说,他自行决定或主要参与决定家政花销,并且,该住所是其切身利益的核心。在父母家中有房间且家政花销是父母家政花销一部分的文官候补生不属于自负家政花销。已婚的文官候补生需每年去6次住所,单身的文官候补生需每月去2次住所,财政管理部门才可以认定该住所为其切身利益的核心。[290] 此外,位于工作场所所在地的住所在面积和装潢上不得优于其位于居住地的住所。[291] 至于文官候补生是有偿还是无偿使用这一额外的第二住所,以及在第二住所过夜的频繁程度,并不影响双重家政花销的返还。此外,返还双重家政开销的另外一个前提是,该花销需由工作所致,而非私人事务所致。[292]

在满足所有前提的情况下,额外住所和住所的配套设施以及每周回家的交通费和餐食额外开支[293]可以予以减免。[294]

---

[289]　§9 Abs. 1 Satz 3 Nr. 5 EStG.
[290]　R 42 Abs. 1 LStR 2005.
[291]　*FG Münster*, EFG 1996, 1155.
[292]　BFH, BStBl II 1989, 103; R43 Abs. 2 LStR.
[293]　见下文; R 43 Abs. 8 LStR。
[294]　R43 Abs. 7 LStR。

五、办公用品费

办公用品费用[295]包括为如下产品或活动支出的费用：法学专业文献[296]（法律评注、教科书、法律汇编、专业期刊、软件）、书写用具和其他办公用品（文件夹、圆珠笔、个人电脑的墨盒、纸）、照片复印、公文包等。只要开支对象专门用于或者最主要用于完成工作任务，因此而产生的费用就属于办公用品费用。日报和《布罗克豪斯百科全书》由于其具有大众教育的属性，不属于办公用品，其购置费用应属于生活开支（《德国所得税法》第12条第1项）。

典型的职业服装也属于办公用品。当然，根据一般人的理念，该类服装应不适合在工作之外的场合使用。例如，服装上有区别于普通服装的标记，因此几乎无法在工作场合以外的其他场合使用。[297] 对于文官候补生来说，在检察官庭审时可能需要的白色领带和法袍一般情况下应视作典型的职业套装。

电脑是重要的办公用品，任何文官候补生在工作期间都必不可少地会用到电脑，因为在单一训练机构内部，待制作的判决草案一般情况下都是通过电子版的形式进行传递的。起初，《德国所得税法》第12条第1项规定的分配和减免禁止使电脑在很多情况下不能折旧。如果无法证明或无法令人信服购置电脑主要用于工作，则该支出不能按用于工作的使用量比例计入原始购置

---

[295] § 9 Abs. 1 Satz 3 Nr. 6 EStG.

[296] 通常情况下，专业文献的开支必须通过单据证明。而且单据上只记载"专业文献"字样是不够的。如果购物小票上未载明确切的标题信息，也可以通过手写的方式进行补写。补写的形式应是有可信度的形式（Glaubhaftmachung）。

[297] *BFH*, BStBl II 1981, 781 m. w. N.

成本中。但这一状况有了新的变化。目前,和电话以及汽车一样,电脑的使用可以按比例地得到认可。[298] 该开支现在可以按照用于办公的时间比例主张税务减免。如果纳税义务人可以证明,或至少使人信服,他并非只是偶尔使用或使用过电脑办公,那么为了简化计算,可以直接假设他使用电脑办公的比例为一半。如果纳税义务人或财政部门想背离这一比例划分标准,则需要其他相关参与者进一步陈述和证明额外的依据和情节。[299]

电脑是办公使用还是私人使用可以通过一定的外在情节进行判断。首先,购入笔记本电脑可以作为办公使用电脑的推定证据,因为笔记本电脑相比个人电脑,由于设计风格不同,价格较贵。[300] 与此相对,游戏操纵杆、显卡、摄像头、电脑游戏的存在则推定表明,此类电脑的使用属于私人使用,故应承担税务。

由于通常情况下电脑的价格都超过 410 欧元(不含税[301]),所以其仅可以适用折旧减免原则(Absetzung für Abnutzung)在预计的使用期间进行减免。为此,需要一张正式的折旧减免表(Afa-Tabelle)作为依据,该表预设的电脑折旧期为 3 年。如果个人电脑于 5 月购买,则当年度还剩 8 个使用月度,所以当年度的折旧率仅为整年折旧率的十二分之八。即使电脑是通过购买各个单一部件(如显示器、打印机)组装起来的,也不能规避折旧减免原则。由于单个部件脱离整体将无法使用,所以它

---

[298] BFH, DStR 2004, 812-816 = BFHE 205, 220 = DB 2004, 1018-1021 = NJW 2004, 1685-1688.

[299] 同上注。

[300] OFD Saarbrücken, Vfg. Vom 11. 7. 1997; OFD Magdeburg, Vfg. Vom 16. 4. 2002.

[301] 即不含营业税。

们一起被视作电脑的整体。[302] 当然,价值不超过410欧元(不含税)的必要软件可以立即减免。

对电脑进行所谓的升级,例如给电脑安装更快的处理器或内存更大的硬盘,已经被证实比买一台新电脑更划算。然而,对电脑进行升级的花费并不属于维修成本,而是属于持续性购置成本,其与原始购置成本具有经济上的统一性。[303] 但是,升级成本会累加进电脑的剩余价值中,所以可以按照分摊至剩余使用期内的方法进行折旧减免。[304] 这意味着,升级的开支只能分摊至剩余的使用期内,不能按照折旧减免表预设的3年进行分摊。如果购买了一台新电脑,则可以按完整的3年使用期进行折旧减免,但与此相对,如果购置了新电脑,旧电脑即不再视作用于办公,所以不可以再主张旧电脑的剩余年度折旧减免额。只有在一些例外的情况下,即通过非常规经济性折旧(《德国所得税法》第9条第3款第7项),剩余价值可以提前折旧减免。如果将旧电脑卖出,则扣除卖出收益后,剩余使用期中剩余的额度可以被减免。

之前未用于办公的用品(如学生的电脑)可以改定为办公用品。[305] 根据折旧减免原则,只有用于办公的年度折旧额才可以进行减免。赠与的办公用品,如果是新买的,则可以按照赠与人的原始购置成本进行减免;如果是使用过的,则可以按照该办公用品的剩余价值进行减免。[306] 可减免的开支除了购置成本以外,还包括维修成本和清洁成本。

---

[302] *FG München*, EFC 1993, 214.
[303] *FG Rheimland-Pfalz*, EFG 1996, 362 f.
[304] 计算示例请参见 *OFD Saarbrücken*, DStR 1997, 1367。
[305] *BFH*, BStBl II 1990, 684.
[306] *BFH*, BStBl II 1990, 883.

111 不存在"办公用品概括费用"这一概念,但是存在以降低管理成本为目的的默许额度(Nichtbeanstandungsgrenzen)的概念。[307] 所以,主张这种"概括费用"的权利自然也不存在。

六、家庭办公费

从 2007 年起,如果家庭办公间是全部职业活动的核心场所,那么家庭办公间也可以纳入谋利成本考虑范畴。[308] 在以法院和检察院为培训机构(多数情况不会给候补文官提供空间)的阶段,不一定适用家庭办公费的相关政策。在其他培训机构阶段,由于文官候补生要在培训机构场所办公,所以也不适用家庭办公费的相关政策。如果家庭办公间得到认可,那么,不仅装修成本(家具设备、壁纸、地板铺设——如有可能,按照折旧减免规则)可以进行减免,而且办公间按比例分摊的租金、暖气费、电费、照明费和清洁费也可以进行减免。

七、差旅费

劳动者由于公务将暂时离开办公场所和住所进行工作,即被视为差旅(《德国所得税法》第 9 条第 1 款第 1 句,《德国工资税指令》(LStR)中对《德国所得税法》第 37 条及后续条款的指令)。[309] 例如,文官候补生参与随行工作小组(Begleitarbeitsge-

---

[307] 之前为 200 马克。
[308] 参见《德国所得税法》第 9 条第 5 款和第 4 条第 5 款第 1 句第 6b 项。
[309] 《德国工资税指令》:是在对工资(工资税)进行税务减免的情况下征收所得税时,所得税法适用的一般行政法规。该指令针对财政管理部门。它没有法律层级,但它保障财务管理人员在存在疑问时可以按照统一的原则进行行政工作。

meinschaft)、参与会务或参与第二次国家考试的监督工作。在这些情况下,交通出行费用、餐食额外开支、住宿费、差旅附加费用(电话费、停车费等)都可以进行减免。在使用机动车的情况下,差旅费概括按照0.3欧元/千米计算;在使用摩托车或小型摩托车的情况下,概括按照0.13欧元/千米计算;在使用机动脚踏两用车的情况下,概括按照0.08欧元/千米计算;在使用自行车的情况下,概括按照0.05欧元/千米计算。[310] 如能证明实际花费比上述标准更高,也可以按照实际花费的标准进行主张。

根据差旅出行原则,无固定工作场所的职业也可以按此进行减免。[311] 根据联邦财税法院的新判决[312],在教育中,如果没有一个持续的场所作为教育活动场所,那么职业教育生持续变更的教育活动场所也可以视作非固定的工作场所。这样的规定也适用于文官候补生。[313] 往返于住所和职业场所的出行费用只有在两者之间的距离较远(至少30公里),且在同一职业场所从事活动不超过3个月的情况下才能视为差旅费。[314] 如果在同一教育场所超过3个月,或住所距离职业场所较近,则只能计入住所与工作场所之间的路程费总额进行减免。对于餐食额外开支并无特殊规定。

八、餐食额外开支

餐食额外开支[315]可以在双重家政花销、差旅、无固定工作场

---

[310] BMF-Schreiben v. 20. 8. 2001-IV C 5-S 2353-312/01 中关于"《德国工资税指令》中对《德国所得税法》第38条第1款第6句的指令"的内容。
[311] 参见《德国工资税指令》中对《德国所得税法》第37条第5款的指令。
[312] BFHE 160, 532.
[313] *Schmidt*, Einkommensteuergesetz, 21. Aufl. 2002, §9 Rn.124.
[314] 参见《德国工资税指令》中对《德国所得税法》第38条第3款的指令。
[315] 参见《德国所得税法》第9条第5款和第4条第5款第5项。

所职业的情况下进行主张,或作为继续教育费进行主张。该开支无需逐项具体证明,而是按照总额进行概括主张,即外出不少于 8 小时,开支标准为 6 欧元;外出不少于 14 小时,开支标准为 12 欧元;外出不少于 24 小时,开支标准为 24 欧元。需要注意的是,如果劳动者进行为期一天的差旅或在某非常驻地从事工作,且他享有与该工作地点其他常驻劳动者相同的餐食待遇,那么他无权主张餐食额外开支作为谋利成本。[316] 该规定也普遍适用于文官候补生[317],所以,只有在存在双重家政花销和继续教育费的情况下才能考虑餐食额外开支的减免。

九、进修费

进修费(《德国工资税指令》中对《德国所得税法》第 38 条第 3 款的指令)作为谋利成本不存在最高减免限额,其与所从事职业的继续教育有关。进修(Fortbildung)是指继续获取与目前所从事的职业相关的知识,但并不获得新的基础资历证书。[318] 进修费与教育和继续教育费相区别[319],后两者作为特别支出,存在与款项性质相关的减免限额,且与目前不从事的职业相关。在过去,鉴于文官候补生已经通过了第一次国家考试,司法实践假定其已经完成了职业教育,所以他为完成第二次国家考试的全部支出均为不限减免额的谋利成本。[320]

这种假定因联邦财税法院作出的一个关于子女抚养金法的

---

[316] BFHE 174, 69.
[317] *Schmidt*, Einkommensteuergesetz, 21. Aufl. 2002, § 19 Rn.60.
[318] *Hessisches FG*, EFG 1997, 794.
[319] 判决 *BVerfG* NJW 1994, 847 认可了这一区别。
[320] *BFH*, BStBl II 1985, 644.

判决[321]而不再当然成立。在该判决中,联邦财税法院解释道,《德国所得税法》第32条意义上的子女(此处指文官候补生)为了从事某种职业而接受教育是指,如果他/她的职业目标尚未达成,则他/她应当切实地为该职业目标的实现做准备。这尤其适用于文官候补生期间。这种法学职业教育以能够从事司法职务为目标。大学法学专业毕业且通过第一次国家考试后,致力于继续完成法律人见习(Vorbereitungsdienst)为第二次国家考试做准备的人才会接受这种法学教育。因此,文官候补期是获取与法学职业相关的基础知识、能力和经验的合适途径。

由于联邦财税法院[322]判决认为,在第一次国家考试之后去国外接受"法学硕士"教育的开支与进修费相关,所以,我们可以推测,联邦财税法院仅仅将文官候补期视为子女抚养金法意义上的教育,对于其他情况,则视为进修。出于这个原因,本章框架内的为完成第二次国家考试的开支属于进修范畴。除此之外的,则属于教育费用和特别支出的范畴。

进修费指文官候补生为第二次国家考试做准备的开支[323],尤其指法学复习课(juristische Repetorien)、私人学习小组(private Lerngemeinschaft)[324]和图书馆的使用。费用类别不仅包括可能存在的参与费、与参与相关的出行费、通讯费、临时住宿费,如有必要,还包括餐食额外开支。差旅的相关原则性规定也可以在此适用。但需要注意的是,只有职业需要是导致开支的最

---

[321] BFHE 191, 54; BFH/NV 2005, 36-37.
[322] BFH/NV 2004, 32-33.
[323] BFHF 139, 190.
[324] *FG Köln*, EFG 1994, 290; *FG Düsseldorf*, EFG 1994, 648.

主要原因时,上述开支才可视作进修费。因此,参与私人学习小组不得以满足私人社交为目的。[325] 哈根远程大学与德国律师学会(DeutschenAnwaltAkademie)合办的"律师执业导引"进修课程的学习费用也属于进修费的范畴。这是因为,如果第二学位不是以职业更换为目的,而是以补充或加深第一学位所学知识为目的,那么第二学位的开支也属于进修费(而不属于教育和继续教育费用)。[326] 即使以职业更换为目的,只要新职业与原职业类型相近,也属于进修费的范畴。[327] 修辞课程(Rhetorikkurse)由于其通识教育的属性,不属于谋利成本,而是生活方式成本(Lebensführungskosten)。[328]

外出参与私人学习小组或接受教育在文官候补生群体中十分受欢迎。对此需要注意的是,远行目的地不能是旅游胜地(如柏林[329]、巴黎[330]、罗马[331]),因为,尽管满足了自己非次要的游览需求,但也产生了一般生活方式(《德国所得税法》第12条第1项)方面的开支。如果要去旅游胜地,游览项目也必须组织得相当简洁,以使得游览需求占比十分次要(例如,一次短暂的午间休息或在五天的日程中安排一个下午自由活动)。[332]

---

[325] *FG Karlsruhe*, EFG 1975, 462.
[326] *BFH* NJW 1996, 3295;根据判决 *FG Rheinland-Pfalz*, EFG 1992, 324,这也适用于医疗护理人员(Krankenpfleger)和医士(Heilpraktiker),根据判决 *BFH* NJW 1992, 2984,这同样适用于人类医学(Humanmedizin)和牙医学(Zahnmedizin)。
[327] *BFH*, BStBl II 1996, 445.
[328] *FG München*, NJW 1997, 1191.
[329] *BFH*, NJW 1993, 959ff.
[330] *FG Rheinland-Pfalz*, EFG 1987, 115.
[331] BFH/NV 1986, 656.
[332] *FG Köln*, EFG 1991, 604; 1984, 25.

十、搬家费

如果出于职业原因需要更换住所,则可以主张搬家费(《德国工资税指令》中对《德国所得税法》第41条的指令)。住所更换应出于职业所需,并且搬家应使住所和工作地点的距离显著变短。例如,通过搬家使日常通勤时间缩短了至少1个小时。[333] 如果住所更换的理由中夹杂私人事务的成分(由于分手或结婚而搬家),则不得进行税务减免。

十一、通讯费

通讯支出(Telekommunikationsaufwendung)[334]只要出于职业需要,即可构成谋利成本。文官候补生为了参与训练机构而进行的私人联络或与进修相关的私人联络都可以算作通讯支出。通讯费用中因职务或因进修而造成的接通费用和基本费用份额都可以算在本支出中。[335]

一般来说,职务引起的通话费用数额应通过合理的记录来证明。假设有3个月的职务通话记录,那么费用数额可以多算1个月。如果按照经验发生了职务引起的电话通讯支出,那么出于简化的原因可以在无需逐个证明的情况下提供账单金额的20%,但是作为谋利成本每月最高不得超过20欧元。

---

[333] *BFH*, BStBl II 1992, 494.
[334] 参见《德国工资税指令》中对《德国所得税法》第33条第5款和第2款第2项的指令。
[335] BFH, BStBl II 1981, 131.

十二、申请费

法律人见习申请及其后续申请的费用也可以进行减免。这样的费用主要包括广告、通讯、邮递、照片影印、公证、照片、出行、健康证明、落户证明和无犯罪证明等费用。

十三、账户管理费

与工资划扣或职务引起的转账相关的费用都是谋利成本。账户管理费无需单独证明,每年按 16 欧元计算。

第三节 特别支出

特别支出是出于政策原因准许减免的个人支出。在工资税表中(Lohnsteuertabellen),除了用于补偿保险费用的社会保障预防总括金额(Vorsorgepauschale),还有特别支出总括金额(Sonderausgabenpauschbetrag)。特别支出详细列举于《德国所得税法》第 10 条及其后续相关条款。对于文官候补生来说,适用特别支出最重要的情况为尚未从事的职业的教育费(《德国所得税法》第 10 条第 7 项)。特别支出有最高限额的规定。

文官候补生可以在其被雇佣的当年将直至此时间点的高等教育支出作为教育费进行主张。攻读博士学位的费用原则上也被视为教育费,所以其也可以被视为特别支出,但不能被视为没有减免限制的谋利成本。[336] 如果读博计划的目的是取得需要纳

---

[336] BFHE 125, 45; 164, 272; 169, 193; *BFH*, BStBl. II 1991, 637f.; 1993, 115 ff.

税的收入,那么与此相关的支出也因此被视为谋利成本。[337] 这也适用于客观上或主观上作为大学科研人员从事工作的读博类型。[338] 如果有证据证明打算将博士论文作为专业书籍出版,那么博士论文导致的支出也构成预期谋利成本。[339] 如果攻读博士学位如进修课程一般,在毕业后继续从事原来的工作,那么攻读博士学位会被视为进修。

第四节 异常负担

对于那些不属于谋利成本、营业支出(Betriebsausgaben)或特别支出的支出,只要其发生是不可避免的,且对其征税并不合理,则它们可以作为异常负担获得税收减免。偿还助学贷款,尤其是根据《联邦教育资助法》(BAföG)偿还助学贷款,就属于异常负担。但如果接受贷款并非不可避免,而是出于自愿,则不可归入异常负担(请参见《德国所得税法》第33条第2款)。[340]

另一种适用情况是疾病支出。这是由于在疾病期间收入会下降,支出相比于之前更容易超出其可负担的极限。

---

[337] BFHE 203, 500.
[338] BFH/NV 2004, 928.
[339] *Wewel*, JuS 1993, 787, 790.
[340] 同上注。

第九章　保险与资助

第一节　保险

以前只是学生的文官候补生应当在文官候补期开始的几周前就着手处理保险选择和保险义务的事宜。

一、医疗保险（Krankenversicherung）

在以前，即文官候补生还具有公务员候选人（Widerrufsbeamte）性质时[341]，其可以选择参与法定医疗保险（gesetzliche Krankenversicherung）或私立医疗保险（Private Krankenversicherung）。目前，选择私立医疗保险的可能性已经不复存在。在文官候补生被划分为公法性质的教育关系后，文官候补生有义务在法定的医疗保险机构参保。但是，其只需缴纳一半的医疗保险费。剩下的一半费用由其所在的联邦州承担。

有些人因父母或配偶的缘故有获取补贴的资格，但也不能免除他们参与保险的义务。如果有人以前已经参与了私立保险，那

---

[341] 就目前所知，仅剩下图林根州还是这种情况。

么其只需要再补充私立附加险(private Zusatzversicherung)即可,以达到更低的但也足够的法定医疗保险机构应达到的保险待遇水平。这种水平应大约能够保证,住院治疗时被保险人能够入住一个两床位的病房且能够让主任医师(Chefarzt)进行诊治。这种附加险的价格为30到50欧元/月。

在选择法定医疗保险机构[342]时可以不用考虑保险待遇问题,因为它们都遵循法律规定,几乎没有区别。因此,保险价格才是决定性因素。在法定医疗保险机构之间进行转换也不存在任何问题。被保险人可以随时通知解除法定医疗保险(下下月的月底生效),但要在接下来至多18个月内到新的医疗保险机构参保。如果保险费用上升,保险关系不再有效。在这种情况下,被保险人享有特别解除权。如果有人选择了较为便宜的医疗保险机构,那么他必须考虑到:这家医疗保险机构可能没有或只有很少的营业场所,或只能通过电话才能联系到——有可能还是经过了漫长的等待之后才被接听。

一种实践中经常发生的、可行但绝对不值得推荐的做法是:为了享受更便宜的医疗保险机构的学生专享价而注册成学生。这样做会导致医疗保险机构对当事人进行追偿,甚至有可能导致当事人被刑事调查。

作为文官候补生,请不要忘记去申请自付费用(Zuzahlung)的免除[请参见《德国社会法典第5编》(SGB V)第62条]。

关于私立和法定保险机构的信息,文官候补生可以在互联网中、在消费者协会(Verbraucherverbänden)处以及在《财务测试》(Finanztest)的各期杂志中获取。

---

[342] 请登陆http://www.billigekrankenkassen.de获取详细信息。

二、个人责任保险(Privathaftpflichtversicherung)

任何疏忽——尤其是在道路交通领域[343]——都可能引发重大损害。例如,假如一位骑自行车的人出于自身过错在行驶途中撞到了另一个人,此人非常不幸地摔倒并丧失了谋生能力(erwerbsunfähig),这可能会导致高达百万的损害赔偿请求权(Schadensersatzansprüche),尤其包括养老金请求权(Rentenansprüche)。为了不让这种错误影响文官候补生的整个未来,每个文官候补生都应订立一份个人责任保险。如果文官侯补生之前已通过父母参保而被保险,则其应当考虑到:这种共同保险关系目前可能已经不存在了,因而需要一份属于自己的自愿保险(freiwillige Versicherung)。

个人责任保险使被保险人及其家庭在面对第三人的索赔时在保额限度内免受损失。但有一个前提:此类请求权涉及私人领域,即既无法防范职务行为产生的风险,也无法防范协会事务或志愿服务中的风险。[344] 此外,如果有兼职工作,且兼职工作旨在持续性地谋利,也应为兼职工作额外参保。

为了选择最理想的保险,您需要兼顾价格和保险待遇。保险的自负额越高,保费就越低。

文官候补生应按年缴纳保费。在以更短的间隔缴纳保费时,保险商一般会收取3%到10%的附加费。对于已签订的保险合同,可以在保险合同到期前3个月内提出常规解除。如果保费

---

[343] 这里并不是指源自机动车使用的请求权。

[344] 对此,有必要的情况下应分别订立协会责任保险(Vereinshaftpflichtversicherung)和志愿服务责任保险(Ehrenamtshaftpflichtversicherung)。

涨价但保险待遇却没有提高,则会获得非常规解除权,只需提前1个月发出解除合同的通知。已婚或以与婚姻相似的共同生活形式共同生活的人只需一份责任保险即可。在这种情况下,如果双方都有责任保险,则较新成立的那一份保险可以被终止。如果发生损害,被保险人应在一周内将情况告知保险商。

三、职业能力丧失保险(Berufsunfähigkeitsversicherung)

自2001年1月1日起的养老金改革后,以前的法定职业能力丧失保险转变为了法定低收入群体抚恤金(Erwerbsminderungsrente)。对于1961年1月1日之前出生的人来说,这是一个重大事件,因为这一改革意味着开始着手处理职业能力丧失情况下的个人养老预备(private Vorsorge)问题。

职业能力丧失保险[345]旨在保护被保险人免于疾病、受伤或体力和智力衰退(非因事故造成的)造成的长期职业能力受损所带来的风险。当被保险人无法再从事约定的职业时,职业能力丧失保险会向被保险人支付约定好的职业能力丧失抚恤金(Berufsunfähigkeitsrente)。一般而言,职业能力丧失保险只在职业能力至少丧失50%的情况下才进行赔付。这类保险与文官候补生的相关度不大,一般很难获得资助。

四、意外伤害保险(Unfallversicherung)

意外伤害保险分为法定意外伤害保险(gesetzliche Unfallversi-

---

[345] 职业能力丧失保险是德国最著名的伤残保险分支。它也可以作为人寿保险的附加险[职业能力丧失附加险(Berufsunfähigkeitszusatzversicherung,简称BUZ)],这类保险因其特别的重置规定(Rückstellungsvorschrift)而非常划算。

cherung)和个人意外伤害保险(private Unfallversicherung)。负有强制性保险义务的人,包括文官候补生,应参与法定意外伤害保险。保险针对的最主要的风险就是工伤事故(Arbeitsunfall)[包括通勤事故(Wegeunfall)]。法定意外伤害保险的赔付项目包括医学性康复、工作能力恢复以及货币形式的工资赔偿和损害赔偿[受伤补助金(Verletztengeld)、受伤抚恤金(Verletzenrente)、死者家属抚恤金(Hinterliebenenrente)]。

法定意外伤害保险不针对非职业的意外事故。为此,可以通过签订个人意外伤害保险来规避非职业意外事故所带来的风险。

五、养老与失业保险(Renten-und Arbeitslosenversicherung)

文官候补生是公法性质的教育关系,应按照法律规定参保以应对养老和失业风险。

六、公职人员的保险优惠

大多数保险公司的部分保险类型[尤其针对机动车险(Kraftfahrtversicherung)]为公职人员提供优惠价格,因此,文官候补生可以在文官候补期节约一笔不小的保险费用。

第二节 《联邦教育资助法》

获得《联邦教育资助法》规定的资助项目资助的人(尤其是在法学教育期间),应当在最长资助期结束后的 5 年内(一般而言)按每月至少 105 欧元的标准对资助进行偿还。

此贷款的特点包括:无息、限制最大应还款额、社会性还款条件以及特定条件下的还款免除。

一、部分免除

依贷款人的申请,国家可对下列贷款人按照下列标准部分免除还款义务:

(一)贷款人无业或只有微薄的收入且照料和教育子女达10年的,或照顾残疾子女但没有收入或只有微薄收入的,免除其与此期间内应还款额相等的还款义务;

(二)贷款人为考试举行当年度成绩位列前30%的考试毕业生(例外:在国外参与毕业考试者一般无法获得免除)的,如果其最迟在最长资助期结束后的12个月内通过毕业考试,根据其学习时间长度,可免除15%到25%的还款义务;

(三)贷款人早于最长资助期结束时间至少4个月毕业的,可减免2 560欧元的还款义务;早于最长资助期结束时间至少2个月毕业的,可减免1 025欧元的还款义务;

(四)贷款人在贷款到期前已全部或部分清偿的,根据清偿额的多少,可减免清偿额8%到50.5%的还款义务。

一般而言,不同类型的还款义务免除可以并存。

关于偿付条款更具体的信息,可以登录联邦教育与研究部(BMBF)的网站进行查询。[346]

如有需要,文官候补期内的贷款可予免除。申请应在评估通知(Festellungsbescheid)公布后的1个月内提交,除斥期间(Ausschlussfrist)的规定适用于此。

---

[346] http://www.bmbf.de.

二、还款义务的中止

只有在收入超过一定界限时,贷款人才存在还款义务。如果贷款人的收入没有超过 960 欧元/月,还款义务将依申请而中止。文官候补期内,如果文官候补生没有额外收入,亦属于此情况。

第十章　额外资质

第一节　博士学位

攻读博士学位已经成为度过毕业之后到文官候补期开始之前的这段时间的一种选择。

通过统计成功通过第二次国家考试的毕业生数量可发现，攻读法学博士的人数在过去几年持续增长[347]，最终获得"博士学位"者的占比却相较于20世纪60年代[348]下降至约11%。[349]一直以来，读博的男性大约都是女性的2倍。[350]

第一次国家考试结束后到文官候补期开始之前的漫长等待期是读博需求绝对增长的一个缘由。除了在某一专业领域的深

---

[347] 1980年，在德国每年有438名法律人攻读博士学位，到了1994年，人数就已达到了每年1031名，参见：*Schroeder/Cantzler*, JuS 1998, 281。

[348] 人们推测，当时的占比约20%，参见：*Schroeder/Cantzler*, JuS 1998, 281, 282。

[349] 从中可以推测出，选择"博士教育"（Massenstudium）的学生们的学术兴趣有所下降，参见 *Schroeder/Cantzler*, JuS 1998, 281, 282。

[350] 1994年，法学专业中，女性博士占比为7%，男性博士占比为15%，参见：*Schroeder/Cantzler*, JuS 1998, 281。

度学术兴趣外,人们致力于攻读法学博士的决定性原因还包括,一向受公司青睐的"法学博士"(Dr. jur.)头衔可以使其获得更好的就业机会。职位申请者可以通过博士学位展现出其掌握了科学的方法论,以及其有能力在有限的时间内深入研究某一领域的主题。

但鉴于获取外国学位的人数不断增长,诸如,英美法系下流行的"法学硕士"[351]或法国的硕士学位(Maitrise),博士资质已经不再如从前那般突出了,因为这些在国外留学而获取的学位可以证明求职者具有灵活性且掌握外语(这一点在企业中尤其重要)。[352]

是否攻读博士学位,要结合职业规划进行考量,攻读博士学位会花费时间和金钱,也可能导致就职时间的推迟。无论如何,一定需要考虑的是:攻读博士能否在文官候补期开始之前结束或伴随着文官候补期结束而结束。根据经验,由于培训机构中不可预见的工作负担以及需要准备第二次国家考试,博士生可能无法按时毕业。有一些博士生除了从事文官候补生工作,还在大学做研究助手,这更加阻碍了博士论文的进展。如此一来,基本完工的论文的修订以及寻找主题或检索文献都是在文官候补期"顺带"完成的,这会损失重要的修养时间和业余时间。切实可行的时间管理对于攻读博士学位来说是绝对必要的,其中考量的因素不仅包含时间成本和经济负担,还应包含不容忽视的身体负荷。

由于博士头衔对职业机会的提升性以及其市场价值,相较于

---

[351] LL. M.是拉丁语 Magister legum(法学硕士)的简写。

[352] 参见本章第二节中的国外资质相关内容。

想成为公职人员并通过提升自身工资等级(Besoldungsstufe)来获得职业上晋升的法律人,博士头衔对致力于进入律师行业或在商业领域工作的法律人具有更大意义。恰巧,对于第二次国家考试毕业生向往的大型律师事务所中的部分高薪职位,有博士头衔的人可能比没有额外资质(除了博士头衔,还包括不是每个职位申请者都具有的能表明其专长于某一领域的其他资质,这些资质能让申请者在众多竞争者中脱颖而出)的人而更容易申请上。

大型律师事务所之所以更青睐具有这些资质的申请者,是因为这些律师事务所中的大量律师也拥有很强大的专业背景,故这些律师事务所更愿意寻找某一领域的专家而非通才。所以,这些通才宁愿去申请欢迎他们的符合规范的学术性工作,也不愿去遭受"聘用一个脱离实际且没有实务经验的学者"的偏见。[353] 大部分律师也可以通过查阅纸质资料来获取非专业领域的知识。

博士学位在企业和协会的招聘中也会具有优势和修饰性,然而,对于协会的工作来说,从实践中习得的专门技能以及对企业和行业典型特殊问题的熟悉程度才是至关重要的。从长远来看,要想在商业领域获得事业的成功,行业知识和技能、对新经济现象的法律性分析归纳以及适当评价,比任何徒具修饰性的头衔都重要。

如果是想进入高校就职,攻读博士学位自然是十分必要的,在博士期间获得一个很高的评定——"卓越"(Summa cum laude)评分,或至少是"极优"(Magna cum laude)——对日后的职业发展非常有帮助。[354]

---

[353] 详细的律师职业面貌请参见本书第十四章第一节。
[354] 法学教师职业的详细内容请参见本书第二十章。(由于新版增加了内容,但脚注未更新,故此处为作者笔误,实际应为本书第二十二章。——译者注)

一、申请条件与许可

攻读"法学博士"学位以能够写作博士论文为前提,所以博士生需要证明,其具有独立进行学术性写作的能力[355]。博士生毕业还需要参加一次口试,口试可以在博士论文主题答辩(这种口试形式被称为 Disputatio 或 Disputation)时进行,也可以以一般考试(这种形式的口试被称之为 Rigorosum)的形式进行。德国高校的正式教授应作为博士生导师对论文进行专业指导。

大部分博士学位条例(Promotionsordnung)除了要求申请读博者成功完成法学教育,还会对毕业成绩作出一定要求,比如须获得较高的评分,但也有例外批准被录取的可能性。[356]

各大学的博士学位条例在博士论文写作和寻找导师的相关规定之前,应当有该高校是否要求申请者至少在校学习两个学期[357]或是否要求申请者必须参加与博士论文主题非常相关的博士生研讨课的规定。如果计划的读博时间不只是第一次国家考试结束后到文官候补期开始前的这段时间,而是也准备在文官候补期内进行博士论文创作,那你必须知晓,除了创作和讨论博士

---

[355] 除此学位外,还存在授予荣誉性法学博士学位的可能性[法学荣誉博士(Dr. jur. h. c.)],该学位授予给获得过重大学术成绩或其他特殊思想成就的人,一般来说,该学位的授予需由大学评议会(Senat der Universität)出具意见,并由学院决定,并颁发证书。

[356] (例如)如果申请人第一次国家考试成绩为"中等",或研讨课(Seminar)成绩最少为"优",或存在适宜录取的需求,部分情况下,依申请,一定的毕业成绩要求可以经博士委员会决定,由高校教授进行例外批准而免除。各大学会通过博士学位条例对免除的前提条件进行细致规定,且免除需要与指导教授协商。

[357] 如慕尼黑大学(Ludwig-Maximilians-Universität München)法学院。

论文的时间,是否还需要预留额外的时间来参与强制性的活动,甚至有可能是在你住所之外的其他城市举行的活动。[358]

如果申请人已经找好了导师,其需要向读博委员会提交一份博士学习和攻读博士的申请,必要时还可能因考试成绩而要求例外批准。这份最初的博士录取申请在博士论文完成后还会被递交给院长。

二、博士论文的题目与撰写

通过统计攻读博士的总人数可以发现,选择民法领域主题的人多于选择公法领域主题或刑法领域主题的人。[359]

在选题方面,部分博士生希望自己可以对主题给出建议,但也有部分博士生希望——当然这取决于导师的专业方向和偏好——教授可以对主题给出建议,或对与其自身专业领域相符的主题选定进行修改。

此外,需要注意的是,教授不只是为论文提供专业性的指导,他同时也作为读博委员会指定的第一通讯人(Erstberichterstatter)对论文进行具有专业性的第一次评定(Erstgutachtung),所以,笔者推荐申请者根据自己希望的主题来选择最合适的导师。

担任导师的教授不同,对于博士论文的结构、范围和内容的要求自然也不相同。一些教授喜欢与大学授课资格论文长度相当的博士论文,然而也有一些教授偏爱尽可能简洁的行文。所

---

[358] 对于一部分博士生来说,其博士学习必须在高校进行注册,但注册并不要求其住所一定要在大学所在地。

[359] Schroeder/Cantzler, JuS 1998, 281, 282.

以，笔者在这里建议各位博士生，要尽可能详细地问清楚导师所期待的博士论文长度和行文模式。

人们经常会注意到，教授不会给予过于细致的说明，但请不要低估这些说明中的具体想法，因为如果论文没有按照这些想法来写作，博士生大约需要在第二次论文修改的时候改写论文。这样的论文修改以及(可能需要的)论文更新可能会导致读博期的延长，这对职业前景和博士生的目标都会造成重大影响。[360]

对此，笔者的建议是，博士生应询问在该教授处从事助理职务或学术工作的人，以及正在教授处读博或已经博士毕业的人，教授有哪些要求。另外，博士生还一定要深入研究导师在相关专业领域的专业著作和专业论文，并从中找出这些教授注重的规则。

将博士论文仅当作"加长版的研讨课论文"的思想是需要警惕的。博士论文无论从目标方面还是内容方面都与研讨课论文有很大不同(这一点在其他专业也是一样的)：博士论文有独立的研究目标，并且其针对的应是全新的领域。[361] 另外，也不应低估博士论文的写作时间，一般来说，博士论文写作实际花费的时间

---

[360] 少数情况下出现过这样的案例：博士论文在完成后被导师全盘拒绝，且不给予改进或调整的机会。

[361] 很多博士生都担心，在他们的论文写作期间，其他博士生也研究同样的主题，这致使他们的主题不再符合高校博士论文所要求的新颖性。这样的担心大多数情况下是多余的，因为同一个主题可以从不同的立论和观点着手。因此，一个主题不会仅因为有其他同事着手研究而被"焚毁"。尽管如此，对此伤透脑筋的博士生还是应该与自己的导师进行商谈以确定，如果在提交博士论文的同一时间点，有一篇类似的论文也被提交给学院，该如何应对。在同一个学院出现"等价"论文的风险在现实生活中是很小的，因为人们可以很容易地知道有哪些主题已经被给出——当然，没有一个主题会同时给予两个人——所以，这种危险只会存在于不同的学院之间。

都要比计划好的更长,因为其所从事的领域展现了一个新的研究主题,必要时,人们必须通过类比法或类似的方法进行解答。同样,人们也可能有必要去其他大学的图书馆,如果博士论文涉及比较法的话,如有必要,还有可能需要去国外的其他大学的图书馆。即使作者可以写完,在短期内(如1年)完成博士论文也无法最终实现,因为根据一般经验,从论文提交到开始口试或答辩(口试部分)还需一段时间。

除此之外,一些教授还会要求学生向自己预提交博士论文(有时候是博士论文的部分内容),如此,教授可以在博士论文复印成多册并附带博士申请文件正式提交给学院之前,预先对论文进行内部评价,并对博士生进行评论。

有些情况下,导师会在收到论文1年或2年之后(视其工作负荷而定)才开始审阅。博士生会热切地等待导师的反馈和批注,在部分情况下,导师会要求博士生返工并再次"补交",这会导致博士生需要在紧张的时间里完成超量的工作。对此,笔者的建议是,尽早确定论文的实际范围,以便嗣后出现与主题范围相关的问题时,不会措手不及。

博士论文完成后,博士生所在的学院会正式把读博录取申请递交给院长,并附上一册博士论文副本、一份简历、相关证书、一份无犯罪证明,以及关于是否参加过其他博士考核、博士论文是否曾提交给其他学院、作者独立完成博士论文的法定声明(详细内容可以参见博士学位条例或从学院的院长办公室获取)。

博士论文一经院长或博士委员会接收,就开启了正式的考核程序,院长会从高校教师中为博士论文指定两位通讯人,第一通讯人是博士论文的指导教授。

根据经验,博士论文的第一次评定视第一评定人的工作负荷需要数月不等。一些博士学位条例会将评定等待期限制在 3 至 4 个月内,如有疑问,博士委员会要求其进行第一次评定。

博士成绩一直以来都是用拉丁文书写:summa cum laude(卓越)、magna cum laude(极优)、cum laude(优)、satis bene(中等)以及 rite(及格)或 insuficienter(不及格)。

在第一次评定和第二次评定结束后,院长会在院长办公室对评定结果进行审核,并将评定结果通知学院。之后,博士委员会会立即确定口试日期[362],口试时间最少为 1 小时,经常会设定为数小时。在口试结束后,总分会直接被确定。

之后博士论文的打印版必须按照博士学位条例要求的份数提交给学院,一些学院会给博士生提供价格便宜的内部打印机会。这一步完成后,博士生才有资格取得博士头衔。如果博士论文作为学术系列丛书或在书报业作为独立作品有偿出版,并达到最低印刷数,那么在获得博士委员会的份数减少批准后,交付较少份数的印刷本即可(通常 10 册)。一些学院也允许提交电子版,即在互联网上出版,但是这种方式目前并不为大多数学院所接受。

如果完成了规定册数的提交或博士论文的出版,攻读博士学位可以视为已经完成,也就是说,博士生可以通过申请取得"法学博士"的头衔。[363]

---

[362] 有一些博士学位条例会规定期限不得超过 1 年。
[363] 从形式上讲,颁发博士证书或授予学位证书是取得博士学位的标志。欺诈与头衔撤销的规定请参见各学院的博士学位条例。

三、博士学习阶段的成本与资助

如前所述,做好符合实际的读博时间规划非常重要。与此同时,博士生又处于"时间—成本剪刀"之下,这迫使其快速完成博士论文。博士论文写作本身就是一个不可低估的精神负荷,也需要极高的自律要求,就此而言,能有资助保障读博或生活开支确实是一件再好不过的事。

在大学做助教是一个很好的选择,比如 BAT IIa(联邦雇员集体合同 IIa 标准)职位,也被称为"19.25 小时(每周)职位"。在大学工作的好处是,博士生可以在大学与其他"共患难者"见面,因而有机会进行专业交流。同时,每周的工作时间也不要设得太长,因为视教席拥有者分配给助手的工作量(如协助出版、参与研讨课或引导研讨课)以及研究所规模的不同,兼职工作的工作量也可能是无法估计的。

很多学校会举办博士生讲座(Graduiertenkollege)[364]来介绍这一点。博士生讲座是一种定期举行的、通常由正式教授主持、由其助教参与组织的研讨课。通常情况下,博士生讲座会提供奖学金(视资助该讲座的第三方基金而定)来资助博士生讲座预设的总主题之下的博士论文主题。从作者的角度出发,自己的主题与其他人的主题处于同一主题域之下绝对是一件令人兴奋的事,因为他们可以相互交流思想和经验。但如果博士生是在"安静的小房间"中独自攻读博士,那么他必须经常反复激励自己,因为德国的教授对于"外来者"的指导通常非常有限。与处于同

---

[364] 如弗莱堡法学院(rechtswissenschaftliche Fakultät Freiburg)的"私法的国际化"讲座。

一论文写作阶段的同事进行专业交流恰好对反复发生的思路停滞是非常有帮助的。

当然,传统的奖学金发放者,诸如德国人民教育基金会(Studienstiftung des Deutschen Volks)[365]、康拉德-阿登纳基金会(Konrad - Adenauer - Stiftung)[366]、弗里德里希-艾伯特基金会(Friedrich-Ebert-Stiftung)[367]、德意志学术交流中心(DAAD)[368]以及富布莱特基金会(Fulbright Stiftung)[369],对博士期间的国外交流访学的资助也值得考虑。

值得一提的还有实务中的机会,如在读博期间同时在律师事务所、协会或企业兼职。这种选择诚然可以保障自己的生活开支,但也存在缺陷:博士论文写作是长期项目,当出现紧急的现实性工作项目时,博士论文写作必须被搁置。这样的选择也有优点,即可以从全新视角出发再次审视博士论文中需要处理的问题,以及通过与相关人员进行商讨来保持更好的问题意识,由此防止博士论文成为一篇毫无实用性的苍白学术作品。这种选择适用于税法、竞争法、经济法、卡特尔法、运输法领域的主题以及所有在大学学习阶段未涉及的主题。此外,每篇博士论文都应如

---

[365] 德国人民教育基金会,地址:Mirbachstr. 7, 53173 Bonn,电话:0228-82096-0;网址:http://www.studienstiftung.de。

[366] 康拉德-阿登纳基金会才能资助与文化协会(Konrad-Adenauer-Stiftung e. V. Begabtenförderung und Kultur),地址:Rathausalle 12, 53757 St. Augustin,电话:02241-246-0;网址:http://www.kas.de。

[367] 弗里德里希-艾伯特基金会,地址:Godesberger Allee 149, 53175 Bonn。

[368] 德意志学术交流中心,地址:Kennedyalle 50, 53175 Bonn;网址:http://www.daad.de。

[369] 富布莱特基金会,地址:Oranienburger Str. 13/14, 10178 Berlin;网址:http://www.fulbright.de。

英美体系中的论文所要求的那样(对硕士论文也一样),更加注重与实务相关的内容,并且博士生也应多加检索经济界、银行、协会和政府谈论的话题。

第二节 法学硕士

如果想在等待期或紧随文官候补期去国外攻读硕士学位,例如美国的法学硕士,那么应尽早作出决定,因为攻读此学位需要大约1年半的准备时间。美国大学的申请开始日期通常是"劳动节"后的第一天和每年9月的第一个周一,且申请以及申请所需的全部材料(附带2到3封教授开具的专业评定或推荐信)通常必须在1年之前送达至所要申请的大学。此外,申请者还必须通过英语外语测试(托福)。[370] 关于出国学习及其计划以及国外文官候补生阶段计划和实习计划的详细信息,由德国—美国法律人联合会(Deutsch-Amerikanische Juristenvereinigung)给出[371],该联合会出版的《法律人美国学习指导手册》(USA-Studienführer für Juristen)[372]提供了一份具备参考性的概览,这份概览涵盖了大约40所美国大学。

对于只想在短期内学习美国法的人,笔者推荐你们参加美国

---

[370] 关于托福考试的地点、时间和方式,请浏览主页:http://www.toefl.org。考试提供机考来代替笔试。

[371] 德国—美国法律人联合会(DAJV),地址:Alte Bahnhofstr. 10, 53175 Bonn,电话:0228-361376;网址:http://www.dajv.de。

[372] 2005年第6版。主题为在美国学习的时间安排、语言测试、申请程序和资助机会的其他著作:Ackmann/Mengel/Biene/Müller, USA Masterstudium für Juristen, 2.Aufl.2003。

大学提供的种类丰富的暑期课程("暑期法学院")[373],这种课程不仅在美国举行,部分也在欧洲举行。

第三节 欧洲范围内的其他资质

位于佛罗伦萨的欧洲大学研究所(European University Institute)提供在欧洲法学院(Academy of European Law)学习比较法、国际私法和欧盟法的法学硕士项目。除此之外,该学院还提供关于欧洲共同体和欧洲人权法的暑期课程。[374] 通过不来梅[375]的国际法研究生项目也可以获取欧洲法学硕士学位(LL.M. Eur.)。这2周课程都必须经过一个学年的学习。德意志学术交流中心的奖学金可资助佛罗伦萨的课程。

第四节 欧洲范围内的暑期课程

在英格兰,剑桥大学(University of Cambridge)提供2到6周的暑期课程"英国法学方法暑期学校"[376];伦敦经济学院(London

---

[373] 例如,威斯康辛大学法学院(University of Wisconsin Law School)的"美国法律和法律制度年度暑期项目",大学地址:905 University Avenue, Suite 309, Madison, Wisconsin 53715-1094,网址:http://www.wisc.edu;或金门大学(Golden Gate University)的暑期课程,网址:http://www.ggu.edu/eli。

[374] 欧洲大学研究所,欧洲法学院,地址:Villa Schifanoia, Via Boccaccio, 121, I-50133 Firenze, Italien。

[375] 该项目为一年3学期,双语授课,详情请咨询:不来梅大学法学专业(Universität Bremen Fachbereich Rechtswissenschaft),网址:http://www.jura.uni-bremen.de。

[376] 剑桥大学,继续教育委员会(Board of continuing Education),地址:Madingley Hall, Madingley Cambrige CB3 8AQ。

School of Economics）*提供"英国法导引课程"[377]。针对这两种课程,德意志学术交流中心为文官候补生和博士生提供了非全额奖学金,且成绩好的法律人与前些年相比,会有更大的几率获得。[378] 对国际私法或国际法有强烈兴趣的法律人也可以选择在海牙[379]参加此类暑期课程,该课程持续6周。德意志学术交流中心对此课程也提供非全额奖学金,但名额有限。最后一个例子是莱顿大学（Universität Leyden）[380]和哥伦比亚大学（Columbia University）合办的、在莱顿和阿姆斯特丹交替举办的"美国法夏季项目",德意志学术交流中心对该项目也提供非全额奖学金。

第五节 英国文化教育协会（British Council）的项目

通过候补文官考试的法律人可以向德意志学术交流中心申请由英国文化教育协会进行遴选的英国半年居留奖学金,其目的

---

* 即伦敦政治经济学院（London School of Economics and Political Science）。——译者注

[377] 伦敦经济学院法学部,地址:Houghton Street, London WC2A 2AE。

[378] 非全额奖学金(法学专业课程奖学金)包括课程费用补助(根据德意志学术交流中心的答复,针对英国项目的该项补助上限为510欧元)、出行费用以及居留补助[我们在此感谢德意志交流中心第222号部门（Referat 222）的细致解答]。部分英国课程的课程费用是德意志学术交流中心提供的课程费用补助的2倍。申请截止日期是每年的2月15日。关于奖学金的更多信息请咨询德意志学术交流中心第22号部门（Referat 22）,地址:Kennedyallee 50, 53175 Bonn。

[379] 海牙国际法学院（The Hague Academy of International Law）,地址:Peace Palace, Carnegieplein 2, 2517 KJ The Hague; 网址:http://www.hagueacademy.nl。

[380] 详情请咨询莱顿大学法学院哥伦比亚暑期项目,地址:Hoge de Grootstraat 27, 2300 NL Leyden。

为获取法律职业经验。该奖学金额度约为每月 600 英镑。[381]

第六节 哈根远程大学

不搬往外地但也想为律师职业做准备的人可以注册哈根远程大学的远程课程"律师执业导引",作为远程教育项目,该课程通过与书面学习材料相结合能够为参与者传授律师相关的基础和进阶知识。[382] 成功参与整个项目的参与者会获得高校学位证书(Hochschulzeugnis)。文官候补生参与每个"模块"(如工作相关的单元"律师职业法")需缴纳约 270 欧元。

第七节 经济法补充课程

在等待期内进行补充性学习和经济相关的专业对加深和充实经济法知识很有意义。

一些大学,诸如汉堡大学(Universität Hamburg)[383],为完成高校学习的法律人提供经济法补充或研究生课程,这类课程的教师来自商务律师事务所、协会、企业和高校,在通过考试毕业后,参

---

[381] 详情请咨询德意志学术交流中心第 313 号地区部门,地址:Kennedyalle 50,53175 Bonn。

[382] 哈根远程大学法学继续教育研究所(Institut für Juristische Weiterbildung, FernUniversität Hagen)地址:58084 Hagen,电话:02331-9872557。

[383] 与汉萨城市律师公会(die Hanseatische Rechtsanwaltskammer)和汉堡商会(Handelskammer Hamburg)合作。

与课程的法律人会获得证书。[384] 在哈勒大学(Universität Halle)[385],参与者在毕业后可以取得经济法法学硕士(LL.M. oec.)或国际经济法法学硕士(LL.M. oec.int.)学位;汉堡目前正在给为期半年的课程制定相应的规划。此外,慕尼黑大学和明斯特大学(Universität Münster)也提供经济法研究生课程。[386]

---

[384] 该课程对未来的文官候补生的费用为400欧元,只有40个名额。参与条件为从高校顺利毕业。

[385] 欲知详情,请登录网站 http://www.jura.uni-halle.de。

[386] 请登录 http://www.jura.uni-münchen.de 和 http://www.jura.uni-muenster.de。如需要查询欧洲或德国法学硕士项目的汇总概览,请登录 http://www.azur-online.de。

第十一章　文献与软件

第一节　概述

无论是大学生、文官候补生还是实习生,脱离法条、法院判决和学术著作都不可能完成法学论文。由于科技的进步,获取它们的途径和手段不再囿于印刷品,通过使用电脑也可以获取。对此,笔者将通过专章讲解。在文官候补期,无论从何种角度讲,书籍都具有重要意义。绝大多数州[387]的第二次国家考试都允许携带法律评注,所以笔者推荐,要尽早熟悉法律评注,并持续运用它工作和完成任务,以求掌握评注的体系。您在文官候补期开始时可以使用以便宜价格购置的二手旧版本,但这也相当于按照旧的列车时刻表进行火车旅行。除此以外,文官候补生还需要教科书,并借此准备考试(闭卷考试和案情汇报)。另外还需注意的是,法律不是静止的,而是会随着社会发展发生变化的。文官候补生必须始终保证自己知悉法律的最新发展,以防自己在考试和培训机构中遭遇问题。阅读期刊是实现这一点的最好方式,其次

---

[387]　巴登-符腾堡州除外。

也可以通过互联网进行了解。在考试前夕,文官候补生必须确保其带入考场使用的法律评注是当前最新版本。如果不想全部购买,也可以通过租赁的方式(很多地点都支持租赁)获取,或从之前的教育场所借阅。

第二节 期刊

追踪立法和司法最新发展的最好途径是阅读期刊中的内容。专业期刊的数量一直在增长,这些期刊分为综合性法学期刊、专业性期刊和教育期刊。综合性法学期刊提供各种法部门的综合概览。属于综合性法学期刊的有:《新法学周刊》(Neue Juristische Wochenschrift,NJW)、《法律人报》(Juristenzeitung,JZ)、《德国法月刊》(Monatsschrift für Deutsches Recht, MDR)。[388] 其中,《法律人报》偏向学术,而《德国法月刊》偏向实务。相比于综合性法学期刊,专业性期刊更是浩如烟海,专业性期刊可分为学术相关出版物[如《行政档案》(Verwaltungsarchiv)]和实务性专业性期刊[如《德国行政报》(Deutsches Verwaltungsblatt)]。

学生和文官候补生都能用上的教育类月刊主要有:《法学训练》(Juristische Schulung,JuS)[贝克(C.H Beck)出版社出版,文官候补生价:每年72欧元(包括分销成本)]和《法学论文报》(Juristische Arbeitsblätter,JA)[卡尔·海曼斯(Carl Heymanns)出版社出版,文官候补生价:每年64欧元(包括运费)]。这两种期刊都包含论文部分(在期刊中,这种现象十分传统和常见),这一部分有高水平且兼顾不同教育程度的稿件对教育相关的问题进行探讨。

---

[388] 尽管为综合性法学期刊,但偏向民法方向。

此外，它们还包含判决部分，这一部分会对真实的司法案例进行详实的、批判性的评论。这两种期刊还都包含针对文官候补生的特别栏目。

除此之外，一些法学考试辅导机构（Repetitorien）也会出版自己的期刊，这些期刊会以闭卷考试的形式呈现真实的司法案例，诸如《司法概览》（Rechtsprechungsübersicht，RÜ）[阿尔普曼＆施密特（Alpmann & Schmidt）出版社出版，纸质版5.70欧元/期，电子版5.50欧元/期]。

第三节 教科书

用于备考候补文官考试的教科书数不胜数。经典的备考书中持续有新出版物的加入，下列的作品列表仅是由笔者主观列出的，无法囊括所有作品。如需要更加详细的信息，请参阅教育期刊中的书评。

一、民法部分

Alpmann/Schmidt, Die zivilgerichtliche Assessorklausur, 2006.
Anders/Gehle, Das Assessorexamen in Zivilrecht, 2005.
Huber, Das Zivilurteil, 2003.
Knöringer, Die Assessorklausur im Zivilprozess, 2005.
Oberheim, Zivilprozessrecht für Referendare, 2004.
Schmitz, Zivilrechtliche Musterklausuren für die Assessorprüfung, 2006.
Tempel/Theimer, Mustertexte zum Zivilprozess, Band I, 2006.

二、刑法部分

Alpmann/Schmidt, Die strafrechtliche Assessorklausur, Band I, 2005.

Brunner/Gregor/Mutybauer, Strafrechtliche Assessorklausuren…, 2004.

Huber, Das Strafurteil, 2004

Schmehl/Vollmer, Die Assessorklausur im Strafprozess, 2005.

Schmitz, Strafrechtliche Musterklausuren für die Assessorprüfung, 2005.

Wolters/Gubitz, Strafrecht im Assessorexamen, 2006.

三、行政部分

Alpmann/Schmidt, Die öffentlich-rechtliche Assessorklausur, 2006.

Fichte, Typische Fehler in der öffentlich-rechtlichen Assessorklausur, 2005.

Hemmer/Wüst, Die Assessorklausur im Öffentlichen Recht, 2005.

Kintz, Öffentliches Recht im Assessorexamen, 2005.

Pietzner/Ronellenfitsch, Das Assessorexamen, 2005.

Ramsauer, Die Assessorprüfung im öffentlichen Recht, 2007.

Schmidt, Ausgewählte Assessorklausuren im öffentlichen Recht, 2006.

四、律师事务机构

Alpmann/Schmidt, Die zivilrechtliche Anwaltsklausur im Assessorexamen, 2005.

Baumfalk, Die zivilrechtliche Anwaltsklausur im Assessorexamen, 2005.

Hagendorn/Bansemer/Sander, Die Anwaltsklausur im Zivilrecht, 2006.

Hemmer/Wüst, Die zivilrechtliche Anwaltsklausur, 2006.

Mürbe/Geiger/Haidl, Die Anwaltsklausur in der Assessorprüfung, 2004.

第四节 法律评注

大多数联邦州都会允许文官候补生将下列法律评注在笔试考试时使用：

Baumbach/Hopt, Handelsgesetzbuch, 2006.

Meyer-Goßner, Strafprozessordnung, 2006.

Kopp/Ramsauer, Verwaltungsverfahrensgesetz, 2005.

Kopp/Schenke, Verwaltungsgerichtsordnung, 2005.

Lachner/Kühl, Strafgesetzbuch, 2004.

Palandt, Bürgerliches Gesetzbuch, 2007.

Thomas/Putzo, Zivilprozessordnung, 2005.

Tröndle/Fischer, Strafgesetzbuch, 2007.

Zöller, Zivilprozessordnung, 2007.

第五节 学习辅助工具

最重要的候补文官考试民法、公法和刑法笔试部分的相关材料也可以通过学习辅助工具[如不同辅导机构提供的资料索引卡片(Karteikarte)]详实且有条理地习得。目前已知的文官候补生专用资料索引卡片涉及的领域有:劳动法、刑法、税法、民法和公法。除此以外,您也可以关注《法学训练》系列丛书中载明的复习课[如 Grunewald,《民法》(Bürgerliches Recht),2006 年版,19.50 欧元,以及 Haft,《刑法》(Strafrecht),2004 年版,21 欧元]。

第六节 软件

为法律人开发的专门软件在今天也数不胜数。除了文本处理程序,这些软件还包括事务所软件、估算程序(针对家庭事务和民事诉讼等)和数据库。对于文官候补生来说,文本处理程序就已经足够了。其余的软件固然有其实用性,但软件高昂的价格对文官候补生来说也是难以承受的。

第十二章 互联网

第一节 互联网对于法律人与文官候补生的意义

随着时间的推移,互联网的重要性持续增加,自20世纪90年代末以来,互联网的重要性更是日益增加。[389] 今天,互联网将数以亿计的计算机相互连接[390],这个数量每天都在增长。不仅是用户数量[391],信息量也是每秒都在增加。对于法学信息也是如此,再也没有任何其他媒体可以如互联网一般如此快速、精准地检索到法学信息。互联网最重要的服务为电子邮件(E-Mail)和万维网(WWW)。

---

[389] 互联网最初来自美国国防部(US-Verteidigungsministerium)1969年的项目。当时,它被用于大学和研究机构的联网。

[390] Frankfurter Allgemeine Sonntagszeitung vom 30. 7. 2006, Seite 52.

[391] 在当今德国,大约有三分之二的人使用互联网。影响互联网使用最重要的因素是年龄。在14岁到29岁间的群体中,大约有98%的人上网,在不使用互联网的群体中,78%的人都超过了50岁。次重要的因素是教育。在国民学校毕业(Volksschulabschluss)的群体中,有62%的人不使用这种媒体(F.A.Z. vom 6. 11. 2006, Seite 19)。当然,同样在增长的电脑病毒(有害的、不受欢迎的且能自我增殖的电脑程序)和垃圾邮件(不受欢迎的、批量发送的电子邮件)数量也会抑制用户数量。

法律人现今对互联网的使用大致可以划分为四种应用情境：通讯、法学任务和问题领域、演示媒体和信息获取。本章的重点集中于信息获取，其他几种应用情境也将会在下文简短介绍。

通讯：通讯主要通过电子邮件实现。此外，也存在通过交流论坛(Diskussionsforen)进行交流的方式，但在论坛上发布的文章大多数都是低质量的，因此，这种方式并不太合适。

法学的任务和问题领域：互联网作为法学的任务和问题领域越来越受到重视。互联网的出现在不同领域提出了法律问题，但这并不导致产生全新的法学部门，因为互联网只是一种新媒体，既存的规则也适用于此。被讨论的主题包括：数据保护、电子化的意思表示、远程销售(Fernabsatz)、内容犯罪(Strafbarkeit von Inhalten)、著作权法、竞争法。对此，也已经产生了少部分高级法院和下级法院的司法案例。另外，也存在许多专门期刊。[392]

演示媒体：在互联网上非常适合进行信息的自我展现和提供。几乎所有在市场上经营的企业(如法学出版社)、机构(如大学、法院、行政机关)和律师都使用互联网。

本章的重点为法学信息的获取。有了互联网的协助，信息获取的速度明显快于传统媒体。法律条文、判决、印刷品和数据库在很大范围内都可供免费获取或使用。这些方式现如今已经非常多样化，以至于使互联网的使用发展出法学标准，如果不遵守这些标准，将会引起责任风险(Haftungsrisiken)。这些被检索出的信息(尤其是文本)可以在各种情况下通过互联网被其他应用(如

---

[392] 如《电脑与法律》(Computer und Recht, CR)、《通讯与法律》(Kommunikation & Recht, K & R)和《多媒体和法律》(Multimedia und Recht, MMR)。

文本处理程序)引入。[393]

当然,也有人——尤其是较年长的法律人——对互联网持部分怀疑态度,并不时地表现出自己对此毫无兴趣。这种情况的原因可能在于,"毫无计划"地在互联网上冲浪会耗费宝贵的工作时间,而且对于未经训练之人,最初呈现在他们面前的庞杂的信息是混乱无序和非结构化的。

但是人们绝不会被上述问题所阻碍。与互联网打交道势在必行,且需要定期的训练。越经常从互联网上获取信息的人对这种媒体的信任度就会越高,其消耗检索时间也会显著缩短。由于不同的互联网产品(Angebote)和内容由不同的提供者(Anbieter)提供,所以它们的构架和操作方法都不尽相同。因此,应当专注使用少数可靠的产品。

第二节 接入方式

在本书的旧版中,笔者花了更多篇幅着墨于本主题。但在旧版出版后的时光里,接入互联网的方式并没有变得更加简单,而是恰恰相反。消费者已无法理解相关的技术、产品和价格。但是,由于互联网的使用对于文官候补生(和学生)来说是不可或缺的,所以他们必须要掌握对互联网的使用。另外,这些必要的信息也可以通过流行的电脑杂志获取。

---

[393] 需求的文本会被鼠标标记,复制[点选"处理(Bearbeiten)-复制"或 Strg 键+C 键],并按照需要粘贴到(点选"处理-粘贴"或 Strg 键+V 键)其他应用中(如 Word 软件)。如果是 PDF 格式的文件,实现该功能的方式也大体相似("处理-全选""处理-复制""处理-粘贴")。

这其中,较为重要的是较高的传输速率(如通过DSL)[394]以及能够包含丰富业务且价格合理[一般为固定价格(Flatrate)][395]的资费套餐(Tarif)。否则,互联网的使用就无法在必要范围内实现。

第三节　互联网搜索技巧

如果人们不知道想要检索信息的具体网址,首先需要使用的是搜索引擎(Suchmaschinen)。[396]

搜索引擎分为综合搜索引擎(allgemeine Suchmaschine)和专用搜索引擎(spezielle Suchmaschine)。专为德国法律设计的搜索引擎[397]尚未普及,所以只能用综合搜索引擎[398]进行检索。对于

---

[394]　DSL 指英文 Digital Subscriber Line(德语为 Digitale Teilnehmeranschlussleitung)(数字用户线路)。通过 DSL,传输速率可高达 1000 到 16000 千字节/秒。与调制解调器连接(Modem-Verbindung)或 ISDN 连接(ISDN-Verbindung)(最高达 64 千字节/秒)相比,DSL 的进步十分显著。

[395]　即包干资费。

[396]　搜索引擎的作用是在互联网中找到包含某一主题信息的网站。检索的结果会体现为结果列表(Trefferliste)的形式。它由三个部分组成:一个专门软件(用于持续地在互联网上搜索新网站)、一个数据库(包含所有被搜索出的网站)和一个检索程序(根据对请求的反馈结果对数据库进行筛选)。如果在此检索服务中发出检索请求,搜索引擎不会直接在万维网上进行穷尽式的搜索,而是只在自己的数据库中进行搜索。因此,在选择搜索引擎时,数据库的质量是重要的考量因素。关于本主题的详细信息,请登录网址:http://www.suchfibel.de。

[397]　之前有:Metalw、Jura-Suche 或 Meta-Jur;现在还可供使用的是:http://jurfix.de。

[398]　最著名且在德国最常使用的综合搜索引擎有:http://www.google.de、http://www.msn.com、http://www.altavista.de、http://www.lycos.de 和 http://www.fireball.de。

综合搜索引擎,笔者的建议是只使用一个搜索引擎,如谷歌。谷歌的优点有:搜索结果基本与想要的结果一致、响应时间总是很短、优先显示最相关的结果、提供强大的预览功能且可以在数以亿计的网址中进行搜索。只使用一个搜索引擎的好处是可以更好地适应搜索引擎的操作。

使用搜索引擎的操作十分简单。人们只需要在搜索栏输入合适的搜索关键词(Suchbegriffe)并开启搜索即可。对搜索具有决定性的因素是输入的关键词应存在于想要检索出的网站上。字母的大小写不会影响搜索结果。更多拼写方式会带来更多搜索结果(如 CDROM/CD-ROM)。搜索引擎具有自动的"且-搜索"(Und-Suche)功能。也就是说,其只显示包含了所有搜索关键词的网站。所以为了限制搜索,必须做的是输入更多搜索关键词。搜索引擎不区分字母大小写,所有字母,无论其为任何形式,均被转化识别为小写。比如,无论搜索请求为"JUS""jus"还是"JuS",搜索结果均相同。大多数搜索引擎都可以通过减号("-")来排除特定的词语。(举例:"-汉堡"意味着,不显示含有关键词"汉堡"的网站。)

大多数搜索引擎也会提供目录功能。编辑人员(Redakteure)将重要的网站分类到分级的关键词目录(Schlagwortkatalog)中。但这样做也有缺点,即由于网站的数量太多,目录无法囊括所有网站。除此以外,这种分类编排依赖于相关编辑人员的评估,但这可能对专业主题领域起负面作用。最后,编辑工作也十分耗费时间,再加之搜索服务是通过广告来筹措资金,这部分导致了编辑工作被疏于管照和更新。因此,搜索引擎目录功能的作用十分有限。

第四节 实用的网址

一、法律条文

1. 联邦法律公报(Bundesgesetzblatt)

查看联邦法律公报可以登录 http://www.bgbl.de。任何人都可以在只读模式(Nur-Lese-Version)免费获取 1998 年[第一编(Teil I)]或 2002 年[第二编(Teil II)]以来的联邦法律公报。通过其他网址可以获取 1990 年到 1997 年(第一编和第二编)的联邦法律公报(http://www.jura.uni-sb.de/BGBl/einstieg.html)。

2. 互联网中的法律条文

联邦司法部(Bundesministerium der Justiz)在与 juris 有限责任公司(juris GmbH)的合作项目中为感兴趣的公民准备了免费在互联网上查询基本上所有现行联邦法律的途径。人们可以借此查阅法律法规的现行版本。这项功能也不断被司法部的文献资料处(Dokumentationsstelle)巩固加强(http://www.gesetze-im-internet.de)。

二、司法案例

1. 联邦普通法院免费查询(BGH-free)

RWS 出版社在其互联网网站的"BGH-free"栏目(http://www.rws-berlag.de/bgh-free/indexfre.htm)中提供了查阅联邦普通法院 1999 年年初以来的所有民事判决的途径。但其中不包括未按照法院指导原则(Leitsatz)作出的个案判决(Einzelfallentscheidungen)。由联邦普通法院上个月作出的拟免费公开的判决会在本月的 8 号在线发布。用户可以借助全文搜索引擎、月度概览和按法律部门分类的概览找到这些判决。按照月份进行搜索的缺点是,判决在出版社出版的时间点成为搜索依据,而非判决的发布日期。其提取的所有判决都是 1999 年 1 月 1 日以后的。

2. 联邦劳动法院(Bundesarbeitsgericht)

联邦劳动法院以全文形式提供它们自 2002 年 1 月 1 日以来 4 年间的判决(http://www.bundesarbeitsgericht.de)。

3. 联邦宪法法院(Bundesverfassungsgericht)

联邦宪法法院(http://www.bundesverfassungsgericht.de)展示它们最新的判决。自 1998 年 1 月 1 日以来,联邦宪法法院的判决以未删节的形式出版于互联网网站。该文本是官方的,且与法院依请求发送的文本相符。

4. 联邦行政法院(Bundesverwaltwngsgericht)

联邦行政法院公布其自 2002 年 1 月 1 日以来被视为有汇编价值的判决全文,公众可免费获取。可按照日期在月度概览中检索或通过全文检索进行搜索(http://www.bverwg.de)。

三、文献

文献被放在互联网上供他人使用是非常不合适的。不同于判决,出于著作权的原因,不是任何人都可以将论文放在网上的,只有作者或出版社才可以。因此,在互联网上只能找到很少数高质量的法学论文。出于广告的目的,出版者在大多数时候也有意愿将个别稿件或对一些节选段落的评述发布在网上以供读者使用。

下列是业已创立的纯互联网期刊,它们被认为有引用价值:

(一)《洪堡论坛法律》(Humboldt Forum Recht)(http://www.humboldt-forum-recht.de/index2.html)

(二)《JurPC》(http://www.jurpc.de)

四、文官候补生会用到的网址

1. Jurawelt.de

Jurawelt.de[399]主要针对法学生、文官候补生和律师。该网站上包含的都是针对目标群体的专门信息。该网站所提供的是大量与教育相关的书评(Bücherrezension)以及必修科目的讲稿。当然,该网站上针对文官候补生的主题交流论坛也被证实具有实用性。

2. Justament.de

登录该网址可以查阅最新一期以及往期的期刊《justament》(http://www.justament.de)。该期刊专为关于法学教育和职业入门的内容及组织方面的问题而设计。它也探讨与当今社会政策相关的主题,以便能更好地评估法学就业市场的未来。该期刊针对的是法学新生代,尤其是文官候补生、文官候补生候选人(Referendaranwärter)、青年职业法律人(Volljurist)和优秀的法学生。

3. Rechtsreferendariat.de

该网站是针对处于法律人见习期的法律文官候补生的信息门户网站。它通过十分好用的链接汇总对法律人进行见习期的初步引导并提供进一步的信息。

---

[399] 通过 http://www.jurawelt.de 和 http://www.jurawelten.de 这两个网址也能够登录。

五、其他网址

1. Arbeitsrecht.de

登录网址 http://www/arbeitsrecht.de 可以找到针对法律人和管理人员的具有信服力的产品。除了劳动法法律百科（Rechtslexikon）外，该网站上被频繁使用的交流论坛、模板以及针对女性的专门信息也都十分出众。

2. Bund.de

在该网址中，可以集中获取与德国公共行政相关的多样信息和服务。用户可以方便快捷地找到德国行政机关的电子行政服务（Verwaltungsleistung）、信息、联系方式和表格。

3. DIP

与法律形成相关的材料对于法律人来说具有特殊意义。联邦议会会通过网址 http://dip.bundestag.de 来发布立法状态（Stand der Gesetzgebung）、联邦议会的印刷品、全体大会辩论（Plenardebatten）以供查阅。法律草案提案（Referentenentwürfe）越来越多地由各部委提供（如 http://www.bmj.bund.de）。

4. Eur-Lex

Eur-Lex（http://eur-lex.europa.eu）是流行的法学文献来源，其规模在去年明显扩大，目前已有140余万个文件。该网站日常更新，对于欧洲层级的法律进程非常关注。它是世界上最大的欧盟法文献来源，并可以免费查阅。

5. Lexetius.com

Lexetius.com 是一个针对最高法院层级司法案例的数据库。该数据库包含如下文件：欧洲法院、欧洲的第一审级法院、联邦宪法法院、联邦普通法院、联邦行政法院、联邦财税法院、联邦劳动法院和联邦社会法院自 2000 年以来的判决、裁定和通知(Mitteilung)。

6. Wikipedia.de(维基百科)

维基百科是 2001 年创立的互联网产品,它旨在创造一个可以自由访问的且免费的工具书(Nachschlagwerk),用户可以自行撰写和更改词条,其拥有丝毫不逊色于传统印刷品的普遍高质量且高价值的信息。

7. Wissen.de

德国有一句格言:"聪明的人会查阅"(Der Klügere sieht nach),人们可以在信息门户网站 http://www.wissen.de 的不同工具书中检索资料。

六、需付费使用的网址

Jurisweb 和 Beck-Online 是两个特别出众的付费在线产品。文官候补生个人负担不起它们的价格。值得推荐的做法是在教育阶段通过教育机构的平台使用它们。文官候补生只能负担得起 Beck-Online 数据库中的"JuS Studium"模块。

1. juris

juris 有限责任公司[400]是一家德国的境内电子信息数据库提供商。其法学数据库(http://www.juris.de)可以便捷地访问法学领域数以百万计的文献。其中包括司法案例[401]、新闻报道(Pres-

---

[400] 联邦拥有 juris 有限责任公司 50.01% 的股权,即是该公司的多数股份持有者。

[401] 其拥有范围极广的、可回溯至 1878 年的判决汇编,其中包括来自所有法律部门的超过 835 000 个文件。

semitteilungen)、法律法规（Gesetze und Rechtsverordnungen）、行政法规[402]、引文出处索引（Literaturnachweise）[403]、期刊[404]、法律评注和工作辅助工具（Arbeitshilfen）。[405] 人们在联邦部委、法院和检察院的日常工作事务中已经无法脱离对 juris 数据库的使用。

2. Beck-Online

通过 Beck-Online 数据库可以实现对 8 000 余部法律、贝克出版社几乎所有自有期刊[406]和 300 余部著名且享有声誉的实务工作

---

[402] 石勒苏益格-荷尔斯泰因州行政法规以及联邦和各州关于税法方面的行政法规。

[403] 有来自约 600 种专业期刊的约 62 万条引文出处，且附带书目信息和可以用于推断内容的短文本。

[404] 如《企业顾问》（Betriebs Berater, BB）、《德国经济法与破产法期刊》（Deutsche Zeitschrift für Wirtschafts-und Insolvenzrecht, DZWIR）、《经济法与银行法》（Wirtschafts-und Bankrecht, WM）、《法律与实务中的竞争》（Wettbewerb in Recht und Praxis, wrp）、《律师实务期刊》（Zeitschrift für die Anwaltspraxis, ZAP）和《德国和国际建筑法与采购法期刊》（Zeitschrift für deutsches und internationals Bau- und Vergaberecht, ZfBR）。

[405] 使用可能性丧失赔偿表（Nutzungsausfallentschädigungs-Tabelle）、施瓦克清单（SchwackeListe）（施瓦克清单用于估计二手车的剩余价值——译者注）、赡养法表（unterhaltsrechtliche Tabelle）和高等区域法院指导方针（Leitlinien der Oberlandesgerichte）。

[406] 如《新法学周刊》（自 1981 年）、《新法学周刊-司法案例报告》（Neue Juristische Wochenschrift-Rechtsrechungs-Report, NJW-RR）（自 1986 年创刊）、《德国公证人期刊》（Deutsche Notar-Zeitschrift, DNotZ）（自 1986 年，指导原则自 1981 年）、《刑法新刊》（Neue Zeitschrift für Strafrecht, NStZ）（自 1981 年）、《行政法新刊》（Neue Zeitschrift für Verwaltungsrecht, NVwZ）（自 1982 年）、《劳动法新刊》（Neue Zeitschrift für Arbeitsrecht, NZA）（自 1984 年）、《商业法律保障和著作权法》（Gewerblicher Rechtsschutz und Urheberrecht, GRUR）（自 1948 年）、《德国税法》（Das deutsche Steuerrecht, DStR）（自 1991 年）。

者使用的法律评注(Praktikerkommentar)与手册[407]的全文检索。其拥有的独特信息来源范围与几百米长的书架相当。阅读其中的每个作品时,就像在阅读真正的书籍或期刊一样而且还可以按照一定的标准进行多元化搜索。其使用价格取决于需要解锁的模块范围。

它还专门为学生和文官候补生提供了"JuS Studium"模块。其中包括学习相关的法律条文、JuS-学习项目(JuS-Lernprogramme)、《法学训练》自 2000 年以来的全部内容、一部民法典注释、3 000 个被《法学训练》引用过的与训练相关的判决以及来自所有法部门的指导原则和论文概要(Aufsätzquerschnitte)。该模块针对《法学训练》订阅者的特别优惠价为 13.50 欧元/6 个月。

---

[407] 如《慕尼黑法律评注-民法典篇》(Münchener Kommentar zum BGB)、《Beck 法律评注-建筑服务采购与合同条例》(Beck'scher VOB-Kommentar)、《埃尔福特法律评注-劳动法篇》(Erfurter Kommentar zum ArbeitsR)、《Staudinger 法律评注-民法典篇》[Staudinger(BGB)]、《Palandt 法律评注-民法典篇》[Palandt(BGB)]、《Bamberger/Roth 法律评注-民法典篇》[Bamberger/Roth(BGB)],以及其他对德国的《民事诉讼法》《律师报酬法》《解雇保护法》(KschG)、《商法典》(HGB)、《有限责任公司法》(GmbHG)、《租赁法》(MietR)、《住所所有权法》(WEG)、《反不正当竞争法》(UWG)、《建筑服务采购与合同条例》(VOB)、《刑法典》(StGB)、《刑事诉讼法》、《道路交通法》(StVR)、《违章法》(OWiG)、《德国社会法典》(SGB)、《私立医疗保险法》(PKV)、《建筑法典》(BauGB)、《赡养法》(UnterhaltsR)、《行政法》(VerwaltungsR)、《所得税法》《营业税法》(UStG)、《税法》(AO)等的注释。

第十三章　法律人联合会

现今存在着数量众多的法律人联合会，它们各有各的目标，积极参与或加入其中一个或多个联合会是非常有意义的。文官候补生协会(Referendarverbände)就属于其中一种，它致力于维护文官候补生的利益。此外，一些特殊的法律人联合会，尤其是德国-外国法律人联合会(die deutsch-ausländischen Juristenvereinigungen)[408]，可以帮助文官候补生降低专业领域入门难度以及帮助其进行初步联系。下文将列举一些对文官候补生来说十分合适的联合会，但列举可能并不全面。

第一节　青年律师论坛 (FORUM junge Anwaltschaft)

德意志律师协会下属的青年律师论坛自 1995 年以来成立，代表德意志律师协会中 40 岁以下的律师，并向文官候补生开放。[409] 作为联系网络(Netzwerk)，它通过定期组织区域性聚会

---

[408] 参见附录七。
[409] 详情请登录：http://www.davforum.de。青年律师论坛秘书处地址：Littenstr. 11, 10179 Berlin, 电话：030-726152151。

(Stammtisch)(按区域法院管辖区划分区域,每月举行一次)为职业入门提供咨询并为青年律师经验交流创造便捷环境。目前论坛在全联邦拥有约5 000名成员。[410]

一年一度并总是在不同的德国城市举办的论坛活动"成功的律师职业入门论坛"受到了参与者极大的赞誉。论坛会以演讲和专题研讨会(Workshops)的形式介绍法律就业(广告、市场营销、教育、薪酬、责任)的相关信息、成立事务所的建议(成功成立事务所的经验报告)以及从所有重要的角度出发讨论律师生活[按照劳动法雇佣的律师,养老保健机构(Versorgungswerk)]。此外,在休息间歇和"律师迪斯科"(Advo-Disco)环节中,您可以通过一种不同于日常在事务所工作的方式认识您的同事,也可以比较和评价既有的律师职业经验。

论坛一年会出版两期成员期刊《律师之声》(AdVoice),期刊中有律师招聘信息板块,也有对入门者有价值的建议青年律师各自分享的建议与经验报告等内容。

论坛的成员年费为50欧元[411],成员有资格获取期刊《律师之声》,以及享受地区性律师协会和德意志律师协会(论坛是德意志律师协会的特别成员)所举办活动的众多优惠。同时,论坛成员还可以享受一些德意志律师协会会员所享受的优惠,如以优惠价格购买《新法学周刊》或手机资费合同(Handyverträge)优惠,这些都是不可被低估的论坛成员权益。

---

[410] 来源:http://www.davforum.de。
[411] 德意志律师协会的关联协会会员年费减半。

第二节　欧洲法学生协会德国分会
（ELSA Deutschland e. V.）

欧洲法学生协会（European Law Student' Association）是一个由法学生、法律文官候补生和青年法律人组成的独立国际组织。[412] 它负责组织学术活动、研讨课和研讨会（Konferenzen）以及实习生交流项目 STEP。[413] 欧洲法学生协会是由来自奥地利、波兰、匈牙利和德国的法学生于 1981 年在维也纳成立的。发展至今，欧洲法学生协会已经在 41 个欧洲国家设有分会，代表了超过 180 所大学和 3 万名会员。在德国，欧洲法学生协会有超过 4 200 名会员。其 STEP 项目（在校生也可以申请）绝对是一个充实文官候补期等待期的绝佳选择。

---

[412]　详情请登录 http://www.elsa-germany.org 查阅。
[413]　STEP 是 Student Trainee Exchange Programm 的缩写，即学生身份实习生交流项目。

第二编

法律人的职业机会

145　　　　文官候补生指南的第三编*将聚焦法律人的职业领域。在此,应当考虑新的发展情况:行政服务领域缺乏足够的工作岗位;然而伴随着年轻法律人对高薪岗位怀揣的期待,律师界和经济界中也有越来越多的工作受到追捧。据估计,每个文官候补年度有80%的文官候补生会申请到律师执业资格(Anwaltszulassung)。

除了传统的律师、法官和行政机关法务(Verwaltungsjurist)这些职业,本编也将介绍法律人在经济领域以及其他的职业领域的工作,如在银行、保险公司或者企业咨询(部门)。

不想在文官候补期开始时或者文官候补期的等候期中考虑"未来"职业选择问题的人,可以将本书的这个部分先放在一边,待到文官候补期结束时再专门研究"步入职场"的问题。考虑到即将来临的第二次国家考试所带来的压力以及考生为此所要花费的时间,这种想法还是可以理解的。尽管如此,还是迫切地推荐他们及早研究未来的工作机会,以便在文官候补期向着相应的目标努力。为此,本编连同推荐书目和小建议将为文官候补期的规划助一臂之力,并为相应的课程和进修机会提供建议。

在个人专业上和职业上的定位,毫无疑问,必须由每个文官候补生自己来决定。这种定位绝对是有意义的,因为从长远来看专业人士应通过实践在他们自己的领域有所成

---

* 此处可能是作者笔误,应为"第二编"。——译者注

就——本书也是这个结论。因此,必须尽早确定正确的方向。[414]

与此同时,本书在第三编*并不苛求面面俱到地展现法律人(所有的)多种多样的职业发展可能性。[415] 本书只是一份作为辅助工具而略微具体的指南,以便读者可以进一步去寻找对本人合适的工作,激发其申请或独立的积极性。其实这个(职业的)世界有时要比法律人想象得更加多彩。

---

[414] 在这里,并不只是单纯的以"分数"为法学的方向。弗里茨迈尔(Fritzmeyer)研究"软技巧"对法律人培养和法律职业的意义,也是理所应当的;Fritzmeyer, Die Bedeutung der "Soft Skills" für die Juristenausbildung und die juristischen Berufe, NJW 2006, 2825;也参见:Römermann/Paulus, Schlüsselqualifikationen für Jurastudium, Examen und Beruf, 2003。

* 此处可能是作者笔误,应为"第二编"。——译者注

[415] 关于个人的发展报告参见:Niedostadek/Lorenz, Karrierewege für Juristen, 1. Aufl. 2006。

第十四章 律　师

第一节　职业面貌

律师职业在民众中一直以来享有很高的声望。[416] 从职业法上看,律师在德国是独立的法律实践机构(Rechtspflege)*——《德国联邦律师法》(BARO, Bundesrechtsanwaltsordnung)第1条。

这种评定促使民众对律师的工作产生这样的观念:律师工作与公证人工作是等同的,寻求法律建议的公民无论向哪个律师寻求帮助,都可以得到和从公证人那里同样好的、有保证的、专业且中立的帮助。在寻求咨询的人的脑海里,体面的律师可能大多是

---

[416]　根据 Allensbacher Berufspreistige-Skala 2005 的统计,律师彼时列于医生、牧师、大学教授和其他职业之后,位于德国民众最尊重职业的第七位。而在 Allensbacher Berufspreistige-Skala 2003 的统计中,律师职业还占据着该榜单第五名的位置。由此可见,律师的声誉是在下降的。德意志律师协会在 2006 年以形象推广活动的形式对此作出回应,以改善律师在民众中的声望,并阐明律师的必要性(如广告标语:"大多数事故就发生在书桌旁。")。

*　德语"Rechtspflege"一词在中文里通常被译作"司法"。该种翻译在本段中是不恰当的,因为汉语语境下的"司法"多专指法院、检察院及其工作人员的职权行为,律师执业在现今中国还不能称为一种"司法活动",所以,在本段中,将其译为"法律实践活动"更为妥当。——译者注

沉着冷静的,并能在花费必要的时间以后很好地应对各种可能发生的案件。这样的律师形象在当今的律师事务所中还有多少(成功的时间管理可使其成为可能),每个人都想亲自找到答案。尽管律师形式上作为法律实践机构与法院、检察院具有同等资格,然而,律师与后者相比属于利益代理人(Interessenvertreter)。因此,尽管他是独立的,但并不是没有任何倾向性。律师的成功不仅表现在实事求是地、在法律上详实地进行案件处理,最重要的是他要在法庭前、在合同磋商中尽最大可能地为委托人谋取利益。如果律师不愿意一直在合法的框架内[417]服从于被代理人的利益,那么他将无法使委托人信服,最后也就不能遵循他与委托人之间的约定。这意味着,律师,尤其是经济法方向律师(Wirtschaftsanwalt),必须深入研究其所代理企业所处行业的情况,以做好随时应对新情况的准备。[418]

律师作为法律实践机构与市场上存在的数量繁多的其他专业方向的顾问的区别主要在于保密性与谨慎性。草率放弃或者不严肃对待法定的保密义务(Verschwiegenheitsverpflichtung)在根本上就是错误的,因为正是这项义务使律师这个职业从顾问行业中脱颖而出,处于与医生、税务顾问以及会计师等同样高的门槛上。

---

[417] 这里援引一位同行的建议:"您要做到所有法律意义上可行的事,但是也要坚持做到不逾矩。"(原句直译为:"……但是也要保持红灯还是红灯,绿灯还是绿灯。")就这点而言,只有具有批判性的律师才是一个好的(尤其是自身的)利益代理人。

[418] 律师不应该被可不计一切代价实现经济利益的想法套牢,因为那样他就失去了作为律师的信赖力以及作为独立顾问人员的特质,参见 *Rabe*, in FS für Oppenhoff, 1985, 299, 309.

德国的律师群体在逐年壮大。在 2002 年有大约 116 000 人以律师的身份活跃着,而在 2005 年这个数字就变成了 138 131 人。[419] 每年有大约五六千名青年律师加入到执业律师(praktizierende Anwälte)的行列中来。

即使上面提到的数字没有将一些公司里具有律师从业资格的法务人员刨除,律师行业的壮大对自由职业的影响也绝对是无法估量的。将牌匾悬挂到门前,从而让当事人径直来找律师的做法已经成为了过去。

律师越来越成为一个竞争激烈的服务性职业,委托人决定服务的内容,被提供的服务也会由委托人从中严格选出。每个律师都要使自己处于能被需要自己的委托人找到的位置。

不能做僵化不动的律师,作为服务人员,律师被要求即刻对案情做出处理,否则委托人在此期间就会另寻其他律师。无法让人接受和容忍的就是,委托人的大量诉求要由被委托律师的同事传达,委托人必须耗上数日等候一个与律师会谈的机会即律师过几天才会对这个法律问题表态。

相反,委托人期望能够在律师那里获得像消费者那样友好的接待,并就其提出的具体问题获得一个完美、无懈可击且切实可行的法律建议。

"一切皆有可能"(anything goes)的原则不仅仅是在经济法中适用,所有事情都可以适用这个原则,即使不是这样,律师也要很

---

[419] 来源:联邦律师公会于 2002 年 1 月 1 日的报告,载于 NJW 2002, Dokumentation, S. XXXI,以及德意志律师协会在 2006 年 3 月 1 日发布的编号为 09/06 的紧急公函 (DAV-Depesche),该公函显示在 2005 年获得律师执业许可人数的增幅整整为 4.18%,有限责任公司制律所(Rechtsanwalts-GmbHs)有 218 家。

快做出应对。在公司咨询中经常会在意见反馈或质询中出现这样的问题,即是否可以"不讲究格式地用传真"或者"快捷地运用电子邮件传送"文件。显而易见,委托人期望立即就能得到答复和法律建议。

在通过电子邮件发出法律建议前,如果情况不是特别紧急,最好还是提前对事实及法律情况做一个详细的审查。

企业想要的恰恰是各种操作的可能性都被灵活地指出来,而不是在经过深入的、花费巨大的律师审查后得出不可行的结论。

委托人的高期待经常会因为律师在费用和预计时间上的不精确说明而转变为失望,这并不是什么秘密。参照《律师报酬法》的标准或者在首次咨询时以及在无需对外进行活动的单纯咨询时对收费标准进行必要的约定,对于厘清纷繁复杂的律师收费或许是有益的。因为委托人借此可以注意到律师费用,并能在有需要的时候对此进行询问。

委托人期待法律问题在诉讼层面上也能够被快速解决,他们不愿意看到的是法律问题必须要通过诉讼途径才能解决,因为鉴于负担沉重的法院(Gerichte)、司法事务官以及法院执行人员(Gerichtsvollzieher)的工作速度,快速解决争端在大多数情况下是不现实的。当案件因为没有被律师更快速地推进而导致案情质询书(Sachstandsanfrage)* 堆积在法院中,律师对此终究是有责任的,因为他是委托人的联系人和利益上的代理人。在当事人期待和时间的压力下还要提供可用的、高质量的咨询服务的紧迫性是

---

* 所谓"Sachstandsanfrage"指的是,当事人在长时间未从法院或其他机关获得答复时所写的一份类似于民法上"催告"(Mahnung)的文件,所以,在本文中译作"案情质询书"。——译者注

现今的律师必须要面对的。为了完成这样的工作,他们必须要有自己的策略,以免陷于高额追偿的风险。也就是说,每个委托人(的事情)都需要律师在适当的时间里进行恰当地处理,以免于给人留下疲于奔命的印象。

149　　当然,用有限的工作经验让客户满意并且——如有必要——还要让他们注意自己的极限,这对年轻的律师来说很难。律师必须着眼于客户的未来而恰如其分地提供法律服务,例如草拟对客户有利的合同、识别并控制风险以及提出替代方案。这就意味着,必须呈递一份与客户原本计划或者建议完全不同但更具利用价值的合同方案。

法律人的职业教育强调的是以客观的,即从法官的视角进行案件解析,这使得他们在提出不同的解决方案方面所做的准备还不够充分。[420] 即使是通过了国家考试,并且已经工作了很长时间的律师也不可避免地会犯这种"初学者的错误"。

一、律师职业的自由

《律师职业守则》(Berufsordnung für Rechtsanwälte)第 1 条中规定,只要法律和职业守则未作出特别约束,律师就可以自由、自主、不受管制地从事自己的职业。这些自由权意味着律师根据《德国联邦律师法》第 3 条有权在法庭(Gerichten)、仲裁庭(Schiedsgerichten)以及政府部门(Behörden)参与各项法律事务(Rechtsangelegenheiten)。对律师职业自由的法定限制出现在《德

---

[420]　针对从法官到律师的职业模式的改变:*Koch*, Prozessrechtslehre aus Anwaltssicht- Ein Plädoyer für den Perspektivenwechsel in der Juristenausbildung, JuS 2000, 320。

国联邦律师法》《律师职业守则》《法律顾问法》中。[421] 问题是,当处理他人法律事务和收取他人债权系于官方许可时,后者(指《法律顾问法》)在未来能多大程度地保证法律咨询的质量?立法者将来又是否还会允许没有律师执业资格的法律人,如拥有高等专科学校或者大学文凭的经济法律人(Wirtschaftsjuristen)*[422],以及其他的专业人士提供法律咨询。

批判地来看,无论法律如何规定,刚起步的律师在日常工作中还是时常无法享受到这些自由权,尤其是在一个采用长期雇佣制的律师事务所里,律师们时常要服从于由固定的等级制度带来的意想不到的束缚。年轻律师也因此经常处于各种利益冲突中:多疑的(老练的)委托人对年轻律师虽尚未认识却希望从他们那里继续获得优质的服务;为上司减负和保证质量的追求;以及最后以合同当事人、诉请相对人、行政机关以及法庭形式出现的"另一方",即第三人的利益。但是,做好这一切(几乎)是不可能的。

二、律师的工作

律师是委托人的利益代理人,为此他不仅需要通过两次国家考试来证明其具备必要的实体法上的专业技能,更为重要的是他

---

[421] 对此有启发性的文章参见 Streck, Anwalt Anwältin, 2001, S. 50-54。

* 经济法律人在德国是指,那些在经济学专业之外还具有额外的法律专业知识(一般以经济法上的知识为主)的毕业生,由于其和一般法学专业生相比缺乏根本的专业资质,所以原则上他们只能提供一些法律咨询服务。——译者注

[422] 例如汉堡大学的经济与政治学院(HWP)之前允许学生获得"经济法法律硕士"(Diplomjurist Wirtschaftsrecht)或者"劳动法法律硕士"(Diplomjurist Arbeitsrecht)文凭。目前该种课程已经被由汉堡大学经济和政治教研室合成的经济与政治学院所开设的本科与研究生项目所替代。

应当掌握相关的律师函(Anwaltsschreiben)以及诉讼文书写作知识。在以律师事务所为训练机构(Referendarstation)的9个月的训练对此无疑是有帮助的。值得推荐给正在成长中的律师的是,在文官候补期以及在个人工作中建立起一个法律文书档案册,类似于为第二次国家考试准备的模板,并可以在日后的律师执业活动中快速地加以运用。许多律师事务所并没有这样的文书模板,从细心搭建起的诉讼文书和从合同数据库总结出来的实务技巧(Know-how)或许就是一个专业律师事务所成功的原因之一,在那里同事之间将自己通过处理具体的案件所获得的知识细心地保管、修改和传阅。[423]

律师事务所新人很快就会意识到,他们在法律实务中缺乏所有法律领域最重要的合同知识,比如婚姻合同(Eheverträge)、劳动法上的合同(arbeitsrechtliche Verträge)和企业合同(Unternehmensverträge)。这主要归因于,所谓的预防式法学(Kautelarjurisprudenz)*(在多数联邦州,相较于以诉讼文书写作形式加以考查的法庭活动来

---

[423] 英美律师事务所则干脆由档案性工作发展出一种职业。"律师助理"(Paralegal)和"专业辅助律师"(Professional Support Lawyer)在比较大的律所里服务于律师业务技巧管理工作,尤其是在企业买卖法(Unternehmenskaufsrecht)、诉讼法(Prozessrecht)、不动产与银行法领域。新的合同文本在汇编之后会在该律师事务所内部传阅。

* 预防式法学(Kautelarjurisprudenz)是一个源于罗马法的概念。这个概念现今主要用于使用提前拟定好的约定或者一般交易条款塑造而成的法律关系,也用于表示与法庭活动相对的法律实践机构(尤其是公证人,律师,经济法律人)预先的、计划的、与拟定合同相关的活动。——译者注

说[424]，其与考试具有更少的相关性）最多会在大学里的专门讨论课、律师研讨班或者在律师事务机构阶段或在选修研讨课（Wahlarbeitsgemeinschaft）阶段在培训人带领下进行合同起草时（如在柏林）有所涉及。至于在实践中，合同手册（Vertragshandbücher）[425]和模板或多或少被不加修改地直接使用。很容易发现的是，尽管每份合同都是量身定做的，但这并不表示一切都要从头开始。同事们对职场新人的帮助意愿只是偶尔有之，但这些已经完成了的合同书却是其发展专业技能的巨大宝藏，它是之前的律师与客户一道辛苦造就的，现在它又可以为年轻律师在资深律师面前加分，如在律师事务所的试用期使资深律师信服自己的专业能力。

如果在候补生阶段想要为具体的律师业务活动做准备，那么就该提早熟悉与自己专业重点相关的合同［如，熟悉劳动法中劳动合同最重要的形式、合意解除合同（Aufhebungsvertrag）以及清算合同（Abwicklungsvertrag）］和文件［相应地在劳动法中有证明材料（Zeugnisse）和解约通知函（Kündigungsschreiben）］。

尽管图书市场上充满了关于律师文书的模板，但每个律师到最后都要找到自己的写作风格。粗略而言，推荐的文书结构是，首先通过向对方出示原始授权书指明授权情况，其次叙述案件事实，随后附上一个简短的法律见解并指出可能会出现的某种

---

[424] 一些联邦州（如巴伐利亚州，柏林市）的第二次国家考试的书面部分以及闭卷考试中会出现对合同起草或者一般格式条款的考查，如根据现有的法律条文对合同条款进行内容上的审查以及有的时候要重新撰写该合同条款。其他联邦州出于实务上的原因（缺乏相应的律师案卷材料）并未开设与合同起草有关的考试。所以，对于合同起草的考试更倾向是一种例外而非常态。

[425] 例如，《慕尼黑合同手册》。

后果,或者在限定的时间里按要求完成这份文书。这些文书应被非常认真地完成,因为它们是律师事务所的招牌:律师撰写这些文书时应使用专业的信笺。

律师的文书同样可以在和律师相关的文献材料中找到,但是在质量上会存在很大差异。[426]

许多律师职业所必需的格式文本可以在汉斯—索尔丹基金会(Hans-Soldan-Stiftung)获取。但是,职场新人和企业家恐怕要为此支付不必要的费用。许多文本,如为了向对方展示授权范围而要附上原始文本的律师全权代理书,就可以在个人电脑上简单地写就。

律师所承受的时间压力已经被提及。而职场新人则需要更长时间去熟悉他被分到的、正在进行的案件,以及了解律师工作本身。授薪律师工作之初,碰到委托人会议时,资深的同事也会一起出席,在一些比较大的律师事务所里,人们一般只和一个同事一起工作。这些会谈必须在更高的专注度下进行,即使是在委托人对边喝咖啡边闲聊的方式更感兴趣的情况下。因为不这样的话,就很难提出极为有效的策略,以解决这个法律问题。笔录需被认真地、以对案件有用的方式完成,必要时还要制作思维导图。便携式计算器和授权委托书应该随时放在手边。就此而言,就像在经济领域那样,男律师作为行动人、女律师作为筹备者的搭配,是颇受欢迎的。

最后是被称作现代工作形式的电话热线和网上律师聊天室(Anwalts-Chatroom)服务,但它们能否以常见的客户对话之外独

---

[426] 关于律师文书总体概况的推荐:*Heidel/Pauly/Amend*, AnwaltsFormulare, 5. Aufl. 2006。

立的咨询形式而被固定下来还有待进一步观察。如果前述的情况成真,那么英国作家理查德·萨斯坎德在他《法律的未来》(*The Future of Law*)[427]一书中的论点就是对的,即法律咨询会渐渐失去其作为人身性咨询服务的特点而成为信息高速路上的信息来源。

联邦普通法院在2002年9月27日的判决[428]中确定了,律师通过0190—(查询)号码(0190—Nummer)*进行的电话法律咨询服务既不违反《法律顾问法》,也不违反律师的职业和收费法规。律师因此可以在提示每分钟费用的情况下,接通由0190—电话号码转来的一般法律问题咨询电话。[429]

为律师的业务活动做准备已经被哈根远程大学[430]的远程课程提及。在众多有关该主题的文献中,应当强调的是由德国律师协会和青年律师论坛出版的《对年轻律师的指导》(*Ratgeber für junge Rechtsanwältinnen und Rechtsanwälte*)[431]以及克里斯托夫·霍默里希发表的作品《律师职业入门》(*Einstieg in den Anwaltsberuf*)[432]。

---

[427] *Susskind*, The Future of Law, Oxford 1996.
[428] BGH, I ZR 44/00 和 I ZR 102/00, Pressemitteulung Nr. 96/2002, vom 27.9.2002.
* 德国的0190-Nummer相当于国内的"114查询电话"。——译者注
[429] 借助奥托·施密特博士出版社(与联邦律师公会合作)律师搜索服务(Anwalt-Suchservice)建立起的律师-电话服务(Anwalt-Callservice),通过付费可以按照地域联系到已注册的律师,但其因营业收入不佳而被中止。
[430] 见第十章第六节。
[431] 2006年第11版。
[432] 波恩(出版地),2001(出版时间)。

153   **三、执业领域和专科律师**

从事律师职业的人,应该有尽可能详细地确定自己日后从业方向的能力。因为他们在应聘小型的律师事务所时,很快就会发现,那里所要求的劳动法、家庭法、建筑法或者继承法的实务知识在迄今的职业教育中未得到足够重视。对于更大一些的事务所,尤其是主要在经济法领域从事业务的律师事务所更是如此,即要求专门知识(如企业收购法和反垄断法)。在实务中,专家或者至少是专注于几个少数领域的从业人员才有发言权。对此,《法律人培养改革法》使法律人得以在9个月时间里(而非5个月的时间)更好、更彻底地了解律师业,而不是仅鉴于被传授的内容来完成专业上的计划指标。

专科律师的资格只有在至少3年时间里不间断地拥有从业资格并以律师为业才能获得[《专科律师条例》(Fachanwaltsordnung)第3条],目前有税法、行政法、刑法、家庭法、劳动法、社会法、破产法、保险法、医疗法、租赁和房产法、交通法、建筑和建筑师法、继承法、运输和承揽运输法、工业产权保护法、商法和公司法、著作权和媒体法以及信息技术法领域的专科律师(《专科律师条例》第1条)。

尽早确定专科律师从业方向的人,能在文官候补期之前或之中就想到去学习获取专科律师资格(《专科律师条例》第4条)所需的特殊理论知识。[433] 这可以通过参加相应的专科律

---

[433] 参见 Schroth, Ist der Besuch eines Fachanwaltslehrgangs schon vor dem Referendariat zu empfehlen? JuS 2002, 723。

师课程[434]实现,当然,如果 4 年以前就已经提出了专科律师的申请,那么在此期间,他就需要通过每年一次的进修充实自己。[435]在文官候补期间完成专科律师课程理论部分的两个论据是:这个课程对于候补生来说更便宜,并且候补生在文官候补期内也较执业时有更多时间,在执业期内仅是和委托人之间的电话会议就会使专科律师课程一再中断。该课程的一个"缺点"就是费用,知名的律师事务所可能之后会为其新晋职员承担这笔费用:人们必须为此支付 1 400 欧元,部分人还要为必要的考试额外支付 100 欧元的修改费。如果在其他城市完成这个课程或者考试,则还要支付交通费和住宿费。困难之处可能还在于,为获得专科律师头衔要在结束文官候补期的 3 年之内[436]完成必要的案件量。所获得的专业科目知识对实务、对未来的申请都可以起到有益的作用。这里再次显示了:尽早确定从业方向的人,如能完成专科律师课程理论部分的学习,那么他要么能以此激励自己作为专科律师开展工作,要么能受到一个未来想要用专科律师头衔装饰自己信头的雇主的青睐。显而易见的是,人们可以相应地调整求职申请以及向其他专科律师寻求帮助,因为这样就可以通过委托人数量更容易地达到相关专业领域所必要的案件数量要求(视专科律

---

[434] 多年来在代特莫尔德由德国律师研究院(Deutsches Anwaltsinstitut)举办的税法专科律师课程(地址:Universitätsstr. 140, 44799 Bochum, 电话:0241-970640)以及由私立专科研究院举办的企业管理经济学和税法课程/Dr. Grannemann & von Fürstenberg 于弗莱堡提供的专科律师课程在这里仅作为进一步的范例。

[435] 提供专科律师课程和温习课程的既有私立供应者(律师进修公司),也有德国律师学会,地址:Littenstr. 11, 10179 Berlin, 电话:030-7261530;德国律师研究院,地址:Universitätsstr. 140, 44799 Bochum, 电话:0241-970640。

[436] 参见《专科律师条例》第 5 条。

师的类别在50至120个案件之间浮动)。[437]

为获得税法专科律师的理论知识所开设的课程是值得推荐的,特别是鉴于日后在主要从事经济业务的律师事务所(Wirtschaftskanzlei)工作的需要,因为它能很好地补充公司法上的既有知识并让公司法从业者明确,他该在什么时候、在什么样的案件中以及在什么样的结构调整中更好地让税务咨询师(Steuerberater)或具有国际经验的税务咨询公司参与进来(如果他自己还没有获得这样的资质)。税务咨询师考试的信息可以在当地的税务咨询师公会(Steuerberaterkammer)获得。[438] 在一个同时有律师(Rechtsanwälte)、税务咨询师和经济分析师(Wirtschaftsprüfer)的律师事务所工作,年轻律师有的时候能够要求为准备税务咨询师考试而部分地免除他们自己的工作,并要求参加考试的费用由律师事务所来承担。准备这个考试需要花费大量的时间,这在期望通过第二次国家考试的文官候补期期间几乎很难得到。除此之外准备经济分析师的考试还有其他要求。[439]

155 专利律师这个职业组别应被简要介绍[440],因为获得专利律师这个头衔需要以修完大学自然科学学业的形式证明其技术方面的能力[441],有这方面兴趣的人一般在文官候补期之前就已经作了决定。

---

[437] 参见《专科律师条例》第5条。
[438] 更多信息:Steuerberater Handbuch 15. Aufl., 2007。
[439] 获得"经济分析师"这个职业标识的具体要求见:《经济分析师章程》(Wirtschaftsprüferverordnung),BGBl. 1975 I, S. 2803。在德国,有大约1万名执业经济分析师(zugelassene Wirtschaftsprüfer)处在这个一直蓬勃发展的市场。
[440] 专利律师公会(Patentanwaltskammer)给出的信息,地址:Tal 29, 80331 München, 电话:089-2422780。
[441] 参见《专利律师条例》(Patentanwaltsordnung)第6条。

四、律师从业许可和律师密度

在已经通过第二次国家考试的所有法律人中,目前有大概80%是律师,有大约10%从事的是经济相关的业务,另有6%从事的是行政工作以及4%在司法机关工作。[442]

在德国被许可执业的律师总数在15万左右(2006年:*138 131)[443],这个数据包含了在经济领域从业的具备律师执业资格的法律顾问(Syndikusanwalt)**。[444] 在1980年37 000个执业许可已经被视为供大于求,然而到目前为止市场已经消化了所有的这些数字。[445]

有意思的是,在2006年1月1日只有29.28%的人是以律师为业。这一比例是由1980年的7.64%、1990年的15%到2000年的24.59%增长而来的。其中已经有近三分之一的从业者是女性。

律师的平均密度在2005年1月1日已经是每622个居民中就有一个律师[446],其中在州层面,汉堡以每234个居民中就

---

[442] 来源:BRAK-Mitteilungen Nr. 181/1999 vom 28.7.1999, *Streck*, Beruf Anwalt Anwältin, S. 157。

* 138 131是2005年执业律师数,作者此处写的2006年或许因为相关报告是2006年出具的。——译者注

[443] DAV-Depesche Nr. 09/06 vom 1. 3. 2006.

** "Syndikusanwalt"指的是基于一份雇佣合同(Dienstvertrag)专门作为一个企业的顾问人员而领取固定金额的报酬的一种律师,《德国联邦律师法》第46条对此作出了具体的规定。——译者注

[444] 律师执业许可的演进:由1960年的18 000个执业许可发展到1985年的48 000个、1990年的59 000个以及1999年的10万个,(数据)来源:*Streck*, Beruf Anwalt Anwältin, S. 158, BRAK-Mitteilungen Nr. 181-1999 vom 28. 7. 1999。

[445] *Streck*, Beruf Anwalt Anwältin, S. 157.

[446] 来源:BRAK-Mitteilungen Nr. 29 vom 19. 10. 2005。

有一个律师处于第一位。[447] 在城市层面,法兰克福以每97个居民中就有一个律师排名第一。[448] 在欧洲国家层面的比较中,德国位于拥有更高律师密度的国家如西班牙、意大利和英国之后的总第八位,但是位于拥有更低律师密度的法国之前。[449]

律师执业资格的取得需要向州司法行政机关(Landesjustizverwaltung)*提出申请,地方的律师公会会对该申请表态。[450] 在通过第二次国家考试之后,律师执业许可只有在例外情况下(申请人精神状况不佳,申请人破产)才会被拒绝,出示必要的材料只是一个程序。在获得许可之后,律师将被登记到普通诉讼管辖(ordentliche Gerichtsbarkeit)中有管辖权的法院执掌的律师名册中,这之后,他们需要宣誓,告知住所、设立的律师事务所或者律师事务所所在地。[451]

五、律师收费法(Anwaltsgebührenrecht)

律师收费法是一个在文官候补期和律师事务机构时期被忽视的法律领域。但是在实践中它却在每一个有结算需要的案件

---

[447] 作为对比:巴伐利亚州的律师密度:每678个居民中有一个律师;北莱茵-威斯特法伦州:每675个居民中有一个律师;莱茵兰-普法尔茨州:每1 104个居民中有一个律师;汉堡的这一数据在2003年1月1日已经是每237个居民中就有一个律师。

[448] 来源:BRAK-Mitteilungen Nr. 29 vom 19. 10. 2005。

[449] 来源:BRAK, Statistiken, Stand: 2004。

* "Landesjustizverwaltung"是指在联邦德国的联邦州有司法行政权的机关,其作为一州最高的司法行政管理机关对司法机关(法院、检察院等)的活动进行监督,除此之外其还对人事、财政预算以及其他与法律相关的事务进行管理。——译者注

[450] 参见《德国联邦律师法》第8条。

[451] 参见《德国联邦律师法》第31条第2款。

中发挥重要作用。

对于年轻的独立律师来说,没有掌握收费法是会威胁生计的。2004年生效的《律师报酬法》对于许多文官候补生来说,还是一份陌生的材料。其中,费用标准包含在专门的《酬劳索引》(VV：Vergütungsver-zeichnis)中,其编码在律师的收费单(Kostennote)*中会被提及。

这里概括地列举最重要的基本规则：

在非诉业务中,庭外代理费(Geschäftsgebühr)的费率根据《酬劳索引》第2300号从0.5累计到2.5,标准费率(Regelgebühr)为1.3。在诉讼程序中的诉讼代理费(Verfahrensgebühren),费率每次也同样从1.3(《酬劳索引》第3100号)开始累计。开庭日(Termin)的代理或协助诉讼程序的完成但不参与庭审的,庭审费的费率根据《酬劳索引》第3104号以1.2开始累计。

《联邦律师费条例》也有关于费用的计算方法,根据《律师报酬法》,文官候补生必须熟悉这些内容：庭审程序中的庭前代理以诉讼程序价值的一半计费,最多以0.75费率计数。因为许多律师并不想适用这种计费方法,所以他们采用协议酬金的办法排除上述规则的适用。对此要注意的是,委托人必须为此承担更高的总费用额,因为该约定的要价方式在执行中既不按照确定的诉讼费用收费,也不能由法律保护险(Rechtsschutzversicherung)负担。

在2005年《律师报酬法》修改之后,报酬约定就完全是有必要的：目前对于第一次咨询及之后的咨询可以按照《律师报酬法》的收费标准或者按小时收费,如果律师和委托人在此之前已经将酬劳以书面的形式约定下来,对消费者的首次咨询最多允许收取190欧

---

* "Kostennote"专指律师或者公证人就其业务活动发出的账单。——译者注

元(净值附加流转税),对企业则可以收更多。[452]

根据《酬劳索引》第 1000 号的规定,和解费(Einigungsgebühr)适用于通过合同解决当事人对法律关系有争议或不明确的情况。如按照之前的《联邦律师费条例》的和解费用(Vergleichsgebühr)标准,庭外和解最多适用 1.5 费率,如果案件尚未作出裁决,则适用 1.0 费率(《酬劳索引》第 1003 号)。文官候补生很容易忘记的是,独立的证据程序(Beweisverfahren)并不是《酬劳索引》第 1003 号意义上的未决程序,所以适用 1.5 费率。

在有多个委托人时,需结清的业务费用或程序费用可以提高 0.3 费率(《酬劳索引》第 1008 号),但是费率再高也不允许超过 2.0。年轻律师很容易忘记的还有,在收费时要根据《酬劳索引》第 1009 号收取提取费(Hebegebühr)。

不同于早前的《联邦律师费条例》,《律师报酬法》更是考虑到了律师在刑事侦查程序(strafrechtliches Ermittlungsverfahren)中的工作。刑事辩护人(Strafverteidiger)根据《酬劳索引》第 4100 号可以在一个案件的初次接触时获取 30 到 40 欧元的基本费用。在侦查程序中他可以因所经办的业务收取额外的程序费用,以及对主辩论程序之外的庭审(Termin)收取专门的庭审费。辩护人会在初审中获得一笔程序费用并在每一次主辩论程序中获得相应的庭审费用,该费用会根据辩护人所面对的法院级别划分等级。辩护人可就其在地方法院进行的程序获得一笔 30 到 150 欧元之间的费

---

[452] 应当注意的是,在德国拥有办事处的新设律师事务所提供"20 欧元起"初次咨询服务。最初它们在法律上受到警告信(Abmahnung)的攻击而不得不就收费政策向法院作出辩解。这种低价策略能否以吸引律师事务所赖以生存的客户群的方式发挥作用,还有待观察,参见 Erstberatung beim Anwalt ab 20, -€, Hamburger Abendblatt vom 21. 8. 06, S. 17.

用(平均收费是140欧元,强制辩护人会获得112欧元)。

达成酬劳协议的可能经常因必须遵守一些特别要求而落空。大多数年轻律师对在社会法和刑法事务上会出现的框架费用还是不熟悉的,进而无法对其充分利用。尤其是在经济不景气的时候,委托人的付款信用也会变差,这时重要的是去判断,如何以及在什么情况下会产生费用,以便能成本透明地立即通知到委托人或是告知其更为便宜的计费方式,以使自己能与"好的"委托人缔约。

尽管第一眼看来,费用法规并不是一个吸引人的东西,但是成长中的律师至少应该在数量繁多的课程中选一门,这些课程大多数都不需要特别多的时间。[453] 地方的律师协会为年轻律师提供相应的导论课程(Einführungslehrgang),一段时间以来也可以通过德国律师研究所下的经济法研究所开设的"实习人员研究班"在不同的城市接受律师职业的指导,它除了在税法、劳动法和职业法上对律师进行指导外,还预设了由律师领导的"费用法规"单元。[454] 与德国律师学会合作提供的导论课程"律师职业引导"也同样专门预设了"律师规费法规"(Rechtsanwaltsgebührenrecht)单元。[455]

---

[453] 推荐阅读:*Enders*, RVG für Anfänger, 13. Aufl., 2006。

[454] 关于德国律师研究所(Deutsches Anwaltsinstitut e. V.)下设经济法专业研究所(Fachinstitut für Wirtschaftsrecht)的信息,可到如下地址进行咨询 Universitätsstr. 140, 44799 Bochum。

[455] 关于哈根远程大学律师继续教育学院的信息,可咨询58084 Hagen,电话:023 31-9 87 29 00。

六、执业律师的工作

绝大多数律师是在个人律师事务所和有 5 至 20 个律师的合伙律师事务所工作,也就是说并不一定是在一个所谓的在国内外有多个办公位置的跨地区的或国际的"大律师事务所"工作。[456] 据估计只有大约 10% 的律师在大型律师事务所里工作。[457] 尽管如此,还是有足足三分之一的毕业生谋求在大的合伙所或所谓的大型律师事务所[458]开始自己的职业[459],15.1% 的毕业生倾向于到一个小的或中等规模的律师事务所工作,21.7% 的毕业生提到律师之外的其他职业目标。[460] 这种趋势一方面或许与大型律师事务所提供的每年高达 8 万欧元的一年级律师工资(Einstiegsgehalt)有关;另一方面也可能与它们的知名度和声誉以及在那里受人期待的、令人感兴趣的、有的时候还可能涉及国际层面

---

[456] 在 1999 会计年度,有 55% 的律师是在个人所工作,35% 的律师是在地方的合伙所工作以及 10% 的律师是在大型律所工作,数据来源:联邦律师公会(Bundesrechtsanwaltskammer),NJW 2002, Heft 19, S. XIV。

[457] 数据来源:联邦律师公会,NJW 2002, Heft 19, S. XIV。

[458] 目前在德国属于大型律所的有:Freshfields Bruckhaus Deringer(富而德律师事务所);Clifford Chance Pünder(高伟绅律师事务所);Luther Menold(陆德律师事务所);Linklaters Oppenhoff & Rädler(年利达律师事务所);CMS Hasche Sigle(CMS 德和信律师事务所);Lovells(路伟律师事务所);KPMG Treuhand Beiten Burkhardt GmbH(百达律师事务所)。此外属于世界范围的大型律所有:Baker & McKenzie(贝克·麦坚时国际律师事务所);Allen & Overy(安理国际律师事务所);Jones Day(众达律师事务所);Latham & Watkins(瑞生国际律师事务所);White & Case(伟凯律师事务所),以上提到的这几个律所在德国大多在杜塞尔多夫、法兰克福、汉堡或者慕尼黑这样的大都市有代表处,概况参见:www.law.com。

[459] 参见:Absolventenbarometer 2002, Deutsche Law Edition, Trendence Institut für Personalmarketing, http://www.trendence.de。

[460] 同上注。

的工作内容有关。[461] 与此相对,小型和中型律师事务所的工资就少得多,更确切地说是在 2 至 3 万欧元之间浮动。[462]

根据《律师职业规范》(BORA)第 26 条第 1 款第 1 句,律师只允许在适当的条件下被雇用,法兰克福州劳动法院确定,一般的薪资标准是,在一周工作 50 个小时的情况下应支付大约 2 050 欧元的月毛薪。[463]

报酬的问题大多会在申请面试快结束时被讨论,尽管如此,也应该提前彻底地考虑一遍,因为总有律师不考虑各社会法院(Sozialgerichte)的判例(Rechtsprechung)而提供给年轻同事一份"自由职业"(freie Mitarbeit),并就此约定,工资为无社会公课(Sozialabgabe)的"纯收入"(Nettovergütung),以至于年轻律师作为自由职员必须自己承担全部社会保险费用。[464] 普遍的是,一个以 12 个月计的年薪被协商成毛收入,并由律师事务所承担社会保险(Sozialversicherung)中用人单位的份额,被雇用的律师承担劳动者的份额,抑或是,养老保险的份额由养老保健机构

---

[461] 对此可见:*Trechow*, Hochschulanzeiger vom 2. 1. 07,关于其他因素,该书还提及了国际化方向、好的深造机会以及大律所在经济上的成就。

[462] 个人所的专职律师平均每月毛收入有 6 400 马克,合伙所有 7 600 马克。个人所的自由职员平均可以获得 5 800 马克的工资,合伙所可以获得 7 700 马克,参见 *Hommerich*, Einstieg in den Anwaltsberuf, 2000, S. 20 f。在业绩下滑的 2000 年,大型律所的单个律师的收入下降了 20% 到 22%,BRAK Magazin 02/2003, S. 12。

[463] *LAG Frankfurt* a. M., Az. 5 Sa. 169/99;具体参见:*Trimborn v. Landenberg*, Die Vergütung angestellter Rechtsanwälte, AdVoice 04/2002, S. 5, 6。

[464] 从事自由职业的这种想法是不被推荐的,因为当依《德国社会法典第 6 编》(SGB)存在社会法意义上的表见自主经营(Scheinselbststänsigkeit)并且这种经营活动是有参与社会保险义务的,联邦雇工保险机构就会拥有补付请求权(Nachzahlungsansprüche)。

支付。灵活些的话还可以在雇佣关系开始之前都已经约定在试用期结束之后或者一年以后提高薪酬。在协商时也要考虑盈利分红（Gewinntantiemen）。

160　　高薪的人期望的也多。这不仅涉及用人标准，更是涉及工作投入（Arbeitseinsatz）和在委托人的计费工作时间中的"产出"，用国际律师界的行话来说也就是所谓的"时薪制"（billable hours）[465]。在大型律师事务所，工作日工作12个小时并不少见，而是常态。甚至，周末加班在部分律师事务所也是寻常的。在周六、周日或者节假日时不时有规律地到律师事务所吃工作午餐或许能成为一种常态。以顾客为导向而工作的人会被期待，偶尔的——不考虑私人的事务——完全牺牲周末的时间。例如，一项委托在周五的深夜才交由律师处理，但委托人要求律师必须在周末就处理这项委托。这尤其会——但也不仅仅是——在需要高强度工作的经济法和公司法领域发生。出于上述的原因，在大型律师事务所工作的年轻律师经常要面对如何在他们的工作与私人生活上保持适当平衡的问题。毫无疑问，在周末的时候应当从工作中抽离出来，但是对于在大型律师事务所工作并获得高薪的年轻律师来说，这往往是无法实现的理想状态。

　　在小型和中等规模的律师事务所或许可以更平静地进行工作。这里一周一般预计工作45到50个小时。

　　在刚开始的时候或许具体的未来发展对职场新人来说还没有很大的诱惑力，被雇佣这件事就已经是让人高兴的了。如果可能，这些发展机会——或许是参加一门专科律师课程——应当在

---

[465]　在一份由Azur杂志公布的清单中显示，受访的大型律所中年轻律师的年工作时数标准线在2004年为1 500至2 000小时。

申请面试时就已经被讨论了。这也向潜在的雇主展示了其个人的事业心。有时律师事务所自己也有进修机会以及每月举行的以内部研修为目的的律师之间的专业座谈会。

在更大一些的律师事务所比较普遍的是,受聘律师在刚开始的时候并不具备独立的署名资格,他们写的函件以及诉状要经由有经验的同事审阅,有必要的时候还会被修改。这在事实情况特别复杂的案件中很有意义,也符合律师事务所对外实现统一的企业形象的目标要求。这通常视律师事务所的情况,预计持续半年或一年时间。尽管如此,也不能低估这些年轻律师的能力,毫无疑问,在有"企业形象管理"的大型律师事务所工作的律师终究是具备突出的能力和相应的使命感的。如果在上面提到的"修正时间"范畴内,其文书在内容上被大量调整或时间上超过一年期,他们就会被无条件约谈。因为,律师形成一套他自己的、有效的写作风格,使自己具备与委托人进行于双方而言有效的、有建设性的沟通的能力,对其在大型律师事务所职业生涯的成功是绝对必要的。

升迁机会同样应该被透明地说明。大型律师事务所一般对此都有确定的程序,可能是由合伙人大会(Partnerversammlung)根据一定的工作年限决定年轻律师的合伙人资格。一些律师事务所在年轻律师工作两三年以后就会对此作出决定:如果年轻律师依据这样的决定被认定为不再具备"合伙人潜质",那么在一些律师事务所他就会被建议在一定时间内另寻其他工作。有抱负的律师即使没被这么建议,也会自发地这么做。经验表明,大多数律师事务所需要5到6年的时间来作出最终决定,在这件事情上总是有已经作出的初步决定因不是那么明确而被撤回的著名案例。在许多地方出于这样或那样的原因,即使被消极评定为不在合伙人候选之列的年轻律师也会被留下来做聘用律师("初级律师",Associates),继而在相当长时间内继续在律师事务所工作。总而言之,年轻律师在工作的头5年时间里更换律师事务所或者说必须更换律师事务所,与其说是一种例外倒不如说是一种常规。[466]

鉴于上述情况,职场新人应尽早制定出一份中期的个人职业规划。可以确定的是,在大型律师事务所中,旨在培育经济事务律师(Wirtschaftsanwalt)的培训和进修课的质量在各个方面都应满足最高要求。然而,年轻律师如果同时还有成为合伙人的追求,那么在大型律师事务所的工作对这项目标的达成甚至可能是不利的。统计数据显示,在大型律师事务所成为合伙人的概率相对较低。

如果被"否决"的年轻律师经过若干年之后在大型律师事务所市场之外寻求实现其合伙人目标的机会,他可能就要面对一些不期而至的、不同寻常的竞争因素:如他在小型或者中等规模律师事务所获得成为合伙人提议之前,理所当然要先获得现有合伙人的信任。同样的,在大型律师事务所独立执业在任何情况下都预示着摩擦损失(Reibungsverluste)和收入损失,因为从现在开始就要自食其力了。然而,独立这件事情在大型律师事务所经常会一再推迟,因为许多大型律师事务所并没有这样的机会给他们的年轻员工。有工作经验,但是没有独立获取客户能力的年轻律师

---

[466] Hiff, Bitte warten! Partneratatus ist schwer zu erreichen, Anwalt 12/2002, S. 18 ff. Hiff 以富尔德律师事务所(Freshfields Bruckhaus Deringer)为例,该所每年有大约100名年轻律师被雇用,但是在3年时间里只有大约40名律师会被委任为合伙人。

大多要在大型律师事务所做过一项工作之后才能培养出相应的沟通能力以及其必须具备的其他能力。

就这方面来说,或许与更低的工资相连的是得到自己的客户并对其加以引导的机会。在个别情况下这能更好地契合年轻律师自己的计划和工作目标,尤其是当他还考虑在大学里工作或者写一份博士论文的时候。

七、顾问律师(Syndikusanwalt)的工作

顾问律师指的是职业性活动主要因雇佣合同(Dienstvertrag)所规范的定期用工关系而持续地为一位委托人服务的律师,这里的委托人可以是一个协会、一家银行、一家保险公司或者一个企业。[467]不考虑企业或协会中律师职业的履行方式(比如,在一家企业的法律部门),顾问律师完全就是律师,并不需要什么特别的许可条件。[468] 限制是,顾问律师不能参与那些与其工作,尤其是与其作为独立的法律实践机构的地位不相符的或者是会对其独立性的信赖力产生危害的活动。[469] 此外,依据《德国联邦律师法》第46条,顾问律师作为律师不可以在法庭或者仲裁庭为其固定的雇主代理案件,如果他之前已经在同一案件的法律事务上有

---

[467] 对于固定的雇佣关系(Anstellungsvethältnis)需要注意的是,合同的草拟和定稿会因顾问律师在处理法律事件时不受指令的限制而可以自行决策,并自己承担责任的特性而告吹,因此推荐以"律师的身份"进行聘任(而不是以顾问律师的身份),参见 Hamacher, in: Ratgeber für junge Rechtsanwältinnen und Rechtsanwälte, 11. Aufl. 2006, S. 113。

[468] 参见《德国联邦律师法》第6、7条。留在律师界做执业律师还有一个吸引力,就是成为律师职业养老金计划(berufstöndisches Versorgungswerk)的成员,并继续留在这个计划中。

[469] 参见《德国联邦律师法》第7条第8项。

实质参与。

第二节　申请成为聘用律师

律师事务所一般并不把律师执业资格作为申请成为其受聘律师的前提，而是可以在之后补交，大多数申请结果会在申请之后的几周公布。

想要找到一份好的工作，毫无疑问要在第二次国家考试之前就着手。律师事务机构对此是有帮助的，在这个阶段文官候补生需要在一家律师事务所度过9个月的时间，其可以对自己的工作领域有一个相当好的了解。受访的律师事务所中有几家称，他们会基于延长该培训阶段而雇佣更少的文官候补生，也就是说，被雇佣者可以考虑将足够的精力放在有可能得到的固定职位上。

找工作的一个方法是浏览招聘广告，如翻阅《新法学周刊》的工作岗位版面。对此需注意的是，劳动力市场并不能为法律人反映出实时的招工岗位，即使是加上在周三和周六刊行的《法兰克福汇报》(FAZ)*的岗位招聘册也不行。一些公司利用职位招聘广告来提高知名度，这并不是什么秘密。对于这样的广告，每次都有几百人申请。

对满足招聘广告要求的能力有困难的人来说，他要么继续申请这个职位，要么就申请经济领域那些招收非法学专业人员(Nichtjuristen)的工作。如果他是这份经济领域工作的合适人选，没有人会因为法学生所受的教育而将其拒绝。

---

* FAZ是"Frankfurter Allgemeine Zeitung"的缩写，中文译作《法兰克福汇报》，是德国发行量最大的报纸之一。——译者注

另外一种求职办法是刊登求职广告,如在《新法学周刊》或在当地律师协会的信息短报上刊登。

提到招聘会,这里需要强调的是,每年会有几百家律师事务参加由德意志律师协会与青年律师论坛(FORUM junge Anwaltschaft)合办的律师工作申请者展会(AdvoJob-Bewerbermesse),它每年都在德国律师大会的前后举行。除此之外,还存在将自己的个人信息在德意志律师协会网页上的律师工作申请者专区以匿名形式保存下来的可能性。如果有招新需要的律师事务所要求这些信息,那么这些信息就会通过邮件问询的形式从申请者那里传递到律师事务所。当然求职者也可以以文官候补生的身份参加律师大会(Anwaltstag)并在那里建立联系。

申请期间的长短取决于申请人的能力和沟通,法学生的工作申请期长度大约在4个月到半年。相应地,时间久到最后也可能就是失业。

考虑到大量申请人数量,与招聘岗位描述无关的盲申(Initia-tivbewerbung或Blindbewerbung)是被强烈推荐的,有招人需求的律师事务所经常因为过多的工作量还未来得及将招聘广告刊登出来。个人的申请将通过正常的邮递到达律师那里,没有邮戳的申请材料易丢失,但也可能被读到。对于更大一些的律师事务所,要提前问问一下申请材料要寄给谁,因为有些律师事务所已经设有人事部门,尤其是大型律师事务所。关于全部经济事务律师事务所的概述可在 Juve-经济律师事务所手册中找到[470],在手册中律师事务所按照区域的不同进行划分。

一些较大型的主攻经济事务的律师事务所目前也举办研讨

---

[470] Juve-Handbuch Wirtschaftskanzleien, 9 Aufl., 2006/2007.

会和讨论课,以从中找寻合适的候选人。[471] 这种活动在有些地方是和大学联合举办的,也有完全是律师事务所组织的。研讨会的参与人会根据其分数、实习情况和外语能力被进行甄选,他们通过这些活动可能会获得在这个律师事务所完成自己在律师事务机构的候选文官任务的机会或者直接获得申请面试的机会。

特林博恩·兰登贝格(Trimborn v. Landenberg)通过对合适的申请材料进行更为细致的阐述,详细地介绍了如何在律师市场寻求工作机会。[472]

第三节 独立执业/律师事务所的设立

一、前提

自由执业的律师需要有良好的沟通能力,那些具备这种性格特点的人,能带来富足的活动和获客空间。

律师事务所设立地应契合其自身定位而被慎重地选择:尽管在大学和大城市有大量的自由职业岗位,但是这种地方很可能律师密度更高,个别法律领域的市场也是饱和的。律师检索系统(Anwalt-Suchsystem)或者联邦律师公会(Bundesrechtsanwaltskammer)关于律师密度的查询可以用在契合自身市场利益的区位调研上。世界上没有哪家企业可以不做市场分析就开辟一处新驻地。

---

[471] 如2005年举办的名为"Scholarship 2005"的研讨会,其由大型律师事务所 Linklaters Oppenhoff & Rädler(在中国:年利达律师事务所)组织,来源:www.spiegel.de vom 2. 11. 05, Schaulaufen in der Top-Kanzlei。

[472] Trimborn v. Landenberg, Die erfolgreiche Bewerbung als Rechtsanwalt, 2. Aufl., 2005.

一般来说,乡村的律师更受人尊重,因为他们在当地的保龄球俱乐部和协会里能混个脸熟。尽管在乡村也发生过与欧盟法有关的著名案例,尤其是在污染防治法领域,因而也是可以盈利的,但是,通常乡村里是没有国际公司法方向的客户的。年轻律师因此要现实地估量,自己是否能在那里成功找到客户,年轻律师也要考虑,与鱼塘相关的案件是否是他自己想做的。[473]

人际关系的建立是不可或缺的。当然,这种建立也要考虑方式方法。为此,可以考虑利用大学和文官候补生时代所积累的人脉,经由从事副业时期与大学及同行的关系,予以建立。[474]

对法律领域也要慎重地加以选择:社会法(Sozialrecht)、继承法(Erbrecht)、银行法(Bankrecht)和税务刑法(Steuerstrafrecht)是尚缺专家的法域。医事法(Medizinrecht)、破产法(Insolvenzrecht)以及体育法(Sportrecht)也是让人感兴趣的特别领域。

与同一办公大楼内的工作人员建立业务关系以节省开支是值得推荐的。这种合作应不仅仅是与其他同事,也要包括其他行业的代表,如税务顾问或从事家庭法事务的律师可能有兴趣寻找教育学家或心理学家,但这种合作在营业税法上必须是中立的。

同一办公大楼内部合作的形式要求一同工作的律师需共同承担费用,但责任分配上却分别承担责任。除此以外,律师们还可以成立性质上属于民事合伙的事务所(Sozietät)。根据联邦律

---

[473] Niedostadek/Lorenz, Karrierrewege für Juristen, 1. Aufl. 2006 一书中由过往的经验教训阐述了法律人不同的职业生涯和生活道路。

[474] *Trimborn v. Landenberg*, Die erfolgreiche Bewerbung als Rechtsanwalt, 2. Aufl., 2005, S. 66, 67.

师公会的数据,事务所中的律师尽管承担了更高的共同费用,但是也获得了更高的人均所得。[475] 成立这种事务所,一定要签订相应的合同,对基本的问题[入伙(Eintritt)、退伙(Austritt)、共同所得分配(Auseinandersetzung der gemeinsam angeschafften Güter)等]作出规定。

由于事务所的生存伴随着一定风险,故而一般只有执业3到4年以上的律师才会考虑这种模式。当然,相对于其他模式,事务所确能大大缩短获得自己独立办公室的时间,从而激励职场新人投入紧张的阅卷工作。

二、收益预期

一家新成立的个人律师事务所(Einzelkanzlei)年平均收益大约在49 000欧元,视客户总量的情况也可能低一些。因为这里面还要减去开始时投资的费用、经营过程中每月的固定成本以及税赋,留给创建人的收益就没有多少了。这种预期导致大多数通过国家考试的法科学生首先会寻求一份固定工作,因为在经历了大学期间的经济拮据后,没有必要在消费上保持进一步的自律。

三、副业(Nebenjobs)

考虑到(至少是)在刚开始阶段个人收入的不确定性,为了让自己创立的律师事务所盈利,许多律师都会从事一份副业,这种副业一定是与律师职业相关的,尤其是那些能让自己在更广阔的圈子

---

[475] 在地方的合伙制律所工作的律师平均每年赚81 175欧元,数据来源:Bundesrechtsanwaltskammer, NJW 2002, S. XIV.

里闻名或是有利可获的工作。与律师职业没有直接关系的职业,如餐饮业的服务性工作、保险公司或者医疗保险公司的兼职专业技术人员职位或大学里的助教职位也都是可以考虑的。[476] 在法学领域人们可以通过出版物或者学术报告出名,这也有利于其自身的深造和专业化。重要的是要有目的性地寻求副业。当任何领域的收益都是可考虑的时候,可选择的副业也就多种多样了。但是副业也会导致人们在相关工作中产生缴纳社保的义务。

四、市场与市场营销

律师的咨询服务是在市场上竞争更为激烈的一项服务。职场新人在此要与很早就成立的律师事务所进行竞争。根据德意志律师协会的调查,67%有律师服务需求的人期望能与专科律师进行交谈。因此,每位律师一定要考虑对策以及律师事务所的定位,并坚定不移地将这些发展下去。[477] 鉴于联邦范围内律师收入的普遍下滑以及越来越高的律师密度,这个问题将更加突出。[478]

---

[476] 更多例子:*Hebrank*, Nebenberufe für Rechtsanwälte, AdVoice 6/02, 11。在税赋层面:*Jochum*, Privilegierung der Einnahmen aus nebenberuflicher Tätigkeit im Bereich der wissenschaftlichen Ausbildung und Prüfung, NJW 2002, 1983。

[477] 具体参见:*Schiefer/Hocke*, Marketing für Rechtsanwälte, Bonn 1996。

[478] 参见本书第十四章第一节之标题四。

五、律师事务所的设立

设立律师事务所的方式已经在文献中[479]被充分论及,由意志律师协会举办的"论坛"(Foren)也已经有所提及。[480] 在刚开始的时候一间简朴的办公室就足够了,把家作为律师事务所的会客厅是不被推荐的,因为会给人留下不专业的印象。而当事人应当配有一份企划书或商业计划书以为设立律师事务所做充分的准备[481],对于由无业者发起的设立,这种计划书无论如何是有必要的。[482] 经济些的初始设立贷款的信息可以通过为中产阶级提供贷款的复兴银行(KfW-Mittelstandsbank)[483]获取。这些官方资助的初始设立项目提供比商业银行利息更低的贷款,以及自由的还款期,但是必须得申请。

---

[479] Ratgeber für Junge Rechtsanwältinnen und Rechtsanwälte, 8 Aufl. 2000; *Hommerich*, Einstieg in den Anwaltsberuf, 2001; *Trimborn v. Landenberg*, Erfolgreich Starten als Rechtsanwalt, 2002, 该书致力于"创立计划"(Gründungskonzept)、"办公体制"(Büroorganisation)、"责任"(Haftung)等主题, 是由更为年轻的作者写成的; *Kleine - Cosack/Plantholz/Rex - Strater*, Management - Handbuch Wirtschaftspraxis, 1998。

[480] 参见本书第十二章第二节。(此处可能是作者笔误, 应为第十三章第一节。——译者注)

[481] 参见 *Hommerich*, Die Gründungsplanung 的结论部分, 以及 Werner, Businessplan, 二者均有涉及:Ratgeber für junge Rechtsanwältinnen und Rechtsanwälte, 11. Aufl. 2006。

[482] 参见本书第二十一章第五节。(此处可能是作者笔误, 应为第二十四章第五节。——译者注)

[483] 参见 http://www.kfw-mittelstandsbank.de。(KfW 是"Kreditanstalt für Wiederbau"的缩写, 意为"复兴贷款机构", Mittelstandsbank 意为"中产阶级银行", 按照中文语义, 在此译作"为中产阶级提供贷款的复兴银行"。KfW 是全世界最大的国家开发银行, 是德国资产规模第三大银行, 坐落于法兰克福。——译者注)

最后税务方面也不容忽视,因为必要的时候可以将初始设立产生的损失与非独立从事工作的收入一起清算,以得到可观的退税(Steuerrückerstattung)。起码在创立律师事务所时应该征求税务咨询师的建议,该建议对于商业计划书的完成也是有帮助的。初始创立人在一开始就要学会根据《德国所得税法》第4条第3款自行完成每月到期的营业税申报(Umsatzsteuererklärung)以及制作收入—利润—账单(Einnahmen-Überschuss-Rechnung),以厘清收益。

第十五章 法官

文官候补生在相对比较长的法院机构(Gerichtsstation)培训阶段也可以形成关于法官职业的个性化印象,这份在民众中始终享有相当高声誉的多样化的工作应该被尝试,尽可能生动形象地被描绘出来,以减轻年轻的法律人在职业选择上的困难。尤其应当考虑该职业对于个人品性和能力[484]的要求,将该职业的多种优点及可能有的缺点整理到一起。数据显示,德国法官中的大多数,即74%(其中女法官占比为30.5%,且呈持续上升趋势)从事与普通诉讼管辖(ordentliche Gerichtsbarkeit)相关的工作;法官中只有25%在从事专业诉讼管辖(Fachgerichtsbarkeit)相关的工作,也就是,劳动诉讼管辖(Arbeitsgerichtsbarkeit)、行政诉讼管辖、财税诉讼管辖(Finanzgerichtsbarkeit)以及社会诉讼管辖(Sozialgerichtsbarkeit)。女法官的比重在19%(财税法院)至34%(社会法院,Sozialgericht)之间,且具有上升趋势。[485]

---

[484] 第十五章第二节对此也有论及。

[485] 数据来源:德国联邦统计局(Statistisches Bundesamt Deutschland)2003年10月17日的数据(http://www.destatis.de)。

对于职场新人来说一个重要的好处是,根据现行法律,文官候补生阶段的培训依旧在很大程度上以法官(在地方具有司法权的法院范围内)这个职业为导向并为其量身定做[486]:文官候补生通过该培训既要了解检察官,又要了解民庭法官(Zivilrichter)、刑庭法官(Strafrichter)在诉讼实务中的工作范畴。这种培训是直入人心的,因为它一方面可以使文官候补生鉴于第二次国家考试而有针对性地从事与案卷相关的工作;另一方面,文官候补生也能一同参与民庭、刑庭法官的工作。除此之外,原则上还有机会根据自己相应的兴趣在这个实习阶段内申请到行政法院、财税法院、劳动法院、社会法院实习,进而了解该领域法官的工作。遗憾的是这种机会很少有人知道,也很少被宣传。

此外,法官的工作内容与在大学所学的知识直接挂钩:法官也要对案件事实做请求权基础是否适用于诉之声明所确定的诉讼目标或刑法条文是否与公诉书内容相应。只有掌握了在大学以及实务培训中被教授的具体涵摄方法、逻辑结构以及好的语言表达风格,才能让自己胜任法官的工作。所以,大学学业和实务培训对想做法官的法学生大有裨益,他们可以将自己多年研究、学习、练习的东西在此加以运用。

---

[486] 《法律人培养改革法》之后(对此详见第二章),法学教育实践应该更加面向职场。律师培训的范围被扩大,因为得到律师工作的年轻候补文官所占份额明显比法官所占份额要高:在2000年的时候,联邦范围内有110 367名律师,但是只有20 880名法官,律师的人数一如既往处于上升的趋势(2002年:121 420名律师),法官的人数却趋于稳定(2002年:20 901名法官)。

第一节　法官的独立性（Richterliche Unabhängigkeit）

　　这个职业的一大优势就是《德国基本法》第 97 条所保障的法官独立性[487]，这与在文官候补生培训中所获得的认识相比更加多面。

　　首先，法官在处理其日常工作时原则上是自由的：在什么地方、在什么时间、以什么样的顺序来完成工作，都是可以自己决定的，因为法官在执行其法定职务时只需遵守法律规定，指令限制（例如通过联署）是不存在的，甚至是在相对长的试用期中也不存在这种限制。[488] 虽然这种优势第一眼看来并没有让人印象深刻，但是其在日常工作中却是相当重要的。法官可以在家处理案卷材料，而不是每天（庭审会议例外）必须在固定的时间出现在法院，这对于有孩子的法官来说意义重大。除此之外，工作时间的长短以及分配也直接由自己的工作效率所决定：例如，法官在傍晚、在晚上或者在周末工作或者不工作，都是随意的。案卷材料会因为法官的工作经验，尤其是娴熟的工作技巧或者计划、组织能力而被快速处理，时间上的自由操作空间由此得以展现；反之，在一个工作压力过大的部门工作或者是被调到一个新的领域或部门工作，则也要求超过年均水平的时间和个人投入。强大的工作积极性和抗压能力也恰好是这个强强合并的时代所急需的。

---

　　[487]　《德国基本法》第 97 条第 1 款在《德国法官法》第 25 条以简单多数决的法律的形式被复述。

　　[488]　根据《德国法官法》第 26 条，在法官的独立性不被侵犯的范畴内，只存在一种公务监察（Dienstaufsicht）。后者带来的也只是一种在极其有限范围内被准许的公务监察。

第二节 审理（Verhandlung）与"调解"（Mediation）

法官的独立性在不同的工作领域为个人的创造性开辟了广阔的空间：尽管法官，不同于在民事领域执业的律师，不能在诉讼发生之前就参与、引导案情的发展，但是在许多民事诉讼中，法律只是为问题的解决方法确定了边界，这也就是说，法官可以为诉讼当事人（Parteien）提供书面或口头的建议［后者可以采取电话的方式或者在庭审（Sitzung）中提出］，争议解决的方法也可以超越争议标的本身。故而，法官可以有创造性地参与法律关系的塑造。

在《民事诉讼程序改革法》（Gesetz zur Reform des Zivilprozesses）[489]生效之前，通过调停义务不断致力于以调解的方式结案广受期待；立法者已通过《民事诉讼法》（ZPO：Zivilprozessordnung）第278条第2款第1句所规定的强制和解谈判制度进一步强化了民事法官的这项义务。法官"调解人"（Mediator）角色（当然，裁决能力还是有的！）的重要性将因法律的修改而提升。法官这个职业既有非常耗时的一面，但同时也有让人感兴趣的一面。

通过审理工作（Verhandlungstätigkeit）与调解工作（Mediationstätigkeit），法官在"案卷累牍的"的法院部门（Gerichtszweigen）不仅要与律师（Rechtsanwälten）打交道，而且也要直接与当事人（Parteien）和（案件）参与人（Beteiligen）打交道。因此，即使是在案件情况复杂的时候，法官也有义务将案件的审理情况、解决建议，必要的时候还有判决结果以易于理解的方式阐述给非法学专

---

[489]《民事诉讼程序改革法》于2001年7月27日通过（BGBl. I 1887）。

业人士(Nichtjuristen)。法官可以以这种方式使自己的工作被接受或复核("反馈")。因此,对法官这个职业感兴趣的年轻法律人,一方面应具备表达与论证的能力、调和矛盾的能力以及自发地与拥有不同的品性和国籍的人协作的能力;另一方面既要不惧矛盾冲突,又要不畏作出裁决。[490]

总体来说,法官可以在当事人之间以一种中立的中间人身份参与案件,这与法官自由的另一个积极方面有关,即"当事人自由"(Freiheit der Mandanten):法官独立地裁判,也就是说,法官只基于其所运用的法律进行裁判,当然也不会考虑该裁判是否会得到一个或多个当事人或其他诉讼参与人的"喜欢"。毫无疑问的是,这需要特殊的责任感与自我批评能力,法官应与其肩负的司法任务在一定程度上融为一体。

第三节 不同的诉讼管辖(Gerichtsbarkeiten)与工作领域

这个职业的另外一个优点是,在长达 30 至 35 年的职场生涯中,法官的工作领域不一定保持不变:在普通诉讼管辖中工作的法官就享有广泛的自由,可以一再改变自己的工作领域。所以,法官可以根据其实习期的工作来决定,成为刑事法官(Strafrichter)还是民事法官(Zivilrichter)。在刑事和民事诉讼管辖内部还有在不同的、极具挑战的领域内交换的机会[如,作为刑事法

---

[490] 《法律人培养改革法》对此也明确规定,"社交能力"(soziale Kompetenz)是承担法官工作的一个能力标准。目前,一些联邦州已经在文官候补生培训阶段提供与审判管理(Verhandlungsmanagement)相关的研讨会或讨论课,如巴伐利亚州。部分法院也为其候补文官组织由有经验的同僚传授相关庭审技巧的活动,如在汉堡。

官：少年诉讼管辖（Jugendgerichtsbarkeit）、少年保护（Jugendschutz）、陪审法院（Schwurgericht）* 以及普通刑事案件（Allgemeine Strafsachen）；作为民事法官：普通和特别民事案件（Allgemeine und besondere Zivilsachen），如竞争（Wettbewerbs-）和著作权案件（Urheberrechtssachen）、出版案件（Pressesachen）等］。

不能忘记的还有基于相对广泛的活动空间而特别具有吸引力的工作机会，即在非讼程序（freiwillige Gerichtsbarkeit）［监护与遗产法院（Vormundschafts und Nachlassgericht）］或在家事法院（Familiengericht）的工作。只有那些具有特殊社会责任心的法律人才会被考虑从事这些工作，尤其是监护案件和亲属法案件。不同于普通的民事诉讼或刑事诉讼，在这些案件中法官与当事人以及其他诉讼参与人有相当直接的接触，这种接触是以法官具有开明和公正谈判的意愿和能力为前提的。

第四节　委派（Abordnung）、管理、培训与考试

法官其他的转换工作的机会还有，在比较大的城市或者鉴于法官各自的地域灵活性而进行的在审级之间的借调（Abordnung）。地方法院、州法院以及高等区域法院对法官设置了不同的任职要求，这种区别随着民事诉讼程序改革（Zivilprozessreform）在州法院引入的原初型独任法官已经而变得微弱。

---

* 陪审法院（Schwurgericht），又称"大刑事法庭"，是德国州法院的刑事初审法庭，其负责既遂（vollendete）和未遂（versuchte）的谋杀（Mord）案件、杀人（Totschlag）案件以及造成死亡结果的故意犯罪（mit dem Tode erfolgsqualifizierten Vorsatzdelikte）案件的审理。该法庭由三位职业法官（Berufsrichter）和两位陪审员（Schöffen）组成（《德国法院组织法》第76条第2款第1项）。——译者注

鉴于权力分立的基本原则,法官不得同时行使审判权、立法权或行政权(vollziehende Gewalt)(《德国法官法》第4条)。但需要每个法院来完成的行政任务(Verwaltungsaufgaben)构成例外。这些任务同样需要法官,如侦查法官的任务(Untersuchungsrichteraufgaben)*和(大部分是兼职的)培训以及考务职责。考虑到法官的工作以及他们的考试,大多数干劲十足的年轻法律人会在培训时(大学生时和文官候补生时),一方面要迫使自己积极主动地、贴近实际地研究自己的工作和习惯;另一方面又要使自己的日常工作更轻松些。大学里的工作以及其他研究工作是可以与法官职业共存的。实践中,具体哪些副业被各个主管机关准许可能并不统一。

除此之外,晋升机会也是一个好的委派到州或者联邦司法机关(Justizbehörde)(或者更确切地说到司法部)、作为学术助理到联邦法院(Bundesgerichten)[491]、到刑罚执行机构(Strafvollzug)以及到其他机构[492]工作的机会,这些信息会定期通知给法官。这也是一个让漫长的职场生涯变得多姿多彩的机会,尤其是它不会有失业以及收入损失的风险。

---

* 侦查法官(Untersuchungsrichter):指的是在刑事调查活动中承担某些任务的法官,口语中多用"Ermittlungsrichter"表示。——译者注

[491] 联邦层面的职业法官比例只占到全体法官总数的2%,其中女法官只有14%,是远低于平均水平的。

[492] 例如,联邦议会、联邦参议院、调查委员会(Untersuchungsausschüsse)等或者欧盟的一些机关。

第五节　特别假期和部分时间工作形式

此外,法官还有通过可被灵活安排的特别假期(Sonderurlaub)或者"学术休假"(Sabbaticals)来了解其他国家或者完成临时要处理的其他事务的机会,并不是任何一个与法律相关的工作都可以无失业风险地提供这种机会。

在这个每年都有非常多新人涌入就业市场的时代,经济上的保障是法官这个职业另一个重要的方面。至少,在试用期终了被任命为终身法官(Richter auf Lebenszeit)时,这个工作岗位就稳定了。法官从这个时间点开始就不能再以自己的意志为转移,也就是说,从一个部门调到另一个部门原则上是不行的(参见《德国基本法》第97条第2款第1句)。

兼职工作的形式对法官亦有裨益。这对他们的声望和升迁机会没有任何坏处,例如,当特别假期或者育儿假(Elternzeit)结束以后,他们不是立马全方位回归到工作中。在律师或者其他"自由"职业中非全职工作经常是不可行的,而法官可以在一个由自己决定的时间段里以部分时间工作形式员工的身份回归自己的工作。甚至是在升迁调职时,部分时间工作形式法官(Teilzeitrichter)也是可行的,这在当下是普遍的。晚些再将工作区间延展至整个工作岗位同样是可行的。

在较大的法院工作会有相当多的同僚作伴,具有不可忽视的优势:即便法官一般要么独自办案,要么也只是与其所属合议庭成员共同办案,这样一个事实也是不能低估的,即尽可能在最短的时间内融入所在法院的同僚关系网,不仅非常有助于职场新人提升社会交往,而且也非常有助于其通过咨询解决工作上的问题。

第六节 升迁机会（Beförderungschancen）

自己的职业道路——除了职业选择本身——是无法自我控制的,而是取决于多种法官自己极少能施加影响的因素,这被视作是法官这个职业的显著缺点。尽管如此,当法官通过在审级（Instanzen）之间、工作领域间、司法和行政之间的转换以及得到更多工作上的评价来展现他在地域和私人方面的灵活性,则可以更好地评估其晋升机会。个人在社团或者政党的投入也能发挥积极的作用。

但是,在职业生涯已经开始的时候再来掂算之后合乎生涯发展的机会,是相当不现实的。因此,年轻法律人在决定做法官时,应考虑到家计和工作情况的不确定性以及那些无法预见的升迁机会[493],而绝不能被通过高度的个人投入、超乎一般的知识储备、调解能力（Mediationskompetenz）以及杰出的结案率（Erledigungsquoten）就能确保"升职"的想法所主导。职业发展机会和薪资增长基本上是有限的,因为德国法官的收入在欧洲范围内都是不理想的。[494]

不容忽视的还有与此相关的缺点,即在大一些的法院经常无

---

[493] 迄今,只有少数几个联邦州（如,柏林）制定了通行的"升职准则"（Beförderungsrichtlinien）；但是这些准则出于各种原因,要么失效,要么不再被使用。

[494] 根据欧盟法官联合会（Europäische Richtervereinigung）的一项调查（DriZ 2002, 277）,德国法官在净薪资收入方面居于"末尾"。

法在同事或者在行政部门那里感受到创造性与责任心。法官因其独立性而以自己广泛的裁决权能（Entscheidungskompetenz）进行工作，消极的一面是，工作动力主要是出于结案的需要；对此，如前文所述，在民事诉讼管辖中也要经常积极主动地与各种律师、当事人、利害关系人进行沟通。

第七节 工作条件（Arbeitsbedingungen）

在司法机关（Justiz）工作，通常也意味着生活品质在一定程度上的降低，因为许多法院由于财务紧张而普遍在空间安置以及实物和人员配置上有所不足。尽管人们可以自食其力（置办家具以及类似的必须被准许的修缮工作等）以减少自己办公室的赤字，但是对于非法官事务的领域，单个法官无法施加影响，因为他对司法行政（Justizverwaltung）工作并没有发号施令的权力（Weisungsbefugnis）或是更换请求权（Austauschanspruch）。

除此之外，如果候补文官考虑日后从事法官或者检察官这一职业，那么他就不要指望，躺在吊床上就能完成国家公务。就算这样的时期曾经是存在的，但它在很早以前也已经过去了。司法工作目前处处都缺乏管理：相比于日益增长的案件数量，可用的司法工作人员却越来越少，工作压力是十分巨大的，职场新人在工作的第一年就经常会被压垮。[495]

---

[495] 例如，在1999年，联邦范围内有382 881起一审民事诉讼案件在州法院受理，在2000年就已经有414 072起，仅仅一年之内就上涨了8个百分点。

第八节 试用期（Probezeit）

另一个被视为对年轻法律人不利的地方一直都是试用（Probe），根据《德国法官法》第12条第2款，试用期（Probezeit）最多可达5年。这是一个与其他职业普遍试用期相比明显更长的时间段，在这个时间段里首先要克服的就是终身提名的不确定性。但还有这样的机会，即实习法官（Proberichter）要么根据《德国法官法》第10条第1款在已经取得法官任职资格3年后提名为终身法官[496]，要么将在《德国法官法》第10条第2款第1至5项所提到的领域工作的时间也计入试用期内。法官试用职务的解除依《德国法官法》第22条第2款，包括不称职（Nichteignung）或（在实习期很少发生的）法官选任委员会（Richterwahlausschuss）拒绝接纳与该试用法官的终身法官关系。根据《德国法官法》第22条第3款，如果某一渎职行为对应在终身法官身上都会引起纪律处分的后果，那么引发该渎职行为的试用法官（Richter auf Probe）就也会被解聘。

第九节 地域限制（Örtliche Gebundenheit）

另外一个要被提到的缺点是法官职业原则上有相对固定的地域限制。但这种限制在一定程度上可以通过对法官而言十分多样化的机会，如派遣到其他法院、机关或部门工作若干年以

---

[496] 这条规定在许多联邦州原则性地被适用，例如在汉堡。

及享受特别休假和安息年(Sabbatjahr)*的机会来缓解。除此之外,好处是,在派遣的过程中存在着(为各个法官所期望的)彻底的、终局的调任机会。如果一个法官确定,他为了更好的晋升以及由此带来的薪资机会而愿意放弃一个或者几个上述的法官职业的好处,则可以追求晋升到更高层级的公共管理性职位。

第十节 申请 (Bewerbung)

一、前提

在一所大学以通过第一次国家考试(die erste Prüfung)[497]完成法学教育并紧随其后以通过第二次国家考试完成见习的人,可以根据《德国法官法》第5条获得法官任职资格。

除法官任职资格之外,《德国法官法》第9条还规定申请者必须拥有德国国籍,这确保了他在任何时候都能捍卫《德国基本法》意义上自由、民主的基本制度,以及通过官方的医疗鉴定证明身体健康。除此之外,年龄限制也要被遵守。鉴于不断执行公务的需要,原则上只有35周岁以上的法律人才能被任命从事更高级的司法工作。

---

* 安息年为宗教用语,指七年耕作周期的最后一年,现代犹太教仍遵守这一规定。——译者注
[497] 第一次国家考试(die erste Staatsprüfung)这个概念因为有大学的加入而被第一次考试(erste Prüfung)这个概念替代。

二、工作市场(Stellenmarkt)

多年来,能获得一个法官岗位(Richterstelle)(如果可能,甚至不改变住所)并不容易,因为即使是工作地(Einstellungslage)的经济发展机会肉眼可见的糟糕,可申请的工作岗位也越来越少,年轻的、高质量的法律从业人员的数量却仍然在不断上升。

随着在德国被准许执业的律师人数从1998年到2000年以及2000年到2002年以10个百分点的速度增加,法官的岗位数却很大程度上处于停滞状态,千禧年之后甚至下降了。[498] 公共服务领域的招工情势近几年已经被打上了预算紧张的烙印,这又导致了大规模的岗位削减。在这点上,根本性的改变在接下来几年内都是不可能的。

三、申请条件(Bewerbungsmodalitäten)

联邦州之间的申请条件各不相同。

例如,在大多数州,候补文官只能在一个地方——高等区域法院或司法机关/司法部——申请法官职务和检察院工作。当然,这也是因为这些州规定,取得职位的候补文官在试用期间须在法院与检察机关进行定期轮岗。

统一的候选人择取标准并没有以书面形式确定。

但是,在一些联邦州最低分数标准(Notenuntergrenzen)在书面上被确定下来,在其他联邦州与之相应的至少也是雇佣实习(Einstellungspraxis)。申请人在考试名单上取得的排名也提供了

---

[498] 来源:德国联邦统计局(Statistisches Bundesamt Deutschland)于2003年10月17日公布的数据(参见:http://www.destatis.de)。

方向性的帮助；然而，并非所有联邦州都有这样的"排名"。除此之外，候补文官阶段的评定、职业经历、应变能力、工作意愿与工作能力以及社交能力也会在申请过程中起到作用。如有必要，这些能力可通过在政治性团体、社团或者志愿服务领域的工作予以佐证。

第十六章　检察官

第一节　职业面貌

文官候补生在文官候补期内的机构训练中同样可以了解到这份工作的情况。与法官数量的回落相比,全联邦范围内在职的检察官数量最近几年有小幅上升。[499] 女性检察官的受雇比例达31%,也略高于女性法官的平均比例。

一、侦查程序(Ermittelungsverfahren)

对检察官专业方面和个人方面的重点要求在很大程度上与对法官的要求一致[500],即使二者的工作任务与工作领域[501]完

---

[499]　2000年有5 044名检察官,在2002年已经有5 150名检察官;与目前处于迟滞状态的法官数量相比,检察官的数量呈现出了小幅上升。

[500]　在大多数联邦州,力求在普通诉讼管辖中从事法官职业的人也可以决定去从事检察官的工作,这种转变在实习期与其说是一种例外,倒不如说是一种常态。《德国法官法》在第12条第1款也规定了,日后要被聘用为终身法官或检察官的人,可以被任命为实习法官(Richter auf Probe)。

[501]　直至19世纪,侦察与刑事追诉的权力仍在法官手中,这些权力之后被转移到了新建立的检察机关,以强化法官的客观性。

全是不同的。

这种不同首先存在于刑事侦查程序(strafrechtliches Ermittelungsverfahren)的引入与领导。检察官确定各个程序中所必须的侦查活动的方式和范围,实际的侦查工作大多由刑警(Kriminalpolizei)完成。该职业的一个优势在于,通过与警察的直接沟通,当然也通过对犯罪嫌疑人(Verdächtigen)的讯问、对证人或鉴定人的询问,一方面能够由自己主导程序的进行,也就是说,能够"创造性"地领导这些侦查活动;另一方面也可以从"案卷累牍"的工作生活中脱离出来。知人善任的能力、工作分派组合的能力、以及对犯罪侦查的兴趣有利于完成这些工作,交际障碍则是不该存在的。检察官的职场生活通过这种方式变得格外多元。

二、专门部门(Spezialabteilungen)

原则上:单个程序越繁琐复杂,对检察官的要求就越多,要从一开始就想出以何种方式和方法、以何种次序取得证据材料并展开随后的侦查活动的流程。刑警与检察机构之间的协作在某些专门部门[经济犯罪(Wirtschaftskriminalität)、有组织犯罪(Organisierte Kriminalität)和贪腐(Korruption)]大多是非常紧密与活跃的。以被任命到负责有组织犯罪的部门的检察官为例,他经常要亲自完成对犯罪现场的调查(Tatortbesichtigungen),并领导搜捕(Razzien)和搜查(Durchsuchungen)工作,这些行动也发生在晚上和周末。检察官在个案侦查活动中需要个人投入的程度也取决于其个人的行事方式和方法。

检察官的权力随着时间的推移逐渐得到强化,这方面的例子如,以前必要的法官预先检查已经被废除。除此之外,检察官在询问证人、专家以及在搜查、较长期的观察(längerfristige Observation)和扣押(Beschlagnahme)工作中也拥有了广泛的权力,而不仅限于出现迫在眉睫的风险时。但是,一些指令有时候也需要法官的批准,例如拉网式搜查(Schleppnetzfahndung)。

三、提起公诉(Anklageerhebung)与诉讼终止(Einstellung)

检察官最后决定,何时终结侦查程序以及是否提起公诉(Anklage)。根据《德国刑事诉讼法》(Strafprozessordnung)所规定的终止情形(Einstellungsmöglichkeiten),重要的裁决也能在检察官这里被作出。完成公诉书是检察官的核心任务,类似于判决的作出,撰写公诉书时也要求检察官抓住重点、将复杂的案件事实以易于理解的方式陈述出来并且能在总体的加重或者减轻罪责方面以及证据材料方面作出说明。

值得注意的是,不仅仅是侦查活动的质量和证据材料,公诉的质量对于主辩论程序的进程也是决定性的。也就是说,越完好的公诉越能缩短庭审时长。检察官这个角色不仅仅出现在侦查程序中,也出现在刑事诉讼程序(Strafverfahren)中,因此不能被低估。

四、庭审工作(Sitzungsdienst)

此外,检察官在法院的审理过程中代表公诉机关,这也是一个时常出现困难的任务:首先,在庭审分类(Sitzungseinteilung)中对于较为简单的案件并未作规定,准备提起公诉案件的检察官也可以在主审中相伴而行。因此,检察官必须要在非常短的时间内尽最大可能地熟悉其负责的尚属陌生的案件,进而确保公诉案件得以妥当处理。在庭审时,检察官通过合适的申请以及通过对被告人、证人和专家的发问,再度尽可能全面地在加重或者减轻罪责方面进行阐述。另外,快速反应能力、执行能力和冲突解决能力在庭审中也是有帮助的。

除此之外,检察官这个职位还允许检察官在庭审中像法官一样自由地、直接地进行表达,而不受制于辩护方的与回避声明(Befangenheitsantrag)*相似的举措。刑事法官因此在"冲突防御"(Konfliktverteidigung)的案件中一直冒着风险。

该职业的一个优点是,与法官相反,检察官能够退出庭审代理(Sitzungsvertretung),而不必终止原刑事审判程序,另辟新的程序:因为疾病、休假或者一次成功的替换申请,在必要的时候从庭审中退出,并不会给检察官带来像有时刑事法官所承受的那么大的压力。

在证据调查阶段的最后,检察官还要完成另外一个高要求的任务,即在总结陈词中对既定的案件事实进行总结并陈述最终结果是如何得出的。对此,对于部分难以进行的证据评价可以口头表述,而无需再作查明的准备。这一点也说明了,检察官无论如何都应具备自发地对结果和申请作出决定并独立地进行表述的能力,这也适用于庭审中略危急的情况,即常常有大量社会公众和新闻界代表参与的时候。

在检察院的普通部门工作的检察官必须要"处理"许多公诉案件,并完成许多庭审代理。他们的优势在于能够展示众多成功

---

* "Befangenheitsantrag"与"Ablehnungsgesuch"意思相同,译为"回避声明"。——译者注

的经历(类似于在地方法院);那些比较小的、比较简单的审理程序通常很快就能够被定性为有罪(Verurteilungen)或者宣告无罪,进而立即得到具有法律效力的裁决(rechtskräftige Entscheidungen),也即确定的庭审终结。这能带来一个令人满意的工作,一如依据自己的侦查工作,也就是依据已发现的证据使犯罪嫌疑人供认罪行。

与此相对,由检察院专门部门执笔的公诉文书在开始和结束通常都要很长时间。因此,经常有若干被告人和辩护人以及外国证人(Auslandszeugen)参与的所谓的"纸箱—程序"(Karton-Verfahren)无法在最短的时间内被审结。在侦查环节和公诉文书上花了大量时间和心血的检察官自然会觉得受挫,因而在这种程序中通过达成"辩诉交易"(Deal)来避免耗日持久的证据调查就变得特别常见。

五、受指令权拘束(Weisungsgebundenheit)

可能被视作为该职业缺点的是,根据《德国法院组织法》第146条,检察官受其上司指令的约束。因此,在许多案例中,对于是否应该对判决结果进行法律救济(Rechtsmittel)这个问题并不是由检察院的庭审代表一个人说了算。

对于检察院的候补文官来说,接受上级指令的约束带来的不利还有,他们的工作更缺乏独立,自我决断空间(终止程序、提起公诉等)也是有限的。因此,检察官在工作几个月以后才能获得所谓的"小的签署权"(das kleine Zeichnungsrecht),再晚一些才能获得所谓的"大的签署权"(das große Zeichnungsrecht)。这意味着,上司可以对个人工作甚至其中各个细节进行核查、评论并且在最后能够作改动。能够接受这种拘束是从事这个职业的前提。因此,年轻的候补文官在检察院工作的性质与在法院的是不一样的,因为法官从一开始就不受指令的拘束,而是只服从于他们所适用的法律。

六、部门转换与部分时间工作形式(Abteilungswechsel und Teilzeit)

一个上面已经提到的检察院的优势是,至少在一些比较大的城市都建立起了专门检察院(Schwerpunktstaatsanwaltschaften)〔例如:有组织犯罪、贪污、青少年犯罪(Jugendkriminalität)、青少年保护、麻醉品犯罪(Betäubungsmittelkriminalität)〕,这些部门允许工作人员互换,置于较长的职业生涯而产生的轮换也是允许的。

同法官一样,检察官也有从事部分时间工作形式的机会。[502]

七、刑事执行(Strafvollstreckung)

不能被忽略的还有检察机构作为刑事执行机关(Strafvollstreckungsbehörde)(《德国刑事诉讼法》第451条)所产生的任务:依据生效的判决而产生的刑罚立即执行(Strafantritt)、缓期执行(Strafaufschub)以及其他法律后果。在刑事执行活动中,检察官还有其他工作要做。即使在时常出现的高压工作条件下,检察官也要带着责任心和对这份与人相关的工作上的兴趣,完成要求苛刻的工作。

---

[502] 对此参见本书第十五章。

八、减刑或赦免程序(Begnadigungsverfahren)

除此之外,检察官还要参与减刑或赦免程序、根据《婚姻法》(Ehegesetz)和《失踪法》(Verschollenheitsgesetz)执行专门的任务、参与针对检察官和税务咨询师的惩戒程序(ehrengerichtliches Verfahren)*以及在州与联邦层面的行政法院(Verwaltungsgericht)负责公共利益代理人的工作。

九、升职机会与工作条件

在第十五章已经提到过的职业劣势同样适用于此:决定做检察官也意味着投身到一份尽管经济上有保障,但却也仅限于此的职业。检察官的薪水与法官的薪水相当,升迁机会也与之相近。

第二节 申请

申请检察官与申请法官的要求大体一致。如在本书第十五章已经提到,在大多数州申请程序是在同样的机关——高等区域法院或者司法机关/司法部进行。因而,招用前提与标准也是一致的。如果申请者不满足考试分数的要求,在有些州也还有机会去申请检控官岗位(Amtsanwaltsstelle)。对于这个岗位,法官任职的资格不是必要的,也即不必通过两次国家考试。检控官可以

---

* 根据杜景林、卢谌主编的《德汉法律经济词典》,"Ehrengericht"译为"荣誉法院",见该书第 194 页(2011);而周恒祥编著的《德汉法律词典》将该词译作"惩戒法院"。Ehrengericht 在德语语境下,指的是一些机关的内部法院,专门为追究某些从业人员的渎职行为而设。故在此,将"ehrengerichtliches Verfahren"译作"惩戒程序"。——译者注

根据《德国法院组织法》第145条第2款的规定,在地方法院进行有限的检察工作。根据州司法行政机关颁布的联邦统一的《检察机关组织及职务行使令》,检控官只能承接那些由刑事法官独自裁决的刑事案件(Strafsache),并且只能是某个分类中所标示出的犯罪行为(Straftaten)。

因此,检控官尤其不能参与可能判决为保安处分、强制医疗(Unterbringung in einem psychiatrischen Krankenhaus)或者4年以上监禁(Freiheitsstrafen)的案件。

第十七章　公证人

第一节　职业面貌

182

于 1998 年 4 月 9 日[503]联邦宪法法院（Bundesverfassungsgericht）所谓的"审计师（Wirtschaftsprüfer）案"就已经阐明，仅从德国公证处的外在表现来看，统一的公证人员职业面貌并不存在。[504] 所以，只在专职公证人（hauptberufliche Notare）、律师兼公证人（Anwaltsnotare）、公证官（Amtsnotare）以及区公证官（Bezirksnotare）之间进行区分。

一、专职公证人

在汉堡、梅克伦堡-前波美拉尼亚、布兰登堡、莱茵兰-普法尔茨、萨尔、拜仁、萨克森、萨克森-安哈尔特、图林根这些联邦州以及北

---

[503]　BverfGE 98, 49；该宪法判决认为，只要律师兼公证人允许同时是税务咨询师，且允许与纯税务咨询师合营，旨在禁止律师兼公证人与审计师合伙的事务所禁止规则（Sozietätsverbot）应因违反《德国基本法》第 3 条第 1 款之规定而被宣告违宪。

[504]　"职业面貌"这个术语紧随联邦宪法法院的判决，在 1999 年 1 月 22 和 23 日举办的德国公证协会（der Deutschen Notarverein）上也被讨论；参见 BNotK-Intern 1999, 3。

莱茵-威斯特法伦州的部分地区(地处莱茵地区的公证处[505]),公证人根据《联邦公证人法》(Bundesnotarordnung,BNotO)第3条第1款都是专职公证人,即他们只从事这一份工作[所谓的"纯公证事务"(Nurnotariat)]。

专职公证人的人数在20世纪90年代初期至中期有近乎10%的明显上涨,该数字在此之后一直处于稳定状态。[506] 该增长趋势归因于新成立的联邦州对于纯公证人的需求。

二、律师兼公证人

在律师职业之外,有时也在税务咨询师和审计师之外,在石勒苏益格-荷尔斯泰因、柏林、不来梅、下萨克森、黑森以及北莱茵-威斯特法伦州的部分地区还可以从事公证人这个职业。

根据《联邦公证人法》第3条第2款,这种公证业务形式在这些法院辖区被保留下来,直到1961年4月1日,公证业务在这些地区也只能作为副业来进行。

尽管该职业形式只在德国三分之一的地区存在,但是律师兼公证人的人数却明显高于专职公证人的人数,因为律师兼公证人也同样只在律师事务之外从事公证业务。虽然在2002年年初共有8 765名律师兼公证人,但是在2002年年末就只有8 365人,这

---

[505] 科隆与杜塞尔多夫的高等区域法院辖区中,后者不包含右莱茵地区的杜伊斯堡州法院和埃默里希的初级法院。

[506] 在1992年有1 484名纯公证人,在1996年已经有1 651名,截至2002年1月1日共有1 663名纯公证人;参见联邦公证人公会(Bundesnotarkammer,BNotK)的公证人数据(http://www.bnok.de)。

个数字在最近几十年只呈现小幅度波动。[507]

三、初级公证处(Amtsnotariat)与区公证处(Bezirksnotariat)

巴登-符腾堡州既有律师兼公证人又有专职公证人。除此之外,因为历史的原因,在早前属于巴登的地区还有初级公证处*,在曾经分属于符腾堡的地区还有区公证处。

初级公证官以及区公证官都是公务人员,公证处则是负责非讼程序的机关。巴登州的初级公证官必须通过两次国家考试并且具备法官执业资格,而区公证官则是负责高级司法事务的官员;二者当然地必须依据公证工作的要求完成相应的培训,在公证业务之外还要从事非讼工作。

区公证官在土地与工商登记(Grundbuch-und Handelsregistereintragungen)事务上拥有决定权,可以公证遗嘱(Testamente)与继承合同(Erbverträge)、安排监护(Vormundschaften)或者保佐(Pflegschaften)**事务。在此,区公证官要查明案件事实、确定行为构成要件(Tatbestände)、将言词辩论程序引向证据调查、询问证人和专家,并作出独立负责的裁决。

---

[507] 在20世纪90年代初期律师兼公证人的数量也有明显的上升,之后几年这一数字有所回落,与在德律师数的增长趋势相背。

* 自2018年1月1日起官方公证处已于巴登-符腾堡州不复存在。——译者注

** 保佐指的是,仅就特定的或特定范围内的事务对需保护的人的人身和财产进行保护和照顾。该解释参见杜景林、卢谌编:《德汉法律经济词典》,对外经济贸易大学出版社2011年版,第619页。——译者注

第二节　职位与收入

一、主权机关（Hoheitsträger）

公证人[508]作为主权机关以及司法机关与公民相对，代表的是国家。因此，他们要像法官和律师一样，为尽职尽责地履行公务（Amtsführung）进行宣誓，并且要定期接受主管的州法院主席（Landesgerichtspräsidenten）在遵纪守法方面，尤其是准确地进行费用结算以及合乎规定地保管书证（Urkunde）和贵重物品方面的检查。不同于法官，他们没有作出具有强制法律效力的裁决的权力，在预先进行的司法活动中，他们要不偏不倚、独立地为所有参与人提供咨询并斡旋其中。在这点上，他们又与律师不同。[509]

二、利益平衡

为了能完成咨询与斡旋工作，公证人首先有必要查明案件事实，尤其是当事人的意志与利益状况。对此，他们尤其要考虑到参与人之间在经济与法律经验、知识储备以及能力与地位方面的不平等，以实现找到恰当的解决途径、实现利益均衡所必需的平

---

[508]　专职公证人的女性比例这几年稳定在大约18%，远低于联邦范围内女法官的比例（30%）；来源：德国联邦统计局（http://www.destatis.de）。

[509]　在律师兼公证人与一方当事人关系亲密时，可能会产生利益冲突（Interessenkollisionen），届时会引起广泛的参与禁止。因此，在律师兼公证人自己是一方当事人或是现在或者曾经作为一方当事人的律师代理案件时，其不能承担任何与该案有关的公证任务。如果其已经在某事项上作为公证人公证过，那么他就不能再以律师的身份为当事人任何一方提供咨询。上述事项界限的认定是很宽泛的。违反该参与禁止甚至可能会导致撤职。

衡；公证人也要在这个范畴内保证对消费者提供有效的保护。

合意达成时，公证人努力的成果多数会反映在公证过的合同中。该合同要么已经由一方或者全部参与方准备好，要么由公证人自己起草并在必要的情况下满足当事人提出的要求。如果到最后（仍）无达成合意的可能，也没找到任何解决措施，公证人则没有任何决断的资格。

三、收入

候补公证人（Notarassessoren）获得与 R1 薪金组的法官相似的薪水。同样的，他们也有权获得补助金和抚恤金。

公证人依规费条例的标准对所提供的服务进行收费。但是这些所得要用来结清他们所累积的全部费用，尤其是人事费用和租金，还有保险费和交予公证人公会的会费，这些费用是很可观的。R1 薪金组的法官薪水中还包含需纳税的收入，但公证人还有来自公证人保障机构（Notarkasse）的额外收入。公证人年满 62 周岁[510]起可以领取养老金（Pensionsleistungen），与此相对应的是 R2 薪金组的法官。原则上，公证人，尤其是纯公证事务领域的公证人，其收入前景是极其优越的。

第三节　任务

能够被称作统一的职业面貌的，并不是联邦州之间公证处完全不同的外观，而是德国公证人所要承担的任务。但是在同一类型公证处的内部服务的质与量也不尽相同，公证人是否是一个

---

[510] 公证人最早在年满 62 周岁，最晚在年满 70 周岁的时候退休。

人、在一个小的还是大的事务所、在城市还是在乡村地区工作,也会对服务的质与量产生影响。

制成文书(Beurkundungen)*与认证(Beglaubigungen)无论在何种类型的公证处都被认为是公证人至关重要的任务。立法者希望许多典型的、能够产生严重的人身和财产上后果的法律行为(Rechtsgeschäfte)在达成之前,确保有一名中立的公证人提出适当的指导和警示,即只有公证人根据《德国民法典》第128条出具证明时,该行为才具有法律效力。

公证文书(notarielle Urkunden)到最后会具有法律上规范化的、极其广泛的证据效力(Beweiskraft)(《德国民事诉讼法》第418条)。其并不仅仅只是长久地作为一种证据,而是(在法律规定的情形中)在登记簿或者其他的机关作为法律上重大的登记或者司法行政文件加以出示。除此之外,根据《德国民事诉讼法》第794条第1款第5项,公证文书能够产生执行名义(Vollstreckungstitel),而无需法院的其他审核。

公证文书具有不同的而又广泛的作用,公证人应尽力明确地撰写文书,切实考虑到当事人一致的意志、不让任何有规制需要的问题处于悬而未决的状态,以从源头上避免日后可能出现的关于文书内容或者其他解释途径的争议。[511]

---

* 该翻译参见:杜景林、卢湛编:《德汉法律经济词典》,对外经济贸易大学出版社2011年版。"Beurkundung"与"Beglaubigung"的区别在于,"Beglaubigung"只是对真实性进行证明,而在进行"Beurkundung"时,公证人还要探究当事人真实的意思表示、为当事人解释相关的概念等。——译者注

[511] 公证人会因过失违反义务而受罚,尤其是依据《联邦公证人法》第19条的错误指导(Fehlberatungen),因此根据《联邦公证人法》第19 a条,其必须投保一份具有高额保险额的职业责任保险(Berufshaftpflichtversicherung)。

一、地产法（Grundstückrecht）

尤其是移转和获得土地产权的认证需求[512]使地产法被视作公证工作的支柱。[513]

二、家庭法

另一个传统的公证工作领域是婚事合同（Eheverträge）的制作与认证，新近的还有伴侣合同（Partnerverträge）。此外，公证人也可以参与离婚协议（Scheidungsverträge）和收养（Adoptionen）事务。

三、继承法

恰鉴于所谓的"继承的辈位"（Generation der Erben）而需要认证遗嘱和继承合同（Erbverträge），公证人在预期所得和生前赠与方面的指导以及在继承文书申请（Erbscheinsanträge）的参与中扮演了日益重要的角色，此类工作的收入在接下来的几十年里是尤为可观的。

四、企业法（Unternehmensrecht）

除此之外，公证人员在各类公司法人设立（Gründung）与改组（Umgestaltung）以及相应的商事登记申请（Handelsregisteranträge）上也被委以重任。

---

[512] 《德国民法典》第313条旧有表述被2002年1月1日起生效的第311b条第1款的新表述替代。

[513] 地产的概念下也包含共有份额（Miteigentumsanteil），住宅所有权（Wohnungseigentum）以及根据前《东德民法典》（ZGB）的建筑物特别所有权（Sondereigentum an Gebäuden）。

五、照管法(Betreuungsrecht)

鉴于人均寿命的提高,公证人的业务量也确定会上升,但不那么赚钱的一个工作领域却是对授权护理委托书(Betreuungsvollmachten)和所谓的预立医嘱(Patientenverfügung)*的公证。

六、调解

除了传统的调停事务(Schlichtungstätigkeit)与仲裁事务(Schiedstätigkeit),公证人也可以主持越来越受欢迎的调解(Mediation)活动。这样的活动在各个领域都是有意义的,在经济上,此举是避免陷入耗日持久而又花费巨大的法律纠纷的合适方案;与此有关的,如:离婚诉讼(Scheidungsverfahren)、离婚协议(Scheidungsvereinbarungen)以及遗产分割(Nachlassauseinandersetzungen)。

第四节 申请

原则上,从事公证人职业的机会在不同形式的公证处存在不同之处。但是个别州在有些事务上也部分地规定了不同条件[514],这些可以在各自的公证人公会查询到。

---

* 预立医嘱指的是,立嘱人为防日后无法有效做出自己的意思表示而预先书面做出处分。其主要应用于医疗过程,如拒绝心肺复苏术。《德国民法典》第1901a条第1款第1句对其进行了定义。——译者注

[514] 例如在拜仁州,原则上只有是应届考试生的申请者才会被列入候选名单,也就是说,在通过第二次国家考试3个月之内的申请才会被考虑,并且是考试结果必须不低于"良"这个分数等级(注:在德国法学分数评价等级中,"良"为单项评分10分以上,总体评分9分以上,满分为18分)。

一、专职公证处

只有以候补公证人(《联邦公证人法》第 7 条)的身份承担了至少 3 年公证人候选工作的人才能被聘为专职公证人。[515]

申请者的选拔由司法部或在有各公证人公会参与时由司法机关举行,有些也由高等区域法院的主席来负责。被录到参与候选工作的申请者人数与计划聘用的专职公证人人数一致。对于申请者的择选着重于专业能力方面,这方面能力多由在国家考试中取得的优异成绩加以佐证。

在公证处的实习期间,候补公证人会被分配给不同的实习导师(Ausbildungsnotare)。州公证人公会出于公证人代理(Notarvertretungen)＊(休假和生病时的代理)以及公证处管理(Notariatsverwaltungen)的需要而培养候补公证人。因此,有时会在地域灵活性、时间以及个人的投入度上对候补公证人提出相当高的要求。

候补公证人通过各自的实习导师以及大量的进修活动学习到各式各样的培训内容,尤其是个别委托给公证人的属于预防式法学的法律事项(Rechtsmaterien)、公证处的组织问题以及与和当事人打交道相关的内容。

---

[515] 候补公证人在公法培训关系中自成一类;其招聘条件与其他公共服务工作一致,健康、具备专业能力、人品适格,即无前科(Vorstrafenfreiheit)且忠于宪法(Verfassungstreue)以及具备其他社交能力和组织技能。

＊《联邦公证人法》第 39 条详细规定了与公证人代理人的选定相关的内容,其第 1 款载明:"公证人的监督机关可以依公证人的申请在其缺席或有阻却事由时,指定一个代理人。"——译者注

二、律师兼公证人

州司法部或司法行政机关也要确保,得到充分满足律师兼公证人事务所所在地的居民对公证人的需求,并发布相应的公证人岗位广告。

申请者的专业和个人资质在公证人选任上也是决定性的。专业能力的证明一方面又回归到国家考试的成绩;另一方面,由于并未规定律师兼公证人需要参加候补公证人实习,所以其可通过成功参与[516]德意志律师协会(公证人专业研究所,Fachinstitut für Notare)开设的基础课程证明其专业能力。除此之外,还有设有公证人专项内容的可自愿参与的预备课程。

除此之外,《联邦公证人法》第6条第2款还规定了等待期,这一方面是为了确保申请人有一定的实务经验,另一方面也为确保其了解辖区情况。因此,申请者必须拥有律师执业资格至少5年且已经在预就职单位专职做律师3年以上。

申请是否成功,最终是根据上述所有因素的积分制来决定的。申请者其他被证明了的附加能力也能起到积极的作用。[517]

---

[516] 申请者需有笔试成绩或者证书证明其成功地完成了进修课程。
[517] 与公证人这个职业目标相关的最新消息可在联邦公证人公会信息发布网页上查询到。

第十八章　行政机关法务

第一节　职业面貌

　　律师与检察官职业之外,在行政机关的工作对于法律人来说是第三个传统的工作领域。[518] 各州的法律人培训规范直至几年以前还考虑到这种预估而大规模安排行政训练机构,尽管这种预估在之前就已经脱离了现实。相反,事实是公务服务主管机关或者说是雇主在精简时期(Zeit der Konsolidierung)实行保守的雇佣政策。[519] 不考虑这些的话,公共服务领域的岗位对于法律人来说也是一个多方面的、吸引人的工作。包罗万象的行政任务以及由此产生的大量行政机关使得法律人在不必更换"东家"的条件下,就能从事不一样的工作。

　　受雇于联邦、州和乡镇的法律人会周期性地被纳入公务员法

---

[518] 帝国宰相奥托・冯・俾斯麦(Otto von Bismarck)就曾说过(但明显带有反感的语气),相较于官场常见的级级晋升的单调乏味之路,他宁愿选择军队里不循规蹈矩的工作(Gedanken und Erinnerungen, Band 1, Kapitel 1, Teil 1)。

[519] 对此参见本书第十八章第二节。

律关系(Beamtenverhältnis)中。[520] 这是公共服务系统的工作与和私人雇主建立的聘用关系相区别的重要标志之一。公务员法律关系的建立使得广泛部署所雇用的人员成为可能,具体来说,尤其是根据《德国基本法》第33条第4款规定的所谓的"公务员保留"(Beamtenvorbehalt)。依此,高权性职权的行使作为固定的任务原则上被委托给这些负有公法上忠诚义务的人。

如果年轻法律人以比较高级的一般性行政服务工作作为职业生涯的开端,那么他就已经算是踏上了四种公务员法上的职业跑道中最高级的[521]那一种了。[522] 根据主管机关的自我理解,他们从一开始就属于公务活动中的领导层。[523] "一般性"这个概念表达的是,法律人(类似于经济学家)在不同的行政领域中考虑所有潜在的领导工作。[524]

由此可以明确,法律人在公共服务中的工作是极其多面的。法律人不仅仅致力于处理不同等级层面上纯粹的(法律)专业技术工作,也从事一些项目里的其他工作;除此之外,当法律人已经

---

[520] 倘若个别情况下并没有法定的建立公务员法律关系的前提规定(如,德国国籍或身体健康条件),则适用一般雇员法律关系的雇佣条件;对此,详见下文)。同样的,当法律人被雇用到需长期负责的相当专业的任务时,上述规则也适用。

[521] 行政工作的低、中、高、更高级别的划分见《公务员法制框架法》(BRRG, Rahmengesetz zur Vereinheitlichung des Beamtenrechts)第11条第2款第1句以及联邦和州的《职业条例》(Laufbahnverordnungen)。

[522] 受雇人员获得一份根据公共服务劳资协定或者州的劳资合同授薪的工作。

[523] 例如,汉萨自由市汉堡人事局的互联网界面(http://www.hamburg.de)很长一段时间里就使用了"领导层的接班人"这样的表述。

[524] 对于拥有其他高校毕业证的申请者来说,这在原则上并不适用。他们的工作领域大多受制于其所接受的职业教育。所以,土木工程师优先适于建筑管理行业的专业工作,医生适于卫生局的医学工作。

有一些工作经验时,也会被委以领导专门机关或者专门部门的任务。

一、行政工作中法律人的作用与要求

法律人在公共管理中的作用以及对其提出的要求取决于其所负责的具体工作。处理与公民有关的法律专业技术工作的法律人,如在行政复议机关(Widerspruchsbehörde)的法律人,他们直接行使公权力。在这里,机关法务人员的工作是双向的。一方面他们要审查与公民利益相关的行政行为(《德国行政法院法》第68条或《德国社会法院法》第78条)的合法性与合目的性。此时,他们也受到法和法律的约束(《德国基本法》第1条第3款和第20条第3款)。另一方面,机关法务人员在行政服务中并没有与法官相似的人身上的和业务上的独立性。[525] 相反地,他们作为某个机关的工作人员,是它的利益代言人,即使在行政复议程序中也是如此。根据目前一致的观点,行政复议程序并不是行政诉讼(Verwaltungsgerichtsverfahren)的前置程序[526],而是政府行政程序的组成部分。[527] 因此,它除了服务于公民的权利保护之外,还主要对行政活动进行自我约束。[528]

就此而论,机关法务人员要检查该任务是否遵循最初的决定,是否在整体上以及具体的形式上都能够得以实施。在个案中涉及酌情裁量时,这无论如何都是适用的。在这种情况下,通常

---

[525] 对此,参见本书第十五章第一节。
[526] 如 BverwGE 17, 246, 248 f.。
[527] 通说,参见如 *Meister*, DÖV 1985, 141;目前判决也支持这种观点(自 BverwGE 62, 201, 205 f.之后)。
[528] 参见 *Kopp/Schenke*, VwGO, 11. Aufl. 2002, vor § 68 Rn. 1。

更高一级的角度也要考虑到,如为大量事件所拟就的行动纲领。除此之外,还有政治上经表决决定的项目等。一般的,在这个层面就可以看出,行政权从属于立法权,立法机关的决定和决议可以约束行政机关。

除了公权性职能,在法制科工作的行政机关法务人员还有代理其工作机关参与所有非诉以及诉讼相关的法律事务的任务。行政法院或社会法院的庭审程序通常都包含参与庭审日(Verhandlungstermin),在所有审级中都是这样。于更高层级的行政服务(Verwaltungsdienst)中工作的全职法务人员在一般的律师强制代理情形之外,有权亲自代理于高等行政法院以及联邦行政法院进行的案件(《德国行政法院法》第67条第1款第3句)。

阐明民法上的问题也属于代理所属行政机关在法律事务上的任务。这方面的事务是多种多样的:其既可以是以诉讼的方式向一位公民主张该行政机关所享有的债权[例如,因损害公共财产而产生的损害赔偿债权(Schadensersatzforderungen)、依据《扶养金预付法》(Unterhaltsvorschussgesetz)主张扶养金支付等];也可以是拒绝公民向国家主张的债权[例如,职务侵权赔偿请求权(Amtshaftungsansprüche)]。最后,行政机关法务人员还要阐明刑法上的问题,这既有来自《德国刑法典》的[如诈骗社会救济金(Sozialhilfebetrug)],也有来自附属刑法(Nebenstrafrecht)领域的[即个别的刑事犯罪构成要件(Straftatbestände)来自于其他法律规范]。总而言之,这要求行政机关法务人员有丰富的法律知识,除此之外,面对每天新出现的案件,还要有提出不单单是法律上正确的,而且还具备实用高效的解决措施的能力。最后,这也说明了,这一层级的行政机关法务人员必须能够得体并且有的放矢地面对公民。

　　这些法务人员在投身于其他工作领域的时候,例如在项目组中,则会出现一些略有不同的面貌。这里所涉及的是存续时间有限但又跨专业的工作组,行政机关法务人员要为某一类问题提出解决办法或者是解决的建议。这些工作组的表现形式是多种多样的。典型的例子就是在20世纪90年代后半段,一批州和乡镇为推进行政工作现代化而设立的大量委员会和项目,例如一个关于拟定某个城市区域开发可能性的地方性项目。议会的调查委员会(parlamentarischer Untersuchungsausschuss)[529]也属于这样的项目,参与到工作组层面的大部分都是来自行政部门的一批法务人员。这种项目里的工作不涉及公权性的工作。相反,除了运用他们专业的知识解决与项目相关的法律问题,他们还要有团队协作能力,并能够有针对性地、集体性地工作。因此举例就是,必须要提出正确的问题并找到能够令人满意的回答。

　　拥有丰富工作经验的法务人员最后可能要领导该部门,确切地说,这项工作绝不只与法律问题有关。比较而言,即使是那些"与法律学科无关"的部门也经常由有法律知识背景的人来领导。[530] 这里说的是狭义上的领导工作。在这里,专业性问题越来越多出现在幕后。这种职务除了要求有融合力,重要的是还要有组织能力、行动力以及领导能力。

---

　　[529] 关于议会的调查委员会详见本书第二十三章。
　　[530] 而这种情况是非法学背景的人所乐见的,因为其他专业的(即非法学的)行政人员可能会因此丧失晋升机会。

二、地位问题

如之前所提到的那样,法律人进入行政服务领域通常是通过"公职录用"(Verbeamtung),也就是说通过纳入公务员法律关系(Übernahme ins Beamtenverhältnis)。公务员法上的劳务关系(Dienstverhältnis)是一种在多个方面与依民法成立的雇佣关系(Anstellungsverhältnis)相区别的工作形式。因为只有极少数文官候补生以公务员(Beamte)的身份(可撤销)完成预备期服务,他们压根就不了解或者很少了解公务员法律关系的特别之处。下面就简短地介绍一般雇佣关系与公务员法律关系的区别,以便初入职场的人对公共服务领域的工作意义有大致的了解。[531]

现今,公务员与其主管机关之间的关系一般被认为是一种特殊的身份关系(Sonderstatusverhältnis)。公务员法律关系具有公法性质。主管机关对公务员的命令和措施属于行政行为,只要它涉及基础关系(Grundverhältnis),即涉及公务员个人的法律地位(Rechtsstellung)。这种行政行为是可受司法裁决的。具有审查权限的不是劳动法院,而是行政法院[《公务员法制框架法》(BRRG)第126条及第127条,《联邦公务员法》(BBG)第172条]。

公务员法律关系经由行政行为而建立。公法上的用工关系经由任命(Ernennung)(《联邦公务员法》第6条第1款第1项)而生效,与之相对,劳动合同的签署就不是必要的,并且也不是普遍的。任命完成之后,主管机关将就聘用公务员(《联邦公务员法》第7条)的所有前提条件,包括健康条件,进行核查。实践中,这种

---

[531] 关于公务员法的更多文献可参见下面的著作,例如:*Wagner*, Beamtenrecht, 8. Aufl. 2004,和 *Weber*, Beamtenrecht, 1. Aufl. 2003。

核查需要一些时间。审核在新聘员工被通知工作的第一个工作日还没完成的情况并不少见。这种情况下，主管机关会先行与新进员工签一份有期限的公法上的用工合同（Beschäftigungsvertrag），一个所谓的特别劳动合同（Sonderarbeitsvertrag），藉此准许该员工在一定时间内享有事实上的公务员法律地位。这尤其适用于确定与公务员薪资（Beamtenbesoldung）相应的报酬与援助资格。如果主管机关在这个期间得出该员工满足公务员聘用条件的结论，紧接着就会有一个对未来生效的正式任命（但是不溯及第一个工作日）。新入职的工作人员首先会被任命成试用的公务员（Beamte auf Probe）（《联邦公务员法》第9条第2款），在成功完成一定时限的试用期之后（一般是3年，最多限制在5年），接着会被任命为终身公务员（Beamte auf Lebenszeit）（《联邦公务员法》第9条第1款）。

　　公务员法律关系的结束要么是通过公务员自己提出的辞职，要么是依照法律的规定，即公务员身份的前提嗣后不复存在，这里也涉及行政行为。

　　与私法上劳动关系的另外一个不同之处在于工作义务的内容。在一般的雇佣关系中，劳动者的义务主要源自该项工作本身，而公务员与其主管机关之间存在一个相互的、范围广泛的并且是在工作之外的领域也会涉及的服务与忠诚关系。终身制公务员惯行的基本原则（《德国基本法》第33条第5款）对该相互关系的形成举足轻重。这些基本原则部分以法律的形式被规定在《联邦公务员法》和各州的公务员法中。关于公务员法律地位的相应的规则大多放在包含广泛内容的"义务"一章（《联邦公务员法》第52条及以下）的各项"权利"前。举例来说，公务员的忠诚义务(Treuepflicht)包括,他要全心全意投入到他的职业中(参见《联邦公务员法》第 54 条第 1 句的明确表述)。[532] 除此之外,他必须在本职工作内外通过自身行为尽到其工作所要求的注意和忠诚义务(《联邦公务员法》第 54 条第 3 款)。这些描述并不是为了给出一个理论层面上的可怜的形象。实践以及对公务员法上的问题有管辖权的行政法院的判例已经从这些抽象的概念发展出一套内容丰富的义务规则(Pflichtenkanon),举例而言,一位公务员在职务之外的违背纪律的不端行为也能对其职业产生影响。实践中,该义务的一个可能的结果就是绝对的罢工禁止(Sreikverbot),根据持续不断的判例[533],公务员必须要遵守,而一般的雇员则不受此限。举例来说,根据既定的判决,非公务时的醉酒驾驶属于违背公务义务(Dienstpflichtverletzung),其连带着其他的(交通上的)不法行为(Delikt),甚至可能会导致暂时性的薪水缩减。那些出现在私人领域的服务义务违反的后果也体现了公务员法律关系与一般雇佣关系明显不同的一面。

以私法上雇佣关系的形式开始公共服务领域的工作同样也是可行的,但这只是例外情形。显而易见,私法上的雇佣关系首先要考虑雇员的意愿。除此之外,如果受雇人不满足建立公务员法律关系的前提条件,那么私法上的雇佣(Anstellung)行为也是必要的。属于这方面的案例有:受雇人员不具有德国国籍,或者在公务体检机构(PÄD)做了必要的身体检查之后,出于健康方面的原因不被支持加入公务员法律关系。但是也要考虑到,并不是公务领域的所有工作都对公务员和一般雇员敞开同样的大门。

---

[532] 由此得出,甚至还有保持自身健康的义务。
[533] BverfGE 8, 1, 17.

如果涉及一项相当具体的工作,各岗位介绍就要写明,该工作岗位是否只接受公务员还是也接受一般雇员。由已经提到过的公务员保留可知,公权性的工作从狭义的功能性视角来看只保留给公务员。联邦与州的公职人员惩戒规定是公务员法上的特别规定,它们不适用于一般雇员。

三、工作条件

个人的工作环境以及自主进行工作的可能性是判断工作岗位优劣的重要标准。

公务员以及公共服务中的一般职员不享有与法官相同的地位,也就是说,不同于法官[534],其在人身上和业务上都不具有独立性。举例言之,工作时间上的安排就表现了这方面的不同。在公共服务领域与在其他雇主那里一样,原则上都负有出勤义务,其一般受考勤系统控制。[535] 公共服务领域的工作时间在各州原则上是灵活的。这意味着,在核心区的雇员(例如从9点到15点)必须出勤;余下的日工作时间可以依个人喜好早于或者晚于核心时间(Kernzeit)完成。

目前,公共服务领域工作人员每周的工作时间是39小时。联邦公务员适用的是一周41小时的工作时间,严重残疾的或者是有12周岁以下小孩需要照顾或父母一方需要照顾的公务员可

---

[534] 参见本书第十五章第一节。

[535] 通过所谓的考勤卡(或者在当下行政活动中通过芯片卡)记录考勤,通常也适用在比较高的一般性行政服务工作中,通常并不用于与政治环境有关的工作领域,如国家总理或者与立法相关的行政单位。

以申请将工作时间减至每周40小时。[536] 与之相对,大多数联邦州[537]设定了每周40小时的工作时间值。如果被要求更长的工作时间(41小时/周[538]甚至是42小时/周[539]),通常依据联邦的规范或按年龄段有工时缩减保留,如对于50岁以上或60岁以上的公务员,可以相应减少1个小时。

以上都是法律规定的状况。但是,与公务员的劳动时间相关的流行观点与这些比较高的一般性行政服务工作的现状并没有多大关系。通常,法定的周工作时间与工作现实并不相同。公务员的日常工作量因岗位节约和新裁员而越来越大,以至于其在常规的工作时间之内一般都无法完成工作。在比较高的一般性行政活动中加班是很常见的。在一些领域,每日的工作时间已经增长到了10个工作时。因此,没人敢幻想,随着公共服务工作量的增加还能有不劳而获的机会。

公共服务中的工时模式一般都规定了加班时的休息时间补偿[540];事实上,加班费的支付并不被期待。休闲时间补偿有很好的理论支持;然而这种模式在实践中很快就失去了吸引力,因为无论如何,只要在缺席期间没有代理人可供支配,其仍然要自己完成堆积下来的工作。然而,到目前为止,后者已成为常态,以至于在补偿假期之后,要完成的工作量又增多了。

除此之外,公共服务工作还提供了一系列吸引人的兼职、远

---

[536] 2006年2月23日生效的《联邦公务员工作时间条例》第3条。
[537] 柏林、不来梅、汉堡、下萨克森州、莱茵兰-普法尔茨州、萨尔州以及东德联邦州,但图林根州除外。
[538] 巴登-符腾堡州,北莱茵-威斯特法伦州,石勒苏益格-荷尔斯泰因州。
[539] 拜仁州,黑森州以及图林根州。
[540] 俗语经常称其为加班后的"补休"。

程办公以及"工作分享"（Job-Sharing）的机会。在这方面是非常有进步的。

196　　从实际工作条件来看，公共服务工作相对于法官和检察官并没有什么特别之处。[541] 这里的情况同法院和检察院一样，最好是用"缺乏管理"（Mangelverwaltung）来形容。公共预算中的财政问题因有限的物质资源分配而凸显出来。当下时兴的电子数据处理设备在公共服务领域长久以来也属于常见的配备，法律上的工作辅助工具如"Beck-Online"或者"juris"目前也是标配，至少是普遍使用的。但是，除此之外，在涉及设备所占的空间及其状态时，或多或少都要保持客观冷静。无论如何，该工作岗位的舒适度都极少能与大律师事务所或者是商业企业相媲美。这不仅是与"公法上的贫乏"有关，也与公共管理中的所有物质资源都来自税收支持的意识相关。在这个背景下，桃花心木做的桌子以及毛绒绒的地毯在面对联邦的纳税人以及审计署（Rechnungshöfe）时都是不合理的。

四、公共服务领域的收入

除上一部分所提到的外在的总体条件外，剩下的就是收入了，即因所提供的工作而获得的报酬，笔者认为，这甚至可能是选择工作时最重要的标准。这也是合情合理的，因为法律人要完成历时多年且规模非常广泛的职业培训，故可以因此而期待并鉴于其工作的意义获得合理的报酬。公共服务领域的薪资按层级划分，在实践中也会看具体的酬劳高低，然后才是该工作人员是公务员还是一般雇员。

---

[541]　对此，参见本书第十五章第一节。

公共服务中的一般雇员通常会按照《公共服务劳资协定》或各州公职人员劳资协定获得报酬。

相比之下,公务员适用的是与报酬相关的法律。这是一个范围广泛的计算机制,由基本工资以及依据实际情况产生的有限津贴构成。该机制导致职位相当、个人情况相当的公务员获得的工资也是相当的。[542] 联邦、州和县的以及公法上的团体、机构和基金会的公务员的授薪基础统一是《联邦公务员薪酬法》(Bundesbesoldungsgesetz)。[543] 对于初入职场就从事较为高级的一般性行政服务工作的法律人来说,《薪资条例》(Besoldungsordnung) A 是至关重要的,其包括了不同的薪资组别。对于职业生涯依法应编排在比较高级的行政服务中的职业法律人(Volljuristen),薪资组 A13 通常是他们在初级职位时的薪资标准[544],最高至 A16。在每个组别的内部都会分级,即主要是依工作年限授薪。

关于薪资的个别协商依私法上的劳动关系在商事公司和律师事务所是可行的,在部分岗位上也是普遍的,但在公务员法上没有这种操作。另外一个问题就是公务员的按劳授薪,这在大众媒体上时常被视为是解决行政服务中出现的一切问题的万能灵药。各州公职人员劳资协定从 2007 年起已经规定了在州这一层

---

[542] 这是一个好事,同时也是一个坏事,因为相同的工资通常会被视为公务员个人薪资发展的障碍。对此马上会有更多说明。

[543] 关于各州被允许为其公务员规定部分不同工资水准的开放条款(Öffnungsklauseln),自从 2002 年年底就开始了激烈的讨论,这被整理在《明镜周刊》(Ausgabe 44/2002 vom 28. 10. 2002,第 46 页及以下)名为《壁炉改革标准》(Die Revolution am Kamin)的文章中。

[544] 个别联邦州,例如汉萨自由市汉堡在早些年有时会根据 A12 的标准给初入职场就从事比较高级的一般性行政服务工作的公务员发放工资。目前,这种机会因为缩减经费而无法实现。

面从事公共服务的雇员按劳授薪。为了避免公务员与一般雇员之间出现不平等待遇,州有义务为其公务员也制定相应的规则。除了该制度带来的具体困难[545],按劳授薪还需有一个法律基础。州对此已经迈出了第一步,但显而易见的是,该制度的发展到现在为止还远未结束。

不同于一般雇员,公务员不负社保义务,所以,无论是他们本人还是他们的主管机关都不需要按份额交纳失业保险金(Arbeitslosenversicherung)和养老保险金。根据国家对公务员照顾原则(Alimentationsgrundsatz)反推可知,主管机关担负用自己的资源适当照顾退休公务员的义务。主管机关不同于其他私人雇主,其也无需按份额支付医疗保险金。通常情况下,公务员可从其主管机关获得50%的补助[546],在此之外将由私人医疗保险承担风险。出于该结构性的不同,公务员与行政服务中一般雇员的总收入与纯收入也是不同的。公务员的总收入因此要比一般雇员少一些。

比总收入更重要的问题是"纯收入",即在去掉最后的支出之后实际可支配的收入金额。在考虑到所有的个体差异后,一个未结婚、没有小孩的从事公务员工作的法律人根据 A13 标准授薪,在 2006 年时初入该工作每月可获得大约 2 400 欧元的纯收入。[547]

---

[545] 对此,首先说到的问题就是功率值的计算,例如适当领域的确定、指标的进展以及与此相关的协调度;当超出平均水平完成工作时,提高工资就是必须的了。

[546] 该份额也会因为孩子和退休而提高。

[547] 这个金额还是可接受的,但是与一个在比较大的律所工作的同等资质的法律人相比,还是明显少了些。能否鉴于公共服务工作的好处,例如工作的安稳性(对此详见"六、岗位的安稳性"),而使得这个收入变得能够被接受终究是一个需要个人考量的事情。

享有公务编制的行政机关法务人员的"纯收入"与相同职位的一般雇员的纯收入不同。根据劳资协定标准授薪的一般雇员,即使是一开始挣得更多薪水,在最终结算之后其获得的纯收入通常也要少于有公务编制的法律人。公务员与一般雇员收入之间根据具体情况可能会有几百欧元的差距。总的来说,这种差别是合情合理的。理由是,公务员广泛的公务投入性(对狭义上的公权性任务的投入),而且其也要承担标准比较高的义务和限制。同样,公务员有义务在没有经济补偿的情况下执行高级别的任务,与之相对,一般雇员根据劳资协定在执行高级别的任务时自动享有直接请求更高报酬的权利,这使得这种差距有理可循。最后一点,公务员目前的工作时间也要高于一般雇员,而且其通常不可以如一般雇员那样通过劳资协定商定工作时间,而是单方面通过法律来确定。然而,如果仅仅考虑具体的工作,那么初看之下,二者每个月在纯收入上的差别是不合理的,因为该受雇的法律人完成的工作可能与他享有公务员编制的同事完成的工作是一样的。这种差别会影响单位的内部氛围。但也无法期待让二者收入相同。

五、行政服务工作中的升迁机会

另外一个提高用人单位(或主管机关)吸引力的争论点就是,在什么样的范围内,即以怎样的确定性以及怎样的速度使其工作人员能够实现职位晋升的问题。公共服务工作通常与"定期晋升"(Regelbeförderung)的概念相连,即在经过相应的时间后,自动就应该升职。但是这种观念并不符合现实情况。事实上,公共服务领域的升职在工作人员的个人工作能力与财政、岗位运作的实际困难之间存在一个紧张的关系。简而言之,公共服务领域的人事管理主要涉及的就是计划内的职位（Planstelle）。每一个公职都具有某种价值，即都分属于一定的薪资组。若想要完成与提高收入相连的升职，该工作人员要么成功申请到一个尚处空闲且隶属更高薪资组的公职——这原则上会导致工作的更换——要么能够为提高其目前的职位给出合理的理由（并成功完成）。

广泛存在的公共财政预算困局在涉及晋升时更为明显。升职建立在该职位所要执行的任务的重要性有质的跨越之上，然而，这种情况极少出现。尽管存在申请升职岗位，也就是升职到比自己的岗位更高薪的职位的机会，但是这种机会目前也是越来越少出现，因为并不是每一个空缺的岗位都需要继任者。经济上的原因一再迫使这些来自空缺岗位的工作尽可能地按份额分配到余下的工作岗位。

关于升迁岗位的选拔程序要作以下说明：《德国基本法》第33条第2款规定，从事公共职务以及职务的晋升应（仅）取决于相关的资格、能力和专业成绩。当几个资质相当的人同时申请同一岗位时，就必须考虑其他标准。可能的考察角度是多方面的。一般来说，关乎个人的其他一些标准都会被考虑。隶属其中的，如谈判技巧和个人的举止，但也可能是工作之外的以义工或者慈善工作形式实现的投入。因此，一项引人注意的副业，例如担任教师，是有益处的。除此之外，法律规定公共服务工作有义务在聘任和晋升时注意男女平等原则。因为《德国基本法》第33条禁止女性在雇用时享有普遍的特权，所以各式各样联邦和州法律层面的《平等待遇法》（Gleichstellungsgesetz）[548]至少都规定

---

[548] 例如，汉堡的公共服务工作适用自1991年3月19日开始施行的汉堡《男女平等待遇法》。

了,女性在资质相同时被"优待"。这有时也得益于女性促进计划(Frauenförderplänen)的实施。

一般而言,公务员要比与其资质相当的雇员有更大的晋升机会。实践表明,享有公务编制的法律人在工作4到6年后可以晋升到一个属于A14薪资组的公职。更快一些的晋升也是可能的,但这种情况属于例外。

六、岗位的安稳度

公务员法律关系是一种终身制的法律关系(Rechtsbeziehung)。即使是从正式工作中退出,源自公务员法律关系的权利和义务也依旧存在。例如,退休的公务员仍然能从他的主管机关获得补助金,而不是像一般雇员那样,从保险机构[州保险机构(Landesversicherungsanstalt,LVA)、联邦雇工保险机构(Bundesversicherungsanstalt für Angestellte,BfA)或供养机构]获得养老金。

建立了终身制公务员法律关系之后,主管机关只有在工作受阻的情况下才能与公务员解除这种关系。主管机关只有在发现满足公务员法律(如《联邦公务员法》第28条)或是纪律性条例中相当严格的事实构成时,才能提出解除公务员法律关系。这意味着,公务员法律关系通常被视为是一种"工作保障"。公务员法中不存在裁员机制恰当地证明了这种判断。私人企业在经济困难的时候可以进行裁员,而公共主管机关对其公务员并无此项权力。对于公共领域的雇员,该项规则并不当然适用,因此联邦和州也完全可以裁员。尽管实践中公共财政预算面临着紧张的状况,但是裁员这种事情也并没有发生。

特别是,公务员法律关系所具有的相对的危机预防能力使得眼下公共服务工作的声誉也发生了一定程度的转变。尤其是2006年的经济发展状况导致的裁员现象已经蔓延到通常被称作是"新中产阶级"的社会阶层。2006年年初,《柏林每日镜报》就以醒目的标题"良好的受教育度,却无用武之地"写道[549]:当前,即使是高品质的人力资源,如具备留学经验的知识分子以及私营经济领域的博士也越来越多被解雇,重新被雇用的机会少之又少。因而,当年轻的学者开始做长远打算时,公务员法律关系在他们中间又燃起吸引力。当然,要注意的是,这种职业的安稳度也是有代价的,这种代价存在于任何时候,而不单单只是在经济不好的时候。除了如每名公务员都要服从主管机关的指令权(Weisungsrecht)这些角度,还有十分现实的,也是日常就能感受到的——不那么高的工作收入。

第二节 申请

一、前提条件

比较高级的一般性行政服务工作向职业法律人敞开大门。从个人角度出发,首先要有从事法官这一职务的能力(《德国法官法》第5条)。除此之外,所谓的"软技能"(Soft Skills)一般也会在岗位招聘广告中被要求,也就是专业之外,每位申请者在个人范围内所具备的能力。例如,"突出的性格、沟通能力以及团队协作能力"都是被期待的。如果是要被纳入公务员法律关系中,则

---

[549] 参见2006年1月30日《柏林每日镜报》。这种现象并不新鲜。早在4年以前,《明镜周刊》就在其2002年8月12日那期(33/2002)名为《年轻,有成就的,辞退》提到丧失希望的求职人中很多是受到良好教育的知识分子。

需要满足源自公务员法律规定的其他前提条件。[550]

二、就业市场

找到一份公共服务领域的工作在当前并不容易。公共预算中的财政状况抑制了新的雇佣关系的出现。相应地,许多州在最近几年要么就是没有要么就是很少量地在比较高级的一般性行政服务工作中雇人。聘用新人通常也只有在对该岗位的具体需求真的发生的时候。定期招聘使在比较高级的一般性行政服务工作中保持相对稳定的年龄结构的做法很少出现。[551] 这种情况与申请者的人数过多相互对立。

行政机关的人事部门对公共服务由此而产生的吸引力也是知道的。这又导致了结构调整上的实践长期处于困难的状态。公共服务工作并不像一些毒舌的人说的那样,是水平一般的法律人的聚集地,因为其任务并不在于为那些成绩不好却即将毕业的候补文官的别无他路可寻的自立埋单。这个原则鉴于当前的经济状况而愈加凸显。这种结果明显地体现在公共事业的雇主对其要聘用人员所提出的要求上。目前行政工作中的人事资质要求已经差不多与大型律师事务所,部分甚至也同跨区域的律师事务所的要求持平。这尤其体现在考试分数上面,在个别州这依然是招聘最重要的标准之一。实践表明,一般在第二次国家考试中取得两位数的分数是有必要的。博士学位并不属于强制要求,但

---

[550] 《联邦公务员法》第7条以及相应的州法,参见本书第十八章第一节。
[551] 联邦劳动署在个别州的劳动局以及高级财政管理机构,以及其作为州层面进行税务管理的有权机关还存有相对固定的雇用期限(联邦层面的高级财政管理机构在关税管理方面比较克制);这边的申请者也可以被跨地区聘用。汉萨自由市汉堡即使是现在也一直在定期雇用新生代法律人。

第十八章　行政机关法务　299

是能提高其被雇用的机会。有证可循的社会政治领域的事业参与也是有裨益的。但现在还说明不了这种情况在接下来的几年会发生什么根本性的改变。

三、申请方式

每个主管机关设计的申请程序都非常不同,这意味着要明确哪个机关或者办事机构主管招聘事务。联邦层面一般是具体的部门或者上级机关(Oberbehörde)自己负责招聘程序。许多联邦州也是这样的。[552] 相对的,其他州则会举办一个中心的选拔程序[553],以使申请者一经雇用或者在某个机关的指导期经过以后就能被分派。

即使是内容上,各申请程序也存在明显不同。所有选拔程序的共同之处是,申请需经多层审核才能成功,在此,只有成功完成了上一个阶段的申请人才能参加下一个阶段的审核。每个阶段都会考查不同的能力。通常,第一个阶段只是单纯的"文件材料的审查"。这里首先要审查的是,考试分数或者也可能是每个候选人在文官候补生阶段的分数是否都满足要求。在这个阶段就已经有很多申请被驳回。

在招聘程序接下来的几个阶段,申请人会被当面提问。之前提到过的"软技能"会被查验,如个人出勤的确定性、果断性、值得信赖度、团队能力,等等。

这些考核的形式也是多种多样的。不同的考试形式既可以交替使用,也可以按照不同的顺序累计使用。这里可以是,候选

---

[552] 例如,巴伐利亚州。
[553] 例如,汉萨自由市汉堡。

人与人事岗位的一位工作人员进行纯粹的个人谈话,也可以是与由多人组成的委员会一起谈话。可想到的还有多个候选人同时出现的小组谈话。最后在行政部门中还会进行所谓的"评鉴中心法"(Assessment-Center),候选人在该考核中会被分配各种任务,这些任务不总是与专业相关。"评鉴中心法"的说服力极具争议,因为——就像间或被强调的那样——在申请程序中极少有职位涉及的是"杂耍表演家"。不管怎么样,参与"评鉴中心法"的考查都是一个大挑战,因为其要求参与者有丰富的生活阅历。如果能向已经参加过相应选拔程序的熟人寻求帮助,那对于成功准备该考核绝对大有裨益。他们是否成功,起到的仅仅是次要作用;至关重要的是,他们能给出关于整个流程的具体信息。如果并不存在这种机会,那么只是向申请顾问寻求建议也是有帮助的。这方面可供申请者选择的书籍也是极其丰富的(也适用于领导人员),但是这些书的质量也是参差不齐的。许多书只是局限于对一些随手可得的老生常谈的事实做一些宽泛的复述。因此,在投入大量的金钱购买此类书籍之前,人们不应对此类书籍抱有过高的期待,这些写书的专家可能只会提出一些如"不要在招聘面试中佩戴皮革领带"之类的宽泛建议。[554]

---

[554] 除此之外,能被推荐的著作还有:*Püttjer/Schmierda*, Asssessment-Center-Training für Führungskräfte, 4. Aufl. 2004。

第十九章　企业法律人

尚处于成长中的法律人经常说,他们的职业愿望就是在自由的经济领域工作。这里一般是指在私有的商业企业的法律部门里工作。企业法律人不同于经济法律人[555],印象中,其通常与更为安稳的岗位条件及在不同的工作地点从事丰富多彩的工作内容相绑定,其也常常被寄予快速升迁发迹从而进入更高的管理层的期待。但能否实际完成这样的职业目标取决于很多情况,尤其是该人受雇企业的类型和规模。

---

[555] 经济法律人这个概念尚不明确。一方面,其可以是拥有在一些高等学校或高等职业学校(如柏林-特蕾普托、基尔-莱斯多夫)面向高中毕业生或职业高中生而开设的独立的职业培训文凭的毕业生。这里(指前句中的职业教育——译者注)讲授的是与公司重点相关的或交叉的法学和企业经济学内容。在该项教育结束以后,人们并不能获得从事法官职业的资格,因此经济法律人与"传统的"职业法律人并不等同,原则上,他们也不能在相同的岗位上竞争。另一方面,一些大学现在也为通过第一次国家考试的法律人提供"经济法律"进修课或硕士课程(Aufbaustudiengang),以便能在等候做文官候补生时有个衔接。这是一种高质量的附加培训(课程),部分学员也能获得"经济法律人"头衔。例如,科隆大学和汉堡大学开设有这种培训课程,位于比勒菲尔德的德国、欧盟、世界经济法研究所(IWR)也有提供。附加技能的学习机会参见本书第十章。

第一节 职业面貌

在商业企业中工作的法律人有时用这样言简意赅的句子描述他们的职务,即他们是"其委托人个人的雇员"。这种表述暗示企业律师的工作融合了职员身份和律师业务的特点。

一、职能和任务领域

对于那些倾心于从事与经济相关的事务的法律人来说,在公司里工作是有钱可赚并且利于其职业发展的。企业法律人跳槽到比较大的主攻经济事务的律师事务所(Wirtschaftskanzlei)做合伙人或聘用律师在当下是非常普遍的;或者相反的,受聘于主攻经济事务的律师事务所的律师也可以跳槽到企业。对于那些重点研究公司法的律师来说,打理企业或者银行的参股事务(Beteiligung)、设计并运用必要的全面性条约(Vertragswerke)调整企业或者银行的参与结构是吸引人的,但有时候也要借助外部顾问人员的帮助。

企业法律人受雇于"其所在的"企业。他要顾及该企业的利益、促进已制定的具体目标的实现,而这一般关系到公司销售额的上升以及利润的获得。企业法律人的任务就在于监督公司为实现这些目标而进行的准备工作以及阐明基于市场经济考量的法律界限。因此,他必须在决策阶段全程追踪,并协同作出决断。企业法律人在这方面与公司如此紧密地联系在一起,以至于他比外部的顾问人员更受信任,从而能够提前发现问题并提出法律上的解决方案,以防公司遭受损害;而且基于他与公司的紧密关系,他也可以轻易地通过获知公司的结构而对涉及广泛的程序文件进行组合与评估。

因此,公司法务与公司建立的是内部工作关系。他只接受内部的工作任务,这些任务来自需要法律意见的上级、平级或者下级的组织单位。因此,其与自由执业的律师有明显区别。也就是说,传统意义上的委托获取,即寻找新的客户,以及需要律师投入大量精力的任务,在企业法律人这里都是完全不存在的。

企业法律人的工作就是在法律层面提供顾问服务。顾问律师的工作范围是在公司以及社团出现的全部事件,如为企业管理出具鉴定意见和草案,拟定合同或建立合同数据库,此外,还包括在提交给代表公司的独立律师之前准备法律纠纷,以及与他们合作。除此之外,要对专业科室的个别问题、管理层标注出的和报告中提出的个别问题表态并且对接下来的程序提出建议。

内容上,要对需要处理的问题在一般性和行业专门性方面进行区分。在任何一个企业都可能出现的法律问题,首先要提到的就是在劳动法和社会法、公司法以及商标法(Markenrecht)和竞争法领域(Wettbewerbsrecht)(所谓的"绿色领域")出现的问题。企业法律人也必须精通一般合同法。在这一方面,首先涉及的就是德国的合同法。在涉及跨境合同的时候,经常还要考虑英美法上的规则或者在涉及跨国企业的时候遵循"最佳实践"(best practices)原则。后者是一种产生于该企业对此类型案件的长期实践而形成的内部合同标准。

大多数时候,企业的法务人员不允许单独与企业的业务伙伴签订有约束力的合同,因为他们并不具有必要的代理权限(Vertretungsbefugnis)。相反的,法务人员的任务出现在合同签署之前,包括起草或修改合同文本。除此之外,在一些重要的议题上,法务人员在合同磋商阶段就已经介入了,有时他们陪同协商,有时也会对协商的进行起决定性作用。

除了这些领域,公司的法务人员还要直面出现在公司所在行业法律领域的专业问题,在个别情况下,诸如食品法或专利法这样的专业知识(如在制药产业)是要被掌握并被运用的。通常,对公法上的规定也是要进行审查的,而不是只就公司的业务在民法层面进行问题评估。例如,对于处于石油行业的企业来说,环境保护法里的规定就意义非凡;对于电信企业来说就是电信和媒体法;相应的,对于建筑企业集团来说,就是公私建筑法;最后,对于金融机构来说则是银行法。

根据企业规模的不同,针对不同的法律领域,法律部门会配备专业的负责人,有的时候甚至会配备由多名法务人员组成的专业小组。与之相反,在比较小的企业中,法律部门经常就只由一到两名法务人员组成。它们这里很少需要对其所处法律领域有深度了解的专家,但却需要一位对所有法律领域都尽可能广泛地有所了解,并能独立解决问题的通才。

与此相对,为公司参与庭审程序并不属于法律部门的任务。这主要是出于行业自治规范上的原因[556],其次也有经济上的原因。一般,诉讼上的事务都会"转交给"外部的律师事务所,进而这里就会出现真正的委托关系(Mandatsverhältnis)。但是,企业法律人会监督外部律师进行诉讼。他是这些外部律师的沟通伙伴,并且协助相关的信息在企业——有时也指在相关的专业部

---

[556] 对此,参见下文。

门——与外部律师之间流动。

相当普遍的是,企业倾向于将复杂且覆盖面广泛的法律问题交给外部法律人员解决,如在所谓的并购领域进行的比较大规模的收购工作。虽然公司收购、合并以及类似的决议是在企业内部做出的,然而,实际上起草具体的操作步骤、预先在经济上和法律上评估未来的合作伙伴以及贯彻这些措施的工作却经常委托给高度专业的律师事务所、企业顾问或者是审计公司,它们在这个领域——必要的时候也在国际领域——拥有丰富的经验。当公司的法务人员对这些为其所在公司而进行的具体环节予以监督、协助以及传达管理层的想法时,也仅仅是在这个范畴内参与到该程序中。但是,有时企业法律人也会起草合同、在内部就参股公司(Beteiligungsgesellschaft)的事务准备必要的文件,如股东大会决议(Gesellschafterbschlüsse)。为此他至少也需要公证人员的帮助以及税务咨询师的支持,但在一些企业集团税务咨询师也以受聘顾问的身份工作。

二、企业法律人作为顾问律师

在一家公司的法律部门工作的法律人,通常是在雇佣关系下进行工作。在他们和"他们的"公司之间存有一份正式的劳动合同。

值得注意的是,企业法律人在实践中大多拥有律师执业资格。[557] 许多企业对此也表示重视,因为这可以确保企业法律人

---

[557] 雇佣关系与律师身份的结合从行业自治规范的角度来说并不是毫无问题的,*Hamacher*, in: Ratgeber für junge Rechtsanwaltinnen und Rechtsanwälte, 8. Aufl. 2000, S. 113, 114。

尽可能以让人信服的方式出现在外部关系中。除了也享有律师这个职业在公众中一贯拥有的高声望外[558]，对于企业来说，他首先向该企业的各商业伙伴表明，在企业这一边工作的并不是随便的一个办事员，而是一个职业的法律人。这种优势在商业往来中不可被低估。

最后要说的是，顾问律师对外也可以独立律师的身份出现，但建立自己的事务所可能会为顾问工作带来问题，因为律师必须在其所负的出席义务范围内任何时间都能出现。[559] 至于兼职工作，则必须要得到雇主的同意，律师也要在这个范畴内听凭雇主的决定。毫无疑问，在实践中，将主业放在企业的法律人几乎没有额外的时间和空间再从事一个要求诸多的兼职律师工作。

三、薪资

顾问律师和以职业法律工作人身份工作的企业法律人的收入预期根据企业的经营情况而不同，一般低于中等规模和大型律师事务所的入门级工资，涨薪也不同于在律师事务所常见的方式，而可能是通过商定红利(Tantiemen)或者其他特别的收入组成部分以及社会给付(Sozialleistung)[如公务用车、获得企业自己的股权或者股票期权(Aktienoptionen)、绩效奖金、无自负额的企业养老金]额外增加固定工资。出于这个目的，部分雇主也发展出了内容丰富的股票期权计划。[560]

---

[558] 对此，详见本书第十四章第一节。
[559] 参见，*Exner*, Das Berufsbild des Syndikusanwaltes, AdVoice 04/2002, S. 18ff., *Kleine - Cosack*, Rechtsanwalt, Syndikus - Anwalt und Zweitberuf, ZIP 1991, 1137。
[560] 在实践中这大多需要外部专业人士的参与。

即使是在薪资与经营状况挂钩的企业工作的法务人员也大多不按薪资协议授薪。这是考虑到法务人员在公司内部的等级体系中占据着一个较高的位置。在这里有很多事是要协商的,像在公共服务领域那样按照确定的规则计算薪资的模式[561],在商业企业中是罕见的。但是对于职场新人而言,协商的空间可能相对比较低,因为薪资情况取决于企业的薪资结构。

薪资的计算受到很多因素的制约。因此考试的分数和所拥有的附加能力,如博士学位或者硕士学位,都会提高法务人员的市场价值。[562] 除此之外,工作经验也会有加成。

除了个人情况以外,实际收入的多少还会受到各企业类型的影响,尤其是企业的规模和其所处的行业。商业企业会受到市场波动的影响,因此职场新人被允诺的工资随着时间的推移可能会有不同程度的降低。总的来说现在几乎是拿不到与许多行业在20世纪90年代所支付的薪资水平相当的工资了。

四、晋升机会

根据企业结构的不同,升迁以及发展机会主要取决于律师本人的态度和兴趣,可以设想的是,他并非一直待在法律部门,也会在公司里应聘与法学无关或者不单关乎法学的"与商业相关"的岗位(如在其他参谋部门的工作,如人力资源管理、投资入股控制、公关、战略计划或者从事在商务领域发挥领导作用的工作)。

---

[561] 这并不当然意味着,每位企业法律人都能自动成为企业组织法意义上有领导权的员工。

[562] 对此,见本书第九章第二节。(此处可能是作者笔误,应为第十章第一节、第二节。——译者注)

跨国性企业集团还经常为可空间上灵活办公的企业法律人提供具有吸引力的国际化职业和发展前景。至少,在德国的企业中,大量经理人具有法学教育背景。

法律部门内部的晋升机会本身是相当有限的,因为公司内部的等级秩序只是要求各个部门的负责人听从法律部门领导人的领导。如果一位年轻的顾问律师想要长期地在企业做与法律相关的工作,为了避免失望,有必要提前向他说明一下其供职的法律部门在整个公司体系中长远的薪资和等级编排。

第二节 申请

在德国,企业聘用法务人员有很长的历史。但是,他们总体上的比例还是比较低的。顾问律师的比例大约只占全体律师的6%[563],先前的估计认为,这个比率会在15%至25%之间浮动。[564] 即使是考虑到内部顾问相较于外部顾问可能会获得更多信任这个事实,也没法就未来法律人能否在经济领域发挥更大作用这一问题下论断。根据人力资源公司德科在2000年的报告,银行和金融服务供应商只有18%的招聘岗位是提供给法律人的。[565] 研究重点在经济法、税法、国际私法、劳动法以及欧洲法的申请者在经济领域谋求工作岗位时会更有优势。

当大型企业想要招聘一名或多名法律人时,通常会在专业杂

---

[563] *Hommerich/Prütting*, Das Berufsbild des Syndikusanwaltes, 1998.

[564] *Hamacher*, in: Ratgeber für junge Rechtsanwältinnen und Rechtsanwälte, Berlin 2000, S. 113.

[565] 来源:abi-Berufswahl-Magazin, 8+9/2001。

志上[566]以及跨区域的日报上[567]发布招聘启事。这些广告,除了发挥本身的招聘作用,也是这个企业自我展示的机会,这些广告非常直观地反映了企业所提出的要求以及可能的工作条件。

国际化定位的企业集团和所有大型企业对于其自身的吸引力都十分清楚,这种自信在它们的招聘条件中就有体现。标准的要求重点大多在于诸如良好的教育背景、流利的英语表达能力、职业经验以及附加能力。一些招聘广告会将这些标准彼此结合,以至于招聘要求被提得极高,有时甚至会出现矛盾。申请者不应该被这个吓到,因为几乎没有申请者真的能满足所有招聘条件。只要申请者能至少满足几个要求,那么他就可以试着去申请其感兴趣的岗位,即使人事经理通常会要求申请者以优异的成绩通过两次国家考试。

---

[566] 让人尤其印象深刻的是《新法学周刊》上的每周工作市场。
[567] 例如《法兰克福汇报》《世界报》《南德意志报》。

第二十章 银行与保险公司中的法律人

第一节 职业面貌

大多数在银行或者保险公司的法律部门工作的顾问律师或者法律咨询师(Justiziare)的情况总体上与本书第十九章的描述一致。需要补充说明的是,银行或者保险公司的法律部门显然也需要不仅是在相关法律领域,而且对劳动法和公司法的内容也有所了解的法律人。因此,定位于劳动法方向的法律人一开始就不应该将银行的职业生涯排除在外。

与大多数公司不同的是,银行和保险公司生产的,抽象来说,是一种(尽管不易携带)以账户、开设转账账户合同或者保险单形式出现的"法律"产品。法律人在这里是可以适应这样的岗位的。

必须要指出的是,银行与保险公司不只是向传统的顾问律师敞开工作的大门。从监管系统跳出来的、之前有过公司或者银行以及保险公司指导经验的人,经常比职场新人更容易适应这里的工作。然而,这里也能为职场新人提供非传统法学领域的工作机会,如在投资银行业务部门、银行的信贷部门或者保险公司的理赔部门。

第二节 申请

银行与保险公司将对其法律人"以客户为导向"的培训和准备放在最重要的位置,在这之后才是银行或者保险公司本身。

无论如何,在牢固掌握传统的民法、刑法和行政法领域的法学知识后,还要具备跳出法学这个范畴的眼界。显而易见的是,在银行法或保险法领域做专门的研究是被乐见的,获得相应的研讨会证书也会有加成。同样的,业务实习和行业经验也能抵销成绩一般带来的不利影响。

第二十一章　企业咨询公司中的法律人

对于法律人来说,比较特别的职业是在审计公司的工作,如在毕马威(KPMG)、安永(Ernst & Young)或者是在企业咨询公司,如波士顿咨询公司(BCG)。造成这种现象的原因可能是,许多法律人并不直接把与经济活动有很大关联的工作作为可能的选择。但严格一些来说,还有不少法律人担任企业顾问。波士顿咨询公司一度50%的企业顾问都是经济学家,其他顾问则毕业于其他专业,其中也有法律人。[568]

第一节　职业面貌

企业顾问的职业面貌与顾问律师的最大区别在于,选择了这个职业就意味着告别了纯粹的法律咨询和律师业。尽管这里也

---

[568] 根据波士顿咨询公司马克·达尔克(Marc Dahlke)的报告,于2006年11月18日在汉堡举办的第一届汉堡法律人培训学术研讨会,该研讨会由汉堡律师协会和在汉堡的社会民主法律人劳动共同体(ASJ)举办。达尔克指出,供职于波士顿咨询公司的顾问据估计有2%到3%是法律人,该比例预计会增长到5%。

必然有诸如与公司法和反垄断法相关的业务,但这都只是公司经济战略层面的咨询而非法律咨询。[569] 从事这个职业的人必须具备快速渗入到企业管理结构、完成经济分析、为企业的新战略定位和结构调整提出意见的能力。他必须在成员绝大部分是非法学专业的团队中工作,并表现出高度的灵活性。因为顾问人员要当面为国内和国外的客户工作,所以他们也要频繁出差。

第二节 申请

这里的申请与在商业企业中的申请基本一致。但是选拔程序却明显与允许自己选出"自己的"法律人的法律部门的程序不同:申请者要与顾问人员进行多轮申请面试,在这些面试中要进行具体的案例调研。绝对必要的是,提前通过查阅相应文献进行准备,如果可以,也要和已经成功参加过面试的人交谈一下。

对于对咨询行业有兴趣的法律人来说,这里的要求是很高的:他们被要求有出色的学术能力、国外留学经历以及有与经济相关的经历的证明。同样重要的还有逻辑分析能力和"社交技能",这对团队工作以及与客户的沟通交流很重要。[570]

---

[569] 之前恰好在律师业工作过的人,会经常为无法向别人展示自己的法学知识而要听从一位律师的法律意见,感到无所适从。但这却是必要的,因为没有人愿意陷入因(还)适用《法律顾问法》而产生的纠纷中。

[570] 根据波士顿咨询公司马克·达尔克的报告,于2006年11月18日在汉堡举办的第一届汉堡法律人培训学术研讨会。

第二十二章　法学教师

即使想要成为法学教师[571]并在大学里面[572]任职的文官候补生并不是很多,在这里也要尽可能详细地介绍该职业的面貌和工作机会。

第一节　职业面貌

所有文官候补生在学生时代已经从大学生的角度对教授这个职业的面貌有了部分了解。教授的工作并不只是对大课、练习课、研讨课和座谈会进行准备和讲授,还要尽可能与学生保持紧密且有益的沟通以及为学生的书面和口语考试打分。

另外一个需要教授投入非常多精力的核心任务是科研,而大多数学生因为没有亲眼所见,所以长时间以来并不知道,(教

---

[571] 攻读大学授课资格文凭的女法学家的比例尽管在近几十年有轻微的增加,但却一直只有15%左右,而明显低于语言和文化学系(33%)、兽医学以及艺术科学系(大约40%)取得大学授课资格的女性比例。

[572] 除了公立大学之外,还存在申请做汉堡博锐思法学院教授的机会;具体的情况可以在互联网的这个链接里找到:http://www.law-school.de。除此之外,还存在在高等专科学校以讲师身份进行工作的机会,如在曼海姆的联邦劳动所。

科)书、报纸和评注中的研究成果究竟是怎么产生的。只有是在教席做了学生助理或者更有甚者做了助教之后(后者在第一次考试之后[573]),大学生和文官候补生才能相当具体地知悉,在文章和注释背后隐藏的是丰富多彩而又充满挑战的工作。必要的数据必须被收集、提取以及评估,正文要用最新的脚注和交叉引用等进行草拟和修改,最后还要再校修一下,至少十几年前在这件事情上还存在的特别棘手的几个困难已经被现代的数据加工技术所攻克。不能低估的还有,与出版社以及合作作者进行沟通所产生的必要的工作花费:例如,一位注释者已经完成了他自己的部分,但是其他人还没完成他们自己的部分,可能就会出现这部分在被刊印之前还需要被更新和重修的状况。

除了教学和研究工作,教授有时也活跃在(大学里的)委员会,或者在企业、社团或者其他组织做演讲,有时在国外的大学还要做好用外语发表演讲的准备。

想要被聘任到一所很少再分配教席的德国高校(也或者是在汉堡博锐思私立法学院)任教,年轻的法学家除了有研究和教学热情,还要有突出的国家考试成绩、以优异的成绩成功拿到博士文凭以及强大的承受能力。

当前,被转化到州法律中的高校改革将带来巨大的改变,以至于未来少了些确定性。

改革的重点一方面是——这点是候选人对这个职业格外关注的——大概从2003年起削减大部分教授的薪资。所谓的按劳授薪也会被引进来,但是用于确定薪资的具体的标准还尚不明

---

[573] 2003年7月1日,"第一次国家考试"(参见《德国法官法》第5条)这个概念因为大学的参与而为"第一次考试"这个概念所替代。

确;在这里被提到的不是特别有说服力的关键词有教学、委员会工作和研究。

另一方面,作为这个职业门槛要求的大学授课资格论文据说也要被取消,因为在其他一些专业方向这种要求在很久之前就没有了。而且经验表明,法律人在撰写大学授课资格论文时需要大量时间,以至于其一方面几乎没有时间来做其他工作,尤其是那种能证明他的教学能力的工作;而另一方面相较于其他专业方向和其他国家,拿到德国的法学教授资格的人的年龄相对来说也要更高些(目前,平均为40岁)。但是取消大学授课资格论文需要预留10年的过渡期。

因此,所谓的初级教授职位(Juniorprofessur)会被引进来。初级教授职位作为一项法律要求从2010年1月1日起开始施行。大学授课资格论文程序的执行过渡期直到2009年年末。在这之后,在尚未完成的大学授课资格论文框架下的作品,也可被包含在任命程序中。

第二节　通向教授职位之路

因此,就未来而言,在接下来的几年将有两种成为教授的途径:

一、大学授课资格论文

对于法学生来说,传统的大学授课资格论文作为经典的路径,在相当长的时间里还会是被优先选择,但到最后这可能会变成一种例外模式。

为此，首先要完成一篇大学授课资格论文。一般来说，这大约需要 5 到 6 年的时间，更长的时间也时有发生。除了撰写大学授课资格论文以外，也要承担系里面的教学工作；而这将由有 C1 职位的人来做，但是这个职业很快就不再有了，目前每周需要 4 个课时。就像在写博士论文的时候一样，通过撰写大学授课资格论文拿到教授席位时也要有一位"授课资格论文导师"对该论文进行学术性指导。大学授课资格论文最后（依院系而定）将由 2 到 3 位鉴定人进行投票表决。之后进行的是大学授课资格论文研讨会（Habilitationskolloquium），也就是说，在系里进行演讲，紧随其后再进行一个历时一小时的讨论。在一些院系授课资格论文课（所谓的"就职后首次讲课"）也是必要的（如在哥廷根），即不附讨论的 45 分钟的公开演讲。在这之后，其一开始将会被聘为编制外讲师。"教授"的头衔只有在"获得"大学里空余的教授席位时才会获得。

人们要么会（这是相当例外的情况）立即获得大学的聘任，要么努力去争取（这是常规的情形）一个代理教授的席位（Vertretungsprofessur），目前代理教授大多与常规的教授获得相同的工资，但只能做一个学期。

聘任的等候期很难判断要多久，其主要取决于"市场状况"。目前，编制外讲师供大于求，以至于人们必须等个 2 到 3 年（在许多时候也会出现，无代理教席可任的学期，也就是有经济瓶颈的时候）才行。当然，在个案中也会出现比这个时间快的，但也会出现明显比这个时间还要久的情况。当下，人们必须考虑到在可预见的时间里完全没有教席可获得的情况，尤其是在一些主干学科（公法、刑法、民法）。目前，申请招聘中的公法教席的候选人大概有70人,民法这边大概有45名申请者。在不久后的几年就会有代际变革出现,因此几年之后,机会将变得更差。除此之外,还有普遍推行的财政紧缩政策,大学也无法独善其身,进而若干教席将被裁撤,并且这一状况将会一直持续。

二、初级教授席位

第二条(也就是新的)通往教授席位的路径暂时来看是这样的:首先,对此有兴趣的候补文官必须取得法学博士的头衔;在这之后,其可申请一所德国大学里的一个所谓"初级教授的席位";在聘任程序中,申请者截至目前的学术成绩和参与的项目会被评测,并以此决定申请者是否具备足够的资格。

作为初级教授,首先会获得一份为期3年的合同,在第一次成绩评测(所谓的中期考核)之后——当然,只有是在成绩被肯定的时候——才能再延3年时间。[574] 在这期间,其必须每周授课8个学时,也就是说,在类别和范围上与常规的教授承担一样的教学工作。除此之外,初级教授必须将其全部时间用于研究以及委员会的工作,尤其是在其教书的大学。但遗憾的是,初级教授所获得的报酬却并不与常规的教授工资一致,而是仅和学术助理人员的收入相当。[575]

在长期担任初级教授之后,一些州规定,初级教授可以在

---

[574] 根据《高校框架法》(HRG)第48条,初级教授既可以被雇作有时限的公务员,也可以被雇作雇员,具体安排应依州之权能而定。根据《高校框架法》第42条,初级教授已经属于高校教师了。

[575] 初级教授在新的薪资组别中被归至W1组,其与薪资级别C1相当,基本收入有3 260欧元,根据积极的中期评价可以涨到3 526欧元,在有特别津贴时最多还能再涨326欧元。

一些院系转为常规教授。这种转换一般不会伴随新的招聘广告和公开申请(所谓的"终身席位")。这种引进方式与所谓的"内部选聘"(Hausberufung)相连,在德国是极其不寻常的,截至目前在实践中也罕有发生。因此,未来只有在获得博士学位以后换所高校或者在所聘任高校之外至少工作2年才可以。

在尚未引入这项规定的联邦州,初级教授必须在初级教席结束之后申请公开招聘的教席,或者作为等待期的衔接申请代理教席、研究项目或者在国外的大学做客座教授。对于这些联邦州的初级教授来说,通向终身教席之路还荆棘遍布。问题是,这些不同的规定带来的影响是否可被视为没有违反基本权利。

如果被积极评定的初级教授在初级教席结束后,没有被(立即)续约(如因为没有教席空余),那么根据州立法者所设的相应规则,其可以被授予编制外讲师或者编制外教授的头衔,这样至少可以保留其在大学获得的研究和教学的机会。

三、取得(教授)资格的其他途径

在关乎初级教授席位的将来性规定之外,还存在聘任至终身教席的其他途径:在一所高校或者在大学之外的研究机构承担助教工作以及在国内或国外经济领域从事学术工作都能通向正式的教授职位。这种方式可以使得个人的学术能力、创造性能力向着多种多样的方向,也向着不同寻常的方向发展,并且能够让教席的人员构成多样化并更贴近实际。

第三节 结论

由这一切可以确定：如果这个人并不是狂热的学者和教育家[576]，那他就要非常慎重地考虑，其是否愿意让自己的职业生涯多年处于各种不可测性和不确定性之中。法学教师在其工作安排上所享有的这份自由和这项工作本身当然也是独一无二的。

---

[576] 通过改革，尤其是考核评价机制的改革，年轻法律人的教育教学能力可得到较好的审查和保障；但愿由此大学的课堂教学能够在其实践中赢得其应有的重要地位。

第二十三章 政治家

第一节 以政治家为职业

法律人在政治界的影响力与日俱增。在第16届德意志联邦议会选举中,将近四分之一(23.3%)的议员都是法律人。[577] 著名的例子如弗里德里希·梅尔兹(Friedrich Merz)、赫塔·德拉克·格梅林(Herta Dräubler-Gemlin)和克里斯蒂安·施特罗贝勒(Christian Ströbele)。因此,法律人在此是最具代表性的职业阶层,第二个经常出现的职业阶层是教师,其占比是3.5%。类似的,法律人在州议会也表现抢眼。

政治领域显眼的位置(总理、部长、国务秘书)绝大部分都被法律人所占据。联邦政府的16位成员中有5位是法律人。[578]

这么高的法学家比例并不让人觉得奇怪,因为在民主国家,制定、贯彻法律和法规是重要的任务之一。法学专业知识毫

---

[577] http://www.bundestag.de/msb/statistik/berufe.html。

[578] 联邦部长齐佩利斯(Zypries)、荣格(Jung)、绍伯(Schäuble)和施泰因迈尔(Steinmeyer),以及内政部长德梅齐埃(de Maizière);来源:http://www.bundesregierung.de。

无疑问是有优势的。在法律相关的职业中所获得的经验在政界也能被很好地应用。这尤其适用于那些被主张过的、人们还不能完全确信的观点。而且,法学家和政治家都一致追求妥协让步。

不同的法律职业对紧随其后的政治生涯的帮助程度是差不多的。因为,无论如何都不会让他们一直担任各领域最高的行政官员。"进一步的提拔"在通常情况下是没有的。早前在行政服务方面的工作会给予人们安稳度和独立性。通过回归保证(Rückkehrgarantie),暂退的人(Beurlaubte)可以在正确的时间点重新回到他自己的旧有岗位。

这种可能性对于律师来说是有限的。事实上,很多法律人在结束政治生涯之后进入律师界。[579] 当然,也并不是一定成功回归到原来工作过的律师事务所继续工作。经常有的是,另成立一家新的律师事务所或者新加入别的律师事务所。当人们在一家比较大的律师事务所工作时,无论如何,他们都会为获得一个回归选择权(Rückkehroption)而努力。当达成了一项这样的协议以后,律师在积极参与政治活动期间,还会经常使用其所在律师事务所的信头,以此为其形象加分。

对于行政机关法务人员来说,转入政治领域工作从经济方面也是极富吸引力的,而对于律师来说可能就会有些许不同。毕竟,对于高收入的律师来说,政客的收入会抑制其哪怕是短暂地进入政界工作的积极性。尽管议员的收入并不算差,但还是比不上先前那些最赚钱的人。联邦总理根据《联邦部长法》

---

[579] 著名的例子就是,汉斯·迪特里希·根舍(Hans-Dietrich Genscher)(Büsing, Müffelmann & Theye 律师事务所)、奥托·格兰夫·兰姆斯多夫(Otto Graf-Lambsdorff)(Taylor Wessing 律师事务所)。

(BMinG)第 11 条的规定,可获得 1.66 倍的 B11 级工资,即每个月 14 893.25 欧元。[580] 这笔金额与法律人的平均工资相比绝不算少,但却还是比不上曾经在大型律师事务所或者商业企业工作的顶尖收入人群的工资。进行比较的话:海因里希·冯·皮勒(Heinrich von Piere)作为拥有博士文凭的法律人,据传其在西门子股份有限公司做董事会主席时的收入为每月 4 万欧元[581],这个金额差不多是联邦总理工资的 3 倍。

对政治领域的工作感兴趣的人应一早就从事些与政治相关的事情。好一点的入门机会是市或者乡议会,或者它们的委员会。它们为更加近距离地检验自己的能力以及对这种类型工作的兴趣提供了机会。除此之外,也不要回避在政党里的工作。

第二节 在政治领域的工作

除了上面所提到的法律人以决策者身份参与其中的工作之外,对于法律人来说,在政客这个范畴内还有一系列的工作可以做。

首先要提的就是在议员办公室以职员身份进行的工作。在这里,法律人可以被聘为人事主管、学术助理*或者专业技术人员。工作内容上,一般涉及的都是些准备性工作,如整理印刷品;有时也可能是准备要发表的意见或者准备对政府的质询。通

---

[580] 来源:《明镜周刊》。

[581] Manager-Magazin,2004 年 11 月刊。* 此处原文为 Wissenschaftlicher Mitarbeiter,如岗位是由大学提供,则译为"助教",如岗位由其他机构提供,则译为"学术助理"。——译者注

常,不仅要陪同议员参加全体大会,而且也要陪同其参加一些比较小型的委员会工作。在这里,也要考虑到非常细节性的问题。在法学之外还有其他兴趣并且想要将这种兴趣与自己的职业联系起来的人,可以通过选择为哪个专业委员会里的议员工作而提早作出规划。例如:对于文化政策感兴趣的人可以寻求一位在文化委员会工作的议员。在联邦层面的这种选择要特别注意:在第16届立法会议期,联邦议会保有不少于23个专业委员会。州议会一般而言要少一些;例如,不来梅市议会只有12个常设的委员会,黑森州州议会有11个专业委员会。下面还要说明的是:除了工作内容上的兴趣之外,议员完全可以期待其所雇用的法律人也能认同其在政治上的基本见解。尽管持有一本相同的党证并不是雇用的前提条件,但是它也没什么害处。

除了议员之外,议会中的政党一般也有雇员。这里经常会有来自专门部委被准暂时休假的公务员,与行政机关无关的雇员(大多是暂时性的)也时常被雇用。在这里,工作也大多是按内容进行分配。

一个特别的情况是在议会的调查委员会(Untersuchungsausschuss)里的工作。调查委员会是宪法上为实现对少数派的保护(《德国基本法》第44条)而提供的保障措施,实践中,每个议会在任何一个立法阶段通常都(至少)要设立一个调查委员会。[582] 通常,议会中个别议员会被分配到这些委员会,其将根据议会的决

---

[582] 联邦议会将所谓的"联邦情报局(BND)—调查委员会"列入到2006年4月7日做出的决议中;参见 BT-Drs. 16/990。不来梅市议会鉴于小孩的死亡,于2006年10月20日的决议中也决定设立一个调查委员会"以通过社会署查明是否存在法定监护疏忽和子女幸福保护措施"(Drs. 16/1168)。在汉萨自由市汉堡,2006年和2007年有两个调查委员会同时运行,因为第一个委员会(Drs. 2017/06)被第二个委员会(Drs. 3989/06)调查了。

议调查与时势相关的政治上的或者社会上的重大事件。通常情况下,调查委员会都会设有一个工作指挥组,其将协助政客做准备工作,并具体落实这项工作。这里涉及的阶段是:提供档案材料、为询问证人制定问题集以及准备最终的报告。该工作指挥组通常会有一名法律人坐镇,当涉及特殊的议题时,也会有其他行业的代表加入进来,如企业经济学家。工作指挥组的人员通常由从政府的行政管理部门借调而来的公务员组成,有时也会雇用外部的工作人员。对法律人而言,有时这也是一个能够参与到在政治上有迫切现实意义的事件中的机会。显而易见的是,在给议员做帮手的时候,只要该议员是调查委员会的成员,法律人就能与调查委员会建立起职业上的联系。

通常,以议员、政党或者调查委员会的雇员的身份进行的工作都是有期限的,其(极度)受立法会议期的制约。并不是所有雇员都能将一项工作进行到底,他们中的许多人在两三年以后就会离开。

以上所提到的工作,恰好能为职场新人提供与政治性活动建立起联系的好机会。夸张点说,与议员共事可以视作是一个职业跳板;能够机敏地处理这些的人将结识到不仅对其生活,而且对其职业发展也至关重要的人。

第二十四章　失业的法律人

大多数法律人会在6个月的时间里找到工作[583]，但是很少有数据显示这是以何种形式发生的。广泛被认同的是，许多法律人会先获得律师执业资格，以在申请的时候予以展示，以及以此加入律师养老保健机构（Rechtsanwaltsversorgungswerk），因此执业许可的数量不能反映出固定工作岗位的数量。根据联邦劳动署的数据，在2005年9月共计9 713名法律人处于失业状态。[584]

失业的法律人也可以同创业者一样选择所谓的"打工"（Nebenjobs）。值得追求的是坚持个人的职业方向，不在万不得已的情况下，不去选择非法律相关的职业目标。"无薪聘用"在劳动法上无疑是可撤销的，但是一些律师事务所（但愿只是少量的几个）绝对实行过这一方式。按理说，鉴于失业的法律人所享有的失业金请求权（Arbeitslosengeldanspruch）和失业救济金请求权（Arbeitslosenhilfeanspruch），即使只是在短暂的时段中，也不允许采取这种方式。对此值得推荐的是，有针对性地进行申请、参加相应的申请训练课并改进申请策略，抑或尽力争取一份自由职业

---

[583]　*Hommerich*, Einstieg in den Anwaltsberuf, 2000, S. 34.
[584]　据来自联邦劳动署的数据，共计245 326名学者处于失业状态。

或者是自雇(selbstständige Tätigkeit)。*

第一节 失业金和社会给付

目前,在整个联邦范围内文官候补期都是以一种公法上的培训关系而展开的,在这个期间,文官候补生必须自己承担社会保险中的雇员份额。在文官候补期结束之后(文官候补期结束于第二次国家考试的口语考试日)所有没有立马找到工作的文官候补生都有权要求失业金。医疗保险和护理保险相应地将由劳动署承担。[585]

《德国社会法典第3编》(SGB III)中的失业金,即所谓的 I 类失业金(ALG I),只涉及单纯的保险给付金(Versicherungsleistung),其基于劳动者在过往的工作期间被合理要求的缴费额(Beitragsleistung)而产生。它在时间上是有限制的,根据《德国社会法典第3编》(SGB III)第 127 条,基准期(Bezugsdauer)取决于失业者的年龄和强制参保的工作时限。之后再适用自 2006 年 2 月起新改的法律规定:

工作时,累计强制参保 12 个月: I 类失业金以 6 个月为基准;

工作时,累计强制参保 16 个月: I 类失业金以 8 个月为基准;

---

* 自雇,意即雇主是自己本人。——译者注

[585] 根据法定医疗保险领域的法律,失业金、失业救济金或者扶养金的受众是强制参保的(《德国社会法典第 5 编》第 5 条第 1 款第 2 项),而参加私立保险的失业者,在其投保私立保险尚不足 5 年时,可以转回到公立保险(即法定保险)或者可以申请停止私立保险合同(《德国社会法典第 5 编》第 5 条第 9 款)。如果失业者继续参保私立保险,那么劳动管理部门将以公立保险常规的缴费额度为限承担该私立保险金(《德国社会法典第 3 编》第 207 条 a 项)。

工作时,累计强制参保 20 个月:I 类失业金以 10 个月为基准;

工作时,累计强制参保 24 个月:I 类失业金以 12 个月为基准。

原则上,12 个月的保险给付是最高限度,例外只适用于年龄在 55 周岁以上的员工。

失业金的额度原则上依该给付请求权产生(即失业登记时)前 52 周的工作报酬结算期计算。[586] 文官候补期每月总收入为 900 欧元的,处于 I 类给付组/税率等级 I 的失业金按照一般的给付比率,以全部纯绩效收入的 60% 计算[587],根据从 2004 年 1 月 1 日开始施行的给付表,也就是每月 478.34 欧元。[588]

除了单纯提供失业金以外,劳动署还会拨发其他款项以支持创业或者提高失业者的技能(见《德国社会法典第 2 至第 5 编》)。

给付人是联邦劳动署。经过行政复议程序(Widerspruchsverfahren)仍未解决的纠纷将于社会法院进行裁判。

在领完 I 类失业金之后,有劳动能力的失业者还有权要求获得针对求职者的基本保障(Grundsicherung),即所谓的 II 类失业金(ALG II),其依据《德国社会法典第 2 编》的规定发放。这里涉及的是一项单纯的社会给付,其于 2005 年 1 月 1 日由所谓的哈茨

---

[586] 参见《德国社会法典第 3 编》第 130 条第 1 款。
[587] 从拥有一个小孩开始,给付比率将被提高到全部纯绩效薪酬的 67%,《德国社会法典第 3 编》第 129 条。
[588] 参见 2003 年 12 月 22 日出台的 2004 年(《社会法典—绩效薪酬条例 2004》(SGB-Leistungsentgeltverordnung 2004))以绩效薪酬确定失业金、部分失业金、扶养金和失业救济金以及以全部纯收入确定短时工补贴和冬季停工补贴的条例(BGBl. 2003 I S. 3100 3108)。

四号法(Hartz-Ⅳ-Gesetze)*引入,在一年半之后又通过《德国社会法典第 2 编——优化法》(SGB 2-Optimierungsgesetz)进行了修改。Ⅱ类失业金大多由劳动署和公社(Kommunen)提供,该公社要么出现在联合工作体(ARGEn)中,要么出现在独立的资助机构中;有时正相反,只是由地方机构[参与社会保障选择模型的地方政权(Optionskommunen)**]负责。该项失业金的受益人是所有 15 到 65 岁之间具有劳动能力、在劳动力市场上每周至少能工作 3 个小时并且需要救济的人。

　　最后提到的标准,亦即有救济需要,在实践中毫无疑问是最容易引起法律争论的。特别是在涉及财产评估时(资本、有价证券、个人汽车),《德国社会法典第 2 编》为此规定了比较严格的添入义务(Einsetzungspflichten)。基本免税金额,即需求救济的人为了生计而不必使用的那一部分自由财产,每满一岁计为 150 欧元,最少为 3 100 欧元,上限最高为 9 750 欧元。

　　另外一个问题是有收入的配偶和未婚生活伴侣的担保义务(Einstandspflicht)。在后一种情况中,所涉及的是,生活在一起的两个人构成了一个纯粹的居住共同体,除此之外,是否还构成了能够接受保证义务的需求共同体。在这里,官方机构检查的并不是一起生活的这两个人之间可能发生的性关系,而完全是事实上的标准,如一起购物或共同持家。总的来说,这是一个在细节上存在很多争议的领域。

　　最后,有救济需要的问题还可能出现在父母的抚养义务(Un-

　　＊　该法案名称源于该项目专案小组主席名:Peter Hartz。——译者注
　　＊＊　该词翻译引自周恒祥编著,《德汉法律词典》,Dunter & Humblot·Berlin 2017 年版,第 193 页。——译者注

terhaltspflicht)上。这种义务只针对 27 周岁以下的人。原则上,它与 II 类失业金的领取是相冲突的(《德国社会法典第 2 编》第 33 条)。

II 类失业金每月会按最低生活费用标准(Regelsatz)发放,也就是说,由救济机关提供的给付并不是依个人需求而定,而是一概而论。单独一个人每月可获得 345 欧元*,这一金额将承担食品、服装、健康护理以及自由活动和文化活动的费用,除此之外,其也将以储蓄的形式负担比较大的购置项目,如家具。如果家庭中还有其他成员,那么他们也会被提供一份最低生活费,但是(远)低于提供给户主的上述金额。

最低生活费用标准可能还是有些低,最高法院最新判决中具体的给付额度毫无疑问说明了这些。[589]

除此之外,实际产生的住宿费用也会在适当的范围内被负担。这有地域上的差异,例如在汉堡,单个人最多只允许在住房上每月花费 301 欧元(包括带有热水配备)。II 类失业金的受众通常是强制参与法定医疗保险的人。

关于 II 类失业金的纠纷会在社会法院得到解决。

无法在劳动市场上每天工作至少 3 个小时的人——除非是因为他们生病了或者是因为要照顾孩子——是不允许领取 II 类失业金的。但是依据《德国社会法典第 12 编》,其仍旧可以领取社会救济金(Sozailhilfe)。社会救济金也涵盖了最低生活费用和住房费用;该金额在很大程度上与《德国社会法典第 2 编》的规定相当。但是不可动用财产(Schonvermögen)的限度却明显低一些;

---

* 2018 年标准费率为 416 欧元,2019 年为 424 欧元。——译者注
[589] BSG, Urteil vom 23. 11. 2006 (Az. B 11 b AS 1/06 R).

除此之外,《德国社会法典第 12 编》的受众并不是强制参与法定保险的那些人。这里存在自愿投保的机会,亦即保险费作为一项(救济)需求也是被认可的,并由救济机构(Hilfeträger)承担;除此之外,还可以获得医疗金(Krankenhilfe),即治疗之后所产生的具体费用在个案中也会由救济机构负担,当然,通常情况下,必须要提前提出费用报销(Kostenübernahme)的申请并获得批准。要考虑到的是,子女补贴金(Kindergeld)被算作是一项收入,因此,根据《德国社会法典第 12 编》得给付的额度就会减少一些。根据《德国社会法典第 12 编》,地方政府负责社会救济金的管理。在经过《哈茨四号方案》(Hartz-IV)改革之后 II 类失业金的纠纷,目前也同样要在社会法院进行裁决。

第二节 住房补贴 (Wohngeld)

另外一项在失业的时候可以申请的社会给付是依《住房补贴法》(WoGG)而存在的住房补贴。在失业金低的时候,可以向乡镇的或者市的住房补贴机构(Wohngeldstelle)申请住房补贴,在这里,住房补贴的发放同样依该申请人的"生活困难检测"(Bedürftigkeitsprüfung)的结果而定。[590] 但是需要考虑到的是,最近一段时间以来,住房补贴在领取 II 类失业金和社会给付的时候都被算作是一项收入,因此其他救济性给付就会相应减少。

---

[590] 更多信息见:"住房补贴"宣传册,联邦政府新闻出版和信息署,邮政信箱:080115,邮编:10001,柏林,电话:01805-221996。

第三节 支持性给付（unterstützende Leistungen）和流动性补贴（Mobilitätshilfen）

每一个求职的人，即那些不再享有失业金请求的人，如已经用掉其在等候期所获得的全部失业金，则可以从劳动管理部门获得为"职业咨询和介绍的支持性给付"，该给付将以报销的形式承担因制定和发送申请材料和/或为职业咨询、介绍、资格认定的出行以及面试（差旅费）而产生的费用，只要用人单位完全不承担后者。[591]

该笔资金总是要在费用发生前就被申请。在各种情况下，劳动管理部门都是一次性支付申请费（Bewerbungskosten）（如，每个申请支付5欧元）。[592]

除此之外，还有在很大程度上尚不为人所熟悉的机会，即以无息贷款形式出现的流动性补贴，这大概是一种新的用人单位支付1 000欧元以上的工资前[593]，用于生活需要的过渡性补贴，用以要求为工作服装和办公用品承担装备补贴（Ausrüstungsbeihilfe）、承担离家补贴（Trennungsbeihilfe）或搬迁费补贴（Umzugskostenbeihilfe）。[594]

要注意的是，支持性给付和流动性补贴的发放也要进行"生活困难检测"，并且从劳动署的角度来看，只有在失业者自己无法

---

[591] 参见《德国社会法典第3编》第45条及其后条款。
[592] 申请费最高为一年260欧元，《德国社会法典第3编》第46条第1款。
[593] 这笔贷款在支出2个月以后，原则上要以10期相同的还款比率偿还，《德国社会法典第3编》第54条第1款。
[594] 详见:《德国社会法典第3编》第54条第2到6款。

筹措到必要的资金时,才能予以发放。因此,它们是"可能的"给付("Kann"-Leistung)。

第四节 通过措施进行资助

联邦劳动署到目前为止还并没有为法律人提供特别进修措施的计划,只是在几年以前,根据其资金状况,它事实上曾以一种资助性的举措支付了参与专科律师课或参与为获得专科律师资格而开设的复习课的费用。原则上,参与这样的项目是,该措施对于阻止潜在的失业风险或者对于失业的人重返职场是必要的,并且失业者在先前的工作时间里有 12 个月是有保险义务关系(劳动关系)的。[595] 通常情况下,劳动署会要求提供一份已经有 3 个月之久的失业证明。参与这项措施的失业者会被给付与失业金一样多的住房补贴、承担课程费用[596]、交通费用[597],如有必要还有在外国发生的住宿费用[598]和伙食费,以及照顾孩子的费用[599]等。劳动署对所有提到的措施拥有裁量权。

---

[595] 参见《德国社会法典第 3 编》第 77、78 条。
[596] 参见《德国社会法典第 3 编》第 80 条。
[597] 参见《德国社会法典第 3 编》第 81 条。
[598] 根据《德国社会法典第 3 编》第 82 条,必要的外国的安置费每天最多 31 欧元,每月最多 340 欧元,以及每天最多 18 欧元,每月最多 136 欧元的伙食费会由劳动管理部门承担。
[599] 就照顾有看管需要的孩子而发生的费用而言,每月每个孩子最多可以报销 130 欧元,《德国社会法典第 3 编》第 83 条。

第五节　因为失业而创业：创业补助金（Gründungszuschuss）和起步金（Einstiegsgeld）

对于因为失业而进行创业的人来说，在"一人公司"（Ich-AG）的相关规定被废除以后，以及就业促进机制和之前的衔接金制度整合以后，他就只有要求获得自2006年8月1日引入《德国社会法典第3编》[600]的创业补助金的机会。II类失业金的受领者还有申请起步金以资助创业的机会。

创业补助金中所谓的基本资助（Grundförderung）就是在9个月的时间里支付I类失业金同等额度的补助。除此之外，每个月还能一次性获得300欧元用以覆盖社会保险支出（Sozialversicherungsausgaben）。为后续6个月（一次性）支付的建设资助金（Aufbauförderung）只是失业金受领者一项可能的请求权（Kann-Anspruch）。这笔资助金由劳动署进行裁量，每个月一次性只能得到300欧元，也就是说最多能拿到1 800欧元。

支付创业补助金的前提是失业者拥有支付报酬补偿（Entgeltersatzleistung）请求权（或者参与创造就业项目），以及还有至少90天的I类失业金剩余请求权（Restanspruch），并且专业部门对该创业活动的可行性表态。[601] 专业部门，根据行业的不同，可以是国际商会（IHK）、手工业商会或者是专业的团体。在律师创业的情况下，地方有管辖权的律师协会就是专业部门，创业的律师必须将已完成的企划书和商业计划书呈交到这里。没有能力

---

[600]　参见《德国社会法典第3编》第57、58条。
[601]　参见：《德国社会法典第3编》第57条。

自行完成企划书的人[602]应当寻求税务咨询师的帮助,他们在创业活动中总归是要被探访的。重要的是,企划书要显示出,该创业项目即使是没有创业补助金的资助也是可行的。

申请衔接金时要注意,法律人的创业活动在这时需是尚未"开办的"状态,也就是说,在申请之前还没租到地方,或者在其自己的律师事务所中还未开展其他活动。

根据《德国所得税法》第3条第2项,创业补助金是免除个人所得税的,并不受累进保留(Progressionsvorbehalt)规则的规制,也就是说,在对一个税额核定年之内所做的工作进行总收入调查时,这部分收入不予考虑。这对于要纳税的法律人来说是非常有利的。如果创业补助金已经被支付过了,那么再次申请该项资助至少也要在上次资助结束的24个月之后。[603] 如果该项创业失败了,该笔资助也不需要返还。

227 要注意的是,创业补助金的基本资助会被算入I类失业金的候补,因此在领取该基本资助的期间I类失业金的额度将会被缩减。

II类失业金的受领人最多可以在2年的时间里,以起步金的形式获得资助。[604] 起步金作为II类失业金的补助金被发放的。鉴于起步金是一项社会福利,由劳动署中的个案管理者(Fallmanager)对发放进行裁量。它通常是最低生活标准(Regelleistung)的50%,即172.5欧元。因此,单身人士在用于房租和取暖费的其他社会福

---

[602] 有益的提示:Werner, in: Ratgeber für junge Rechtsanwältinnen und Rechtsanwälte, 2000, S. 237 ff.。
[603] 参见《德国社会法典第3编》第57条第4款。
[604] 参见《德国社会法典第2编》第29条。

利之外,加上345欧元的每月最低生活费用,一共还可以获得517.5欧元。对于还是需求共同体(Bedarfsgemeinschaft)成员的每一位法律人来说,起步金还能有相当于10%最低生活费用的提高(34.5欧元)。实践中,起步金一般6个月发放一次。

第二十五章　法律职业与父母身份

"我们想要将职业与家庭结合起来。"2006年夏天,家庭事务部部长(Familienministerin)冯德莱恩(von der Leyen)用这句话为其引入父母补贴金(Elterngeld)的提案说明了理由,并尝试以此改善德国难以解决的——尤其是在学者中的——低出生率问题。

在美国,多子的情况长久以来就是上层社会的标志:因为毫无疑问,打理好房屋、花园以及银行账户要远比成功抚养多个孩子容易得多。当《法兰克福汇报》的文章宣称"三个孩子比两个孩子好"的时候[605],说明德国的舆论也有向着这种方向发展的迹象。

这在德国是否真的是一种趋势,目前还是要打个问号的。实际上,与之正相反:主流的观点认为,孩子与事业之间一直都存在不能被低估的目的性冲突。《法兰克福汇报》对此持相同的观点,它在3个月之后以醒目的标题——《孩子,职业,危机?》[606]——描述了学者情侣大多不生孩子的情况。而这是否是因为,德国女性明显抵制法西斯主义的"生育机器"模式,就如《时

---

[605] 参见2006年1月21日的《法兰克福汇报》。
[606] 参见2006年5月16日的《法兰克福汇报》。

代周刊》所宣称的那样[607]，还不得而知。或许更具有决定性的是，许多受到过良好的教育和高素质的女性，尤其是女法律人，将育儿视为时间层面上的"经济损失"，并将在结束照顾孩子之后无法再继续职业生涯视为一种威胁。

鉴于此，下面将简要地概览一下社会的保障体系，并为年轻的父母指出其目前可操作的空间。

第一节 国家层面的福利（Staatliche Leistungen）

一、子女补贴金（Kindergeld）

根据《联邦儿童法》（KiG），对于每一个孩子，施教权人（Erziehungsberechtigte）*都能获得一份子女补贴金。子女补贴金的发放与收入无关，其额度是固定的。目前**，每个孩子每月154欧元；从第四个孩子开始会给179欧元。德国与欧盟范围内的其他国家相比这个金额处于比较高的水平。子女补贴金的管理，也就是申请的处理和发放，原则上由所谓的家庭福利发放机构（Familienkasse）负责，该机构是劳动署的特设办事机构。不同的是行政服务中的人员以及文官候补生，子女补贴金在这里通常由该办事机构处理，其也负责发放常规的津贴。申请将被提交到那里。其

---

[607] 参见《儿童、厨房、职业？都与我们无关》，载《时代周刊》于2005年8月11日刊发的33/2005期。

* 指孩子的父母亲和监护人。——译者注

** 指成书时。子女补贴金自2018年一月起已涨至每月每个孩子194欧元（一个或两个孩子时），从第三个孩子开始，每月200欧元，如果在此之外还有孩子，则之后的孩子每月225欧元。——译者注

他信息,如说明书和申请表,都可以在网上找到。[608] 关于子女补贴金的争议在行政复议无果之后,会由社会法院进行裁决。

二、父母补贴金(Elterngeld)

比起一次性支付的子女补贴金,新引入的父母补贴金在经济上更具持久性。父母补贴金的法律基础是《联邦父母金与育儿假(Elternzeit)法》(BEEG),该法于2006年9月29日由德意志联邦议会通过,并于2007年1月1日起生效。该法的目的在于让父母至少能暂时地照顾自己的孩子,而不必过分强烈地遭受经济上的损失。与此相对,父母补贴金是一项暂时性的薪资补偿,其额度依提供照料的父母一方先前的工资而定。父母补贴金会同样地发放给夫妻、生活伴侣、未结婚的情侣以及单亲父/母亲。

对于低收入者和高收入者都存在特别规定:

对于低收入者来说(文官候补生被算在其中)父母补贴金的金额被确定在工资的67%的水平线之上;工资在1 000元以下的,每20欧元上升一个百分点。最低金额为300欧元。

立法者对于高收入的人设定了一个上限。据此,父母补贴金每月最多发放1 800欧元。当父母们之前每个月赚的工资多于2 700欧元的时候,其只可以拿到这个金额了。

父母补贴金最长会被发放12个月,只要父母一方(不必一定是母亲这一方)处于育儿假,并且自己照顾孩子即可。得到批准后,可以额外再领2个月的父母补贴金,只要在这段时间里由父母的另一方承担照顾孩子的事务。

---

[608] 参见 http://www.familienkasse.de,用户会被转到劳动署的那一页。

三、抚养预付款（Unterhaltsvorschuss）

父母双方对于孩子承担相同的抚养义务。单亲父母经常会遇到另一方完全不履行或不全部履行义务的情况。原则上，单独抚养孩子的一方父母在这种情况下必须诉请另一方支付抚养费，必要的时候还要申请执行。为了避免单独抚养孩子的一方父母遭遇到这种情况，国家依据《通过抚养预付款或抚养费不足给付（Unterhaltsausfallleistungen）以保障单亲母亲和父亲的抚养费法》[简称《抚养预付款法》（UVG）]发放抚养预付款。这些福利要在少年福利局（Jugendämter）进行申请。在前提条件被满足的时候，少年福利局将替缺席的父母一方支付抚养费（Unterhaltsleistung）。作为对抗手段，孩子所享有的针对缺席抚养的父母一方的请求权将法定地转移到国家这里，由国家自行为其代为支出的费用进行索赔（《抚养预付款法》第7条）。最后，这些福利还将起到在短期内弥补扶养金不足以及避免独立抚养孩子的一方父母进行诉讼的作用。但是，要注意的是，抚养预付款将按照《标准金额条例》（Regelbetragsverordnung）*的标准进行发放。根据适格的被抚养的孩子的年龄，分成三种年龄段，在这些年龄段中，抚养费给付被确定在204欧元到291欧元之间（西德），或者在188欧元到267欧元之间（东德）[609]，个案中可能会低于对缺席抚养的一方父母依民法上的请求权提出的诉请。

---

* 该条例自2008年1月1日起失效。——译者注

[609]《标准金额条例》生效于1998年7月1日，最近一次修改（截至成书时——译者注）在2005年4月8日。

四、社会救济金(Sozialhilfe)

没有个人收入并因而无法用自己的资金承担生活费的人有权要求国家通过社会福利给付进行救济。这是社会保障体系另一个经常被提及的地方。这里指的仅仅是,因培育孩子而无法从事工作的人,能够依《德国社会法典第12编》要求给付,也即社会救济金。

五、养老金(Rente)

对于参与法定养老保险的人来说,儿童教育较之于其未来的养老金(Altersversorgung)无论如何也算不上什么重要的问题。育儿时间依法律规定将被考虑到某些时间范围内。如此,在计算视同缴纳保费的时间(beitragsfreie Zeiten)*的时候[替代缴费期(Ersatzzeiten)、计入缴费期间(Anrechnungszeiten)、追加保险缴费期(Zurechunugszeiten)],育儿时间会引起养老金的增加。

当律师是某个养老供给互助机构的成员时,情况则会有所不同。在这里,计算育儿时间的规定是完全不同的,许多养老供给互助机构并不以法定养老保险公司所采用的方法承认育儿时间。个别情况下,就要考虑到在上了年纪的时候在经济上的劣势。可是,普遍适用的情景还无法被总结出。无论何时,尽早地了解养老供给互助机构各自的规定都是必要的。

享有公务员编制的法律人要适用《公务员供养福利法》(Beamtenversorgungsgesetz,BeamtVG)第50a条及以下的特别规定。

---

* 该段时间是指,不需缴纳保费,但仍算作是参与保险的期间。——译者注

第二节 照顾孩子（Kinderbetreuung）——法律上的规则

与照顾孩子相关的规定被区分为：

一、依据《孕产妇保护法》（Mutterschutzgesetz, MuSchG）的孕妇及母亲保护（Mutterschutz）

《孕产妇保护法》适用于雇员，即非自由职业者。其规定了，在一个严格限制的时间段内，女性是禁止工作的。怀孕中的母亲依此在预产期前 6 周原则上来说是不允许工作的，除非她明确表示愿意工作（《孕产妇保护法》第 3 条第 2 款）。生产之后的 8 周时间里，产妇是不允许工作的；在早产和生多胞胎的情况下，上面提到的时间可以延长到 12 周（《孕产妇保护法》第 6 条）。在规定的孕产妇保护期内，生育津贴（Mutterschaftsgeld）作为工资的替代被发放。对于参与公立保险的人来说，该社会福利的承担者就是法定的医疗保险机构（《孕产妇保护法》第 13 条第 1 款），相反的，参与私保的人的津贴承担者是联邦保险办公室（Bundesversicherungsamt）[610]（《孕产妇保护法》第 13 条第 2 款）。在参与法定保险的情况下，孕产妇保护期开始前的 3 个月的平均工资对该福利的额度起着决定性作用。联邦保险办公室的给付要比法定的医疗保险机构的少一些，根据《孕产妇保护法》第 13 条第 2 款的规定最多给予 210 欧元，但用人单位一般还会追加一些。

---

[610] 联邦保险办公室（BVA），Friedrich-Ebert-Damm 38, 53113 Bonn。其他信息以及申请表见：http://www.bva.de。

二、育儿假(Elternzeit)

想要在生产 8 周后还自己照看孩子的人可以要求育儿假。根据育儿者的选择,育儿假最多可以持续 3 年。在第一年的时候,抚育孩子的父母一方将依据《联邦父母金与育儿假法》以给付的方式被资助,即其将以父母补贴的形式获得对停发工资的补偿(Lohnausfallentschädigung)。[611] 在育儿假期间,照顾孩子的父母一方享有解雇保护(Kündigungsschutz)(《联邦父母金与育儿假法》第 18 条)。只有劳动者可以选择在育儿假结束以后辞职,而用人单位却不可以解雇该劳动者(《联邦父母金与育儿假法》第 19 条)。父母双方可以按比例要求育儿假(《联邦父母金与育儿假法》第 15 条第 3 款)。育儿假的时间长短是不确定的,可以约定兼职,而不是一定要全然放弃工作,每周最多不能超过 30 个小时(《联邦父母金与育儿假法》第 15 条第 4 款)。

结束育儿假以后,照看孩子的父母一方有权要求重新回到用人单位从事与之前相当的工作。"相当性"标准考虑的是工作范围,但也会考虑其他情况。也就是说,在育儿假开始之前从事全职工作的人,原则上可以并且一定能重新回到全职的工作中,而不是要求一份兼职。后者依据《部分时间与固定期限劳动合同法》(Teilzeit-und Befristungsgesetz)可以实现,但在个案中必须要与用人单位协商。

---

[611] 联邦保险办公室(BVA),Friedrich-Ebert-Damm 38, 53113 Bonn。其他信息以及申请表见:http://www.bva.de。

第三节　照顾孩子——实践层面

不考虑上述的经济补贴和法律上的框架条款，人们通常很难在照顾孩子与职业之间进行抉择。特别是受过良好教育的女子越来越担心，在结束照顾孩子的那段时间之后，不能再在自己的职业上有所建树。育儿期经常被视作是丧失能力的一段时间，在这段时间里，照顾孩子的父母一方会失去与一些事情的联系，并最终失去与外界的联系。

"短暂的育儿期（Babypause）。越是高素质的女性，越要尽快回到工作中来，金科玉律如是说到。"这是德国有领导力的杂志《父母》在其网页上[612]针对"孩子与职业"这个话题提出的建议。这同样是容易理解的，因为重新回到职业中的决定在一开始总是会碰到困难。

选择这条路的人放弃了全天围着照顾孩子这件事转——换言之，就是将孩子从自己的生活中规划出去——而这需要巨大的后勤上和经济上的开支。这在什么样的范围内是可行的最后还是取决于当地的设施，包括日间托儿所（Kindertageseinrichtungen）在内。联邦家庭事务部允许城市里提供照顾儿童服务的机构的密度明显高于农村地区。[613] 一般而言，人们应当提早考虑相应的安顿问题，最好在预产期临近就已经考虑好了，因为排队名单是很长的。也可以将雇请日间保姆作为替代方案，但如果该保姆受过良好的

---

[612]　http://www.eltern.de。
[613]　联邦家庭事务、老人、妇女和青年部（BMFSF），"Monitor Familiendemographie"，Ausgabe 2："Wer betreut Deutschlands Kinder?"（2005），S. 6。

教育，那么为此要支付的费用经常高于将孩子安顿到日间托儿所的花费。另一个相当个性化的方案是互惠生，其通常要为寄居家庭的父母做些家务。

相反，决定自己照顾孩子的人都是有意这么做的。她或他这么做的原因或许在于，其雇主对这件事是开明的并且支持这种人生道路，至少也是能容忍的。毫无疑问的是，行政服务领域的工作在这里是有优势的。没有任何一个地方能比公共事业的雇主或者主管机关更愿意允许两种性别的员工都休育儿假。而以独立的法律人身份工作的人几乎不存在让自己的工作停掉一些年的可能。私人雇主对育儿假的态度则处于这两种极端之间的某一个点。没有什么在这里是能被一概而论的，最有益的还是在合适的时间进行一次开诚布公的谈话。

第四节　由父亲照顾孩子

照顾孩子的任务一直以来主要由女性来承担，即由母亲来承担，即使这在生物学意义上完全是没有必要的。至少能够短暂地照看孩子的父亲即使是现在也非常少。新的《联邦父母金与育儿假法》想要创造一种激励机制，以扭转这种局面。这是一个谨慎的开始，因为其只要求父亲们拿出区区 2 个月的时间来承担这个任务。在这么短的时间里，没有人真的能认真对待，他的雇主也不大可能解雇他。但经济上的收益却会随之受到极大影响。这种机制能否继续发展，目前还要保持观望。此外，这里涉及的并不是单纯的法律问题，而是一种社会上的束缚，借助《联邦父母金与育儿假法》也只能小部分改观。

第三编

附 录

附录一 2003年至2005年间的第二次国家考试成绩

州	年份	考生人数	通过率（%）	极优率（%）	优率（%）	良率（%）	中等率（%）	及格率（%）	未通过率（%）
巴登-符腾堡	2003	1025	87.0	0.0	1.3	11.1	32.8	41.9	13.0
	2004	1076	88.0	0.0	1.8	9.9	34.8	41.5	12.0
	2005	941	89.3	0.0	1.7	10.2	37.4	40.0	10.7
	Ø	**1014**	**88.1**	**0.0**	**1.6**	**10.4**	**35.0**	**41.1**	**11.9**
巴伐利亚	2003	1795	87.4	0.1	2.1	12.4	33.3	39.6	12.6
	2004	1768	87.3	0.1	2.0	13.3	34.9	37.0	12.7
	2005	1523	87.5	0.1	3.0	13.3	30.7	40.3	12.5
	Ø	**1695**	**87.4**	**0.1**	**2.4**	**13.0**	**33.0**	**39.0**	**12.6**
柏林	2003	828	82.6	0.0	1.2	15.2	37.4	28.7	17.4
	2004	902	84.9	0.0	1.6	16.3	39.0	28.0	15.1
	2005	858	83.1	0.0	1.5	14.3	38.6	28.7	16.9
	Ø	**863**	**83.5**	**0.0**	**1.4**	**15.3**	**38.3**	**28.5**	**16.5**

(续表)

州	年份	考生人数	通过率(%)	极优率(%)	优率(%)	良率(%)	中等率(%)	及格率(%)	未通过率(%)
勃兰登堡	2003	296	83.4	0.0	0.3	10.8	42.2	30.1	16.6
	2004	297	77.4	0.0	0.7	9.4	38.4	29.0	22.6
	2005	269	78.8	0.0	0.7	9.3	40.1	28.6	21.2
	∅	**287**	**79.9**	**0.0**	**0.6**	**9.8**	**40.2**	**29.2**	**20.1**
不来梅	2003	87	86.2	1.1	2.3	25.3	37.9	19.5	13.8
	2004	78	88.5	1.3	1.3	19.2	42.3	24.4	11.5
	2005	86	80.2	0.0	2.3	22.1	36.0	19.8	19.8
	∅	**84**	**85.0**	**0.8**	**2.0**	**22.2**	**38.7**	**21.2**	**15.0**
汉堡	2003	367	89.9	0.8	7.6	25.3	34.6	21.5	10.1
	2004	354	86.2	0.6	8.2	32.2	31.4	13.8	13.8
	2005	335	92.2	0.9	9.3	27.2	36.4	18.5	7.8
	∅	**352**	**89.4**	**0.8**	**8.4**	**28.2**	**34.1**	**17.9**	**10.6**
黑森	2003	921	86.0	0.0	1.5	15.2	41.5	27.8	14.0
	2004	950	83.3	0.0	2.2	19.8	38.8	22.4	16.7
	2005	1101	84.0	0.1	1.6	16.3	42.5	23.5	16.0
	∅	**991**	**84.4**	**0.0**	**1.8**	**17.1**	**40.9**	**24.6**	**15.6**
梅克伦堡-前波美拉尼亚	2003	173	77.5	0.0	0.6	4.6	36.4	35.8	22.5
	2004	167	75.4	0.0	0.6	3.0	31.1	40.7	24.6
	2005	125	84.8	0.0	0.0	8.0	41.6	35.2	15.2
	∅	**155**	**79.2**	**0.0**	**0.4**	**5.2**	**36.4**	**37.2**	**21.8**
下萨克森	2003	742	87.2	0.0	1.5	17.8	42.6	25.3	12.8
	2004	703	86.3	0.0	2.6	19.2	40.1	24.5	13.7
	2005	812	86.2	0.0	1.7	17.0	37.7	29.8	13.8
	∅	**752**	**86.6**	**0.0**	**1.9**	**18.0**	**40.1**	**26.5**	**13.4**

(续表)

州	年份	考生人数	通过率（%）	极优率（%）	优率（%）	良率（%）	中等率（%）	及格率（%）	未通过率（%）
北莱茵-威斯特法伦	2003	2906	86.9	0.0	2.3	14.9	35.9	33.8	13.1
	2004	2800	86.6	0.1	2.5	17.1	33.6	33.3	13.4
	2005	2943	84.1	0.2	2.1	15.5	34.1	32.1	15.9
	Ø	**2883**	**85.9**	**0.1**	**2.3**	**15.8**	**34.5**	**33.1**	**14.1**
莱茵兰-普法尔茨	2003	588	89.5	0.0	1.2	18.2	43.4	26.7	10.5
	2004	604	84.3	0.0	1.8	19.7	38.9	23.8	15.7
	2005	610	87.4	0.0	2.5	17.4	38.9	28.7	12.6
	Ø	**601**	**87.1**	**0.0**	**1.8**	**18.4**	**40.4**	**26.4**	**12.9**
萨尔	2003	147	85.0	0.0	2.0	18.4	38.1	26.5	15.0
	2004	156	84.0	0.0	1.3	19.9	37.2	25.6	16.0
	2005	133	80.5	0.0	1.5	12.8	40.6	25.6	19.5
	Ø	**145**	**83.2**	**0.0**	**1.6**	**17.0**	**38.6**	**25.9**	**16.8**
萨克森	2003	500	84.2	0.0	1.0	7.2	33.0	43.0	15.8
	2004	521	80.0	0.0	0.4	5.8	31.7	42.2	20.0
	2005	495	89.0	0.0	0.4	5.5	31.3	42.8	20.0
	Ø	**505**	**81.4**	**0.0**	**0.6**	**6.2**	**32.0**	**42.7**	**18.6**
萨克森-安哈尔特	2003	180	75.0	0.0	0.0	6.1	26.1	42.8	25.0
	2004	138	80.4	0.0	0.0	5.1	29.0	46.4	19.6
	2005	113	73.5	0.0	0.0	4.4	23.9	45.1	26.5
	Ø	**144**	**76.3**	**0.0**	**0.0**	**5.2**	**26.3**	**44.8**	**23.7**
石勒苏益格-荷尔斯泰因	2003	430	84.9	0.0	3.5	18.6	36.0	26.7	15.1
	2004	440	86.6	0.0	3.9	24.3	36.6	21.8	13.4
	2005	442	89.8	0.2	3.2	19.7	39.4	27.4	10.2
	Ø	**437**	**87.1**	**0.1**	**3.5**	**20.9**	**37.3**	**25.3**	**12.9**

（续表）

州	年份	考生人数	通过率（%）	极优率（%）	优率（%）	良率（%）	中等率（%）	及格率（%）	未通过率（%）
图林根	2003	291	88.0	0.0	0.3	7.9	38.8	40.9	12.0
	2004	325	86.5	0.0	0.9	12.6	38.2	34.8	13.5
	2005	230	88.7	0.0	0.4	11.3	36.1	40.9	11.3
	∅	**282**	**87.7**	**0.0**	**0.5**	**10.6**	**37.7**	**38.9**	**12.3**
总计	2003	9722	86.2	0.1	1.9	14.2	36.6	33.5	13.8
	2004	11279	85.5	0.1	2.2	15.8	35.7	31.7	14.5
	2005	11016	85.3	0.1	2.2	14.6	36.1	32.4	14.7
	∅	**10672**	**85.7**	**0.1**	**2.1**	**14.9**	**36.1**	**32.5**	**14.3**

附录二 1999年至2005年间受任命的文官候补生数

州	1999[614]	2000[615]	2001[616]	2002[617]	2003[618]	2004[619]	2005[620]
巴登-符腾堡	1165	945	935	987	852	815	788
巴伐利亚	2180	1890	1750	1655	1397	1416	1189
柏林	811	819	680	812	760	649	800
勃兰登堡	310	284	270	247	179	226	208
不来梅	75	74	76	75	75	76	75
汉堡	368	304	293	342	250	317	310
黑森	839	837	838	840	1020	945	902
梅克伦堡-前波美拉尼亚	200	87	161	135	95	114	104

---

[614] JuS 2000, 932 ff.
[615] JuS 2001, 930 ff.
[616] JuS 2002, 825 ff.
[617] JuS 2003, 827 ff.
[618] JuS 2004, 1126 ff.
[619] JuS 2005, 1147 ff.
[620] http://www.bmj.bund.de/media/archive/1344.pdf。

(续表)

州	1999	2000	2001	2002	2003	2004	2005
下萨克森	756	833	645	635	711	454	596
北莱茵-威斯特法伦	2715	2649	2612	2547	2595	2539	2376
莱茵兰-普法尔茨	540	571	549	548	542	506	477
萨尔	130	117	117	108	106	111	102
萨克森	522	442	451	478	382	391	294
萨克森-安哈尔特	198	203	116	102	95	93	76
石勒苏益格-荷尔斯泰因	376	402	396	390	352	357	398
图林根	232	246	351	185	199	143	120
总计	11417	10703 −6.3%	10240 −4.3%	10086 −1.5%	9610 −4.7%	9152 −4.8%	8815 −3.7%

附录三 针对文官候补生的联邦法律层面的规则

《德国劳动法院法》第 9 条第 2 款

《德国法院组织法》中关于送达官和执行官、关于维护庭审秩序、关于法庭用语、关于由文官候补生执行的法官事务以及关于协商与表决的规定在所有审级中相应地适用。

《德国联邦公证人法》第 26 条

公证人有义务严格按照《承担义务法》第 1 条的规定聘用自己的助手,例外地,也包括聘用公证文官候补生以及因培训的需要而分配至他处的文官候补生。对此,本法第 14 条第 4 款到第 18 条的规定有特别指明。若上述人员相对若干名公证人存在同样的雇佣关系,则任意一位公证人完成该义务即可。

《德国联邦公证人法》第 30 条第 1 款

公证人须尽其所能协助完成公证人后辈以及文官候补生的培训。

《德国律师薪酬法》第 5 条

对于一项非(受案)律师本人执行的事务的报酬,如该律师被其一般代理人,即外另一位律师代表,被在某一律师处培训的文官候补生或者被因培训需要而分配至其处的文官候补生代表,按照本法计算。

《德国联邦律师法》第 53 条第 4 款

州司法行政机关应委托一位律师进行代理。它也可以委托其他人作为代理人,这些人得是已经取得法官资质的人,或者是在准备服务阶段至少工作了 12 个月的文官候补生。本法第 7 条至第 20 条第 1 款第 1 项相应地适用。

《德国联邦律师法》第 59 条

(1)律师应在适当的范围协助文官候补生的培训。他要对在准备服役阶段于其处工作的文官候补生在律师业务领域予以指导和引领,并给予他参与实务的机会。培训的内容尤其要包含律师的诉讼和非诉业务、与委托人的交际、律师的职业权利以及律师事务所的组织建设。

(2)当文官候补生在律师的指导下承接实行当事人权利的事务时,不适用《德国民事诉讼法》第 157 条第 1 款和第 2 款。同样,当文官候补生在不允许由律师担任代理人的情形下代理该律师,上述条款亦不适用。

《德国法院组织法》第 10 条

在法官的监督下,文官候补生可以完成法律救助请求、听取刑事诉讼参与人之外的意见、调查证据以及主持言辞审理。文官候补生无权指示发誓或拒绝誓言。

《德国法院组织法》第 142 条第 3 款

文官候补生可以代理地方法院法官的工作,个别情况下,可以在检察院的监督下代理检察官的工作。

《德国法院组织法》第 193 条第 1 款

在协商与表决环节,除了为形成判决而委任的法官,只有被审判长允许出席的在同一法院因法律培训而工作的人以及在那里工作的学术助手可以在场。

《德国司法辅助官法》第 2 条第 5 款

文官候补生可以被暂时性地委以完成司法辅助官的事务。

《德国刑事诉讼法》第 139 条

被选任为辩护人的律师可以在选任人的同意下,将辩护事宜移交给已经通过第一次国家考试,并且从事司法事务至少已有 1 年零 3 个月以上的谙习法律的人。

《德国刑事诉讼法》第 142 条第 2 款

在第 140 条第 1 款第 2 项和第 5 项以及第 140 条第 2 款规定的情形下,也可以指派已经通过第一次国家考试,并且从事司法事务至少已有 1 年零 3 个月以上的谙习法律的人作为第一审的辩护人,但他不能在对他进行培训的法官所在的法院担任辩护人。

附录四 联邦评分令

摘自 1981 年 12 月 3 日生效的《关于第一次与第二次国家考试成绩分划条例》(GVBl.I,第 1243 页),最近一次修改于 2006 年 4 月 19 日(GVBl.I,第 866 页):

第 1 条 评分等级与分数

第一次与第二次国家考试中的单个成绩依下面的评分体系进行评定:

极优	一个特别优异的成绩	=16 至 18 分
优	明显优于平均水平要求所达到的成绩	=13 至 15 分
良	优于平均水平要求所达到的成绩	=10 至 12 分
中等	从各方面看都满足平均水平要求的成绩	=7 至 9 分
及格	尽管有瑕疵,但仍旧满足平均水平要求的成绩	=4 至 6 分
不及格	有明显的瑕疵,总体上不再可用的成绩	=1 至 3 分
差	完全不可用的成绩	=0 分

第 2 条 总分的构成

(1)只要总体评价所需的单项评价齐备,则总成绩将以四舍五入取至小数点后两位进行计算。

(2)核算出的分值对应下列的分数标志:

14.00 至 18.00 分	极优
11.50 至 13.99 分	优
9.00 至 11.49 分	良
6.50 至 8.99 分	中等
4.00 至 6.49 分	及格
1.50 至 3.99 分	不及格
0 至 1.49 分	差

附录五　州司法考试局

巴登-符腾堡

巴登－符腾堡州司法部下属州司法考试局,地址：Rotebühlplatz 1,70178 斯图加特,电话:0711/279-0

巴伐利亚州

巴伐利亚州司法部下属州司法考试局,地址：Prielmayerstraße 7,80335 慕尼黑,电话:089/5597-1987

柏林

柏林与勃兰登堡州联合司法考试局,地址：Salzburger Straße 21-25,10825 柏林,电话:030/9013-0

勃兰登堡

柏林与勃兰登堡州联合司法考试局,地址：Salzburger Straße 21-25,10825 柏林,电话:030/9013-0

不来梅

汉萨自由市不来梅、汉萨自由市汉堡与石勒苏益格-荷尔斯泰因州关于大型法学国家考试联合考试局,地址：Dammtorwall 13,20354 汉堡,电话:040/42843-2023

汉堡

汉萨自由市不来梅、汉萨自由市汉堡与石勒苏益格-荷尔斯泰因州关于大型法学国家考试联合考试局,地址:Dammtorwall 13,20354 汉堡,电话:040/42843-2023

黑森

黑森州司法部下属司法考试局,地址:Luisenstraße 13,65185 威斯巴登,电话:0611/32-2711

梅克伦堡-前波美拉尼亚

梅克伦堡-前波美拉尼亚州司法部下属州司法考试局,地址:Puschkinstraße 19-21,19055 什末林,电话:0385/2088-156

下萨克森

下萨克森州司法部下属州司法考试局,地址:Eintrachtweg 19,30173 汉诺威,电话:0511/120-8910

北莱茵-威斯特法伦

北莱茵-威斯特法伦州司法考试局,地址:Martin-Luther-Platz 40,40212 杜塞尔多夫,电话:0211/8792-276

莱茵兰-普法尔茨

莱茵兰-普法尔茨州司法部为法律人服务州司法考试局,地址:Ernst-Ludwig-Straße 3,55116 美因茨,电话:06131/16-4905

萨尔

萨尔州司法部下属为法律人服务州司法考试局,地址:Franz-Josef-Röder-Straße 15,66119 萨尔布吕肯,电话:0681/501-5318

萨克森

萨克森州司法部下属州司法考试局,地址:Hospitalstraße 7,01097 德累斯顿,电话:0351/564-0

萨克森-安哈尔特

萨克森-安哈尔特州司法部下属州司法考试局,地址:Klewitzstraße 4,39116 马格德堡,电话:0391/567-01

石勒苏益格-荷尔斯泰因

汉萨自由市不来梅、汉萨自由市汉堡与石勒苏益格-荷尔斯泰因州关于大型法学国家考试联合考试局,地址:Dammtorwall 13,20354 汉堡,电话:040/42843-2023

图林根

图林根州司法部下属司法考试局,地址:Werner-Seelenbinder-Straße 5,99096 埃尔福特,电话:0361/3795-000

附录六 训练主管机关列表

联邦州	培训地	通信地址
巴登-符腾堡	卡尔斯鲁厄高等区域法院	OLG Karlsruhe Verwaltungsabteilung Hoffstraβe 10, 76133 Karlsruhe Tel.0721/926-3488 http：//www.olg-karlsruhe.de
	斯图加特高等区域法院	OLG Stuttgart Verwaltungsabteilung Olgastraβe 2, 70182 Stuttgart Tel.0711/212-3202 http：//www.olg-stuttgart.de
巴伐利亚	班贝格高等区域法院	Oberlandesgericht Bamberg Referendargeschäftsstelle Wilhelmsplatz 1, 96047 Bamberg Tel. 0951/833-1114 http：//www4.justiz.bayern.de/olg-ba/
	纽伦堡高等区域法院	Präsent des OLG Nürnberg Referendar-Geschäftsstelle Fürther Straβe 110, 90429 Nürnberg Tel. 0911/321-2324 http：//www4.justiz.bayern.de/olgn/
	慕尼黑高等区域法院	OLG München Referendargeschäftsstelle Prielmayerstraβe 5, 80335 München Tel. 089/5597-3315 http：//www4.justiz.bayern.de/olgm/

(续表)

联邦州	培训地	通信地址
柏林	柏林市高等区域法院	Die Präsentin des Kammergerichts Dezernat für Aus- und Fortbildung Referat für Referendarangelegenheiten Salzburger Str. 21-25, 10825 Berlin Tel. 030/9013-0 http://www.kammergericht.de
勃兰登堡	勃兰登堡高等区域法院	Präsident des Brandenburgischen Oberlandesgerichts Referendarabteilung Gertrud-Piter-Platz 11, 14770 Brandenburg Tel. 03381/39-90 http://www.olg.brandenburg.de
不来梅	汉萨城市不来梅高等区域法院	Hanseatisches Oberlandesgericht Referendargeschäftsstelle Sörgestraβe 62/64, 28195 Bremen Tel. 0421/361-0 http://www.justiz.bremen.de
汉堡	汉萨城市汉堡高等区域法院	Hanseatisches Oberlandesgericht Personalstelle für Referendare Dammtorwall 13, 20354 Hamburg Tel.040-42843-0 http://fhh.hamburg.de/stadt/Aktuell/justiz/gerichte/oberlandesgericht
黑森	法兰克福高等区域法院	Der Präsident des OLG Frankfurt Zeil 42, 60313 Frankfurt Tel.069/1367-2281 http://www.olg-frankfurt.justiz.hessen.de
梅克伦堡-前波美拉尼亚	罗斯托克高等区域法院	OLG Rostock Wallstraβe 3, 18055 Rostock Tel.0381/331-0 http://www.mv-justiz.de/pages/ordent_gerichte/olg._hro.htm
下萨克森	布伦瑞克高等区域法院	OLG Braunschweig Postfach 3627, 38026 Braunschweig Tel. 0531/448-2425 http://www.oberlandesgericht-braunschweig.niedersachsen.de

(续表)

联邦州	培训地	通信地址
	策勒高等区域法院	OLG Celle Postfach 1102, 29201 Celle Tel. 05141/206-0 http://www.oberlandesgericht-celle.niedersachsen.de
	奥尔登堡高等区域法院	OLG Oldenburg Postfach 2451, 26014 Oldenburg Tel. 0441/220-0 http://www.oberlandesgericht-oldenburg.niedersachsen.de
北莱茵-威斯特法伦	杜塞尔多夫高等区域法院	Die Präsidentin des OLG Düsseldorf Referendarabteilung Cecilienallee 3, 40474 Düsseldorf Tel. 0211/4971-637 http://www.olg-duesseldorf.nrw.de
	哈姆高等区域法院	Der Präsident des OLG Hamm Heßlerstraße 53, 59065 Hamm Tel. 02381/272-4314 http://www.olg-hamm.nrw.de
	科隆高等区域法院	Der Präsident des OLG Köln Reichenspergerplatz 1, 50670 Köln Tel. 0221/7711-0 http://www.olg-koeln.nrw.de
莱茵兰-普法尔茨	科布伦茨高等区域法院	Der Präsident des OLG Koblenz Referendarabteilung Stresemannstraße 1, 56068 Koblenz Tel. 0261/102-2515 www.olgko.justiz.rlp.de
萨尔	司法、健康与社会部	Ministerium für Justiz, Gesundheit und Soziales Franz-Josef-Röder-Straße 23, 66119 Saarbrücken Tel. 0681/501-3122 http://www.justiz-soziales.saarland.de
萨克森	德累斯顿高等区域法院	OLG Dresden Lothringer Straße 1, 01069 Dresden Tel. 0351/446-0 http://www.justiz.sachsen.de/gerichte/homepages/olg/
萨克森-安哈尔特	瑙姆堡高等区域法院	Der Präsident des OLG Naumburg Verwaltungsabteilung Domplatz 10, 06618 Naumburg Tel. 02445/28-0 www.justiz.sachsen-anhalt.de/olg

（续表）

联邦州	培训地	通信地址
石勒苏益格-荷尔斯泰因	石勒苏益格-荷尔斯泰因高等区域法院	Schleswig-Holsteinisches OLG Referendarabteilung Gottorfstraβe 2, 24837 Schleswig Tel. 04621/86-0 http://www.olg-schleswig.de/
图林根	司法部	Thüringer Justizministerium J 3 Werner-Seelenbinder-Str. 5, 99096 Erfurt Tel. 03161/3795-0 http://www.thueringen.de/de/justiz/

附录七 德国-外国（或地区）法律人联合会

246 **德国-美国法律人-联合会**
Alte Bahnhofstraße 10, D-53173 Bonn, Tel.:0228/361376
http://www.dajv.de/mail@dajv.de

阿拉伯与伊斯兰法协会
Hohenzollernring 72, 50672 Köln, Tel.: 0221/27727722
http://www.gair.de/info@gair.de

德国-澳大利亚法律人联合会
Drakestr. 4c, 12205 Berlin, Tel.: 030-84373012
http://www.dausjv.de/barz@kanzlei-barz.de

比利时-德国法律人联合会
D-50667 Köln, Cäcilienstr. 46
http://www.belgisch-deutsche-juristen-vereinigung.de/bel-juriste@web.de

德国-巴西法律人联合会
Lurgialle 6-8, 60439 Frankfurt, Tel.:069-299080

http://www.dbjv/info@dbjv.de

德国-英国法律人联合会

Brahmsallee 9, 20144 Hamburg, Tel.:040414614-0

http://www.dbjur.de/beckmann@kanzlei-hamburg.de

德国-中国法律人联合会

Wilhemstrasse 26, 79098 Freiburg, Tel.: 0761/203-2270

http://www.dcjv.org/info@dcjv.org

德国-哥斯达黎加法律人联合会

Mühlenstraße 44, 14167 Berlin 030/99271328

http://www.deutsch-costaricanisher-juristenverein.de/office@dcjvg.de

德国-爱沙尼亚法律人联合会

Ballindamm 26, 20095 Hamburg

http://www.ostrecht.de/Estland.htm

德国-芬兰法律人联合会

Im Fiedlersee 19, 64291 Darmstadt, Tel.: 06151/370922

德国-格鲁吉亚法律人联合会

Postfach 340218, 80099 München, Tel.: 089/28808868

www.dgeojv.org/info@dgeojv.org

德国-印度法律人联合会

Hirnbeinstraße 2, 87435 Kempten,

http://www.dijv.net/vorstand@dijv.net

德国-爱尔兰法律人联合会

Mozartstraße 5, 53115 Bonn, Tel.: 22896399121

http://www.deutsch-irische-juristen.de/vorstand@deutsch-irische-juristen.de

德国-以色列法律人联合会

Marcobrunnerstr.15, 65197 Wiesbaden, Tel.: 0611/4114496

http://www.dijv.de/dijv.eh@t-online.de

德国与意大利法律人思想交流联合会

Universitätsstraße 150, 44801 Bochum, Tel.: 0234/32-22841

http://www.dijv.org/ls.kindler@jura.ruhr-uni-bochum.de

德国-日本法律人联合会

Börnestr. 63, 22089 Hamburg, Tel.: 040/22690888

http://www.djjv.org/DJJV-GS@web.de

德国-加拿大法律人联合会

Overbeckstraße 4, 44141 Dortmund, Tel.: 0231/557790-100

http://www.cgla.org/cgla@cgla.org

德国-古巴法律人联合会

Warburgstr. 50, 20354 Hamburg, Tel.: 040/415250

德国-拉丁美洲法律人联合会

Romingerweg 1, 70193 Stuttgart, Tel.: 0711/2261011

http://www.triana.de/info@triana.de

德国-拉脱维亚法律人联合会

Graf-Adolf Strasse 21, 40212 Düsseldorf, Tel.: 0211/994070

http://www.dljv.de/Suesseldorf@dljv.de

德国-卢西塔尼亚法律人联合会

Augustinergasse 9, 69117 Heidelberg, Tel.: 06221/542205

http://www.ipr.uni-heidelberg.de/dljv/schindle@ipr.uni-heidelberg.de

德国-墨西哥法律人联合会

Isoldestraße 17, 76185 Karlsruhe, Tel.: 0721/59720-0

http://www.dmjv.de/info@bg.karlsruhe.de

德国-北欧法律人联合会

Hopfenstr. 31, 24103 Kiel, Tel.: 0431/6607710

http://www.dnjv.org

德国-奥地利法律人联合会

Stadtplatz 1, 94060 Pocking, Tel.: 08531-91680

德国-波兰法律人联合会

Littenstraße 11, 10179 Berlin

http://www.dpjv.de/diedrich@dpjv.de

德国-罗马尼亚法律人联合会

Bogotastraße 21, 14163 Berlin, Tel.: 030-8019960

http://www.drjv.de/berlin@stalfort.ro

德国-俄罗斯经济法联合会

Schlüterstraße 28, 20146 Hamburg, 040/42838-2630

www.vdrw.de/info@vdrw.de

德国-瑞士法律人联合会

Kreuzbergweg 10, 53115 Bonn,

http://www.ressos.de/dsjv2/artman/publish/index.shtml/info

@dsjv.de

德国-新加坡法律人联合会
Schillerstrasse 7, 10625 Berlin, Tel.: 030/31503803
http://www.gsla.de/contact@gsla.de

德国-西班牙法律人联合会
San Elías,29-35.5 °B, E-08006 Barcelona, Tel.: 0034/932000464
http://www.dsjv-ahaj.org//info@dsjv-ahaj.org

德国-南非法律人联合会
Bleichenbrücke 9, 20354 Hamburg, Tel.: 040/3552800
http://www.dsjv.org/info@dsjv.org

德国-中国台湾地区法律人联合会
Büschstraße 12, D-20354 Hamburg, Tel.: 40-35513620
http://www.dtjv.org/sothen@schwanenland.de

德国-捷克法律人联合会
Postfach 340233, 80099 München, Tel.: 0941/599205257
http://dtjvcnsp.org/post@dtjvcnsp.org

德国-土耳其法律人联合会
Hartungsstraße 14, 20146 Hamburg, Tel.: 040/417873
http://viadrina.euv-frankfurt-o.de/dtjv/Tansay@ku.edu.tr

德国-匈牙利法律人联合会
Deák Ferenc u. 15, H-1052 Budapest, Tel.: 0036/14840484
http://www.du-jv.de/dujv@du-jv.de

附录八 最高联邦行政机关[621]

外交部

Werderscher Markt 1, 10117 Berlin

Tel. 030/5000-0, Fax 030/5000-3402

http://www.auswaertiges-amt.de/

E-Mail: poststelle@ auswaertiges-amt.de

联邦总理府

Willy-Brandt-Straße 1, 10557 Berlin

Tel. 030/18400-0, Fax 030/18400-2357

http://www.bundeskanzleramt.de

E-Mail: poststelle@ bk.bund.de

联邦财政部

Wilhelmstraße 97, 10117 Berlin

---

[621] 最高联邦行政机关包括联邦总统府、联邦总理府、联邦各部委以及联邦审计署。最高联邦行政机关不应与处于其位阶之下的高级联邦行政机关混淆。高级联邦行政机关是实行垂直管理的独立行政机关,其对全部联邦领土都享有管辖权,并接受主管联邦部委的领导,典型的高级联邦行政机关有联邦行政管理局、联邦刑事局等。

Tel. 030/18682-0, Fax 030/18682-3260
http://www.bundesfinanzministerium.de
E-Mail: poststelle@ BMF.bund.de

联邦司法部

Mohrenstraße 37, 10117 Berlin
Tel. 030/18580-0, Fax 030/18580-9525
http://www.bmj.bund.de
E-Mail: poststelle@ bmj.bund.de

联邦国防部

Stauffenbergstraße 18, 10785 Berlin
Tel. 01888/2400-0, Fax 01888/2421-29
http://www.bmvg.de
E-Mail: poststelle@ bmvg.bund.de

联邦内政部

Alt Moabit 101 D, 10559 Berlin
Tel. 030/18681-0, Fax 030/18681-2926
http://www.bmi.bund.de
E-Mail: poststelle@ bmi.bund.de

联邦劳动与社会事务部

Mohrenstraße 62, 10117 Berlin
Tel. 030/2007-0, Fax 030/2007-2166
http://www.bmas.bund.de
E-Mail: info@ bmas.bund.de

联邦教育与研究部

Hannoversche Straße 28-30, 10115 Berlin

Tel. 01888/57-0, Fax 01888/57-5516

http://www.bmbf.bund.de

E-Mail: information@bmbf.bund.de

联邦食品、农业及消费者保护部

Rochusstr. 1, 53123 Bonn

Tel. 01888/529-0, Fax 01888/529-4262

http://www.bmelv.de

E-Mail: poststelle@bmelv.bund.de

联邦家庭事务、老年、妇女及青年部

Alexanderstraße 3, 10117 Berlin

Tel. 030/20655-0, Fax 030/20655-1145

http://www.bmfsfj.bund.de

E-Mail: info@bmfsfjservice.bund.de

联邦卫生部

Friedrichstraße 108, 10117 Berlin

Tel. 030/18441-0, Fax 030/18441-1921

http://www.bmg.bund.de

E-Mail: info@bmg.bund.de

联邦环境、自然保护和核安全部

Alexanderplatz 6, 10178 Berlin

Tel. 030/18305-0, Fax 030/18305-4375

http://www.bmvbs.de

E-Mail: service@bmu.bund.de

联邦交通、建筑与城市发展部

Invalidenstraße 44, 10115 Berlin

Tel. 030/18300-0, Fax 030/18300-1942

http://www.bmvbs.de

E-Mail: buergerinfo@bmvbs.bund.de

联邦经济合作及发展部

Adenauerallee 139-141, 53113 Bonn

Tel. 0228/535-0, Fax 0228/535-3500

http://www.bmz.de

E-Mail: info@bmz.bund.de

联邦经济事务和科技部

Scharnhorststr. 34-37, 10115 Berlin

Tel. 030/2014-9, Fax 030/2014-7010

http://www.bmwi.de

E-Mail: info@bmwi.bund.de

联邦总统府

Spreeweg 1, 10557 Berlin

Tel. 030/2000-0, Fax 030/2000-1999

http://www.bpra.bund.de

E-Mail: poststelle@bpra,bund.de

联邦审计署

Adenauerallee 81, 53113 Bonn

Tel. 01888/721-0, Fax 01888/721-2990

http://brh.bund,de

E-Mail: poststelle@brh.bund.de

联邦政府文化与媒体事务专员

Stresemannstraße 94, 10963 Berlin

Tel. 030/18681-3837, Fax 030/18681-3821

http://www.bundesregierung.de

E-Mail: poststelle@bkm.bmi.bund.de

联邦政府新闻和信息局

Dorotheenstraße 84, 10117 Berlin

Tel. 030/18272-0, Fax 030/18102-720

http://www.bundesregierung.de

E-Mail: internetpot@bundesregierung.de

关键词索引[*]

253　Abordnung （人事）借调　　　　　　　　边码 171 及以下

Abschlussverfügung　侦查终结处分书　　边码 26

AdVoice　《律师之声》　　　　　　　　　边码 143

Advojob　《律师职业》　　　　　　　　　边码 143

Afa　折旧减免原则　　　　　　　　　　　边码 109

Aktenauszug　卷宗的誊录　　　　　　　　边码 33

Aktenvortrag　案情汇报　　　　　　　　　边码 92

Amtsanwalt　检控官　　　　　　　　　　　边码 27，81

Amtsnotar　初级公证官　　　　　　　　　边码 183

Angestellter Anwalt　聘用律师　　　　　　边码 163

Anklageerhebung　提起公诉　　　　　　　边码 28，178

Anklageschrift　公诉书　　　　　　　　　边码 25 及以下，边码 28

Anwalt　律师　　　　　　　　　　　　　　边码 147

Anwaltsdichte　律师密度　　　　　　　　　边码 147，155

---

*　在本书正文中，个别词因翻译表达的需要，与本索引译法略有差异。为尊重原文，本索引所列的边码（即原书页码）、词条保持与原书一致，但原书可能因修订而导致索引所列的边码、词条与正文并不完全一致。——译者注

Anwaltsgebührenrecht 律师收费法	边码 156
Anwaltsklausur （第二次国家考试中)有关律师职业的考试部分	边码 60
Anwaltsnotar 律师兼公证人	边码 182 及以下,187 及以下
Anwaltsschriftsatz 律师法律文书	边码 58 及以下
Anwaltsstation 律师事务机构	边码 58 及以下
Arbeitsbedingung 工作条件	边码 174, 181
Arbeitsgemeinschaft 研讨课	边码 16,33,84 及以下
Arbeitslosengeld II 类失业金	边码 220 及以下
Arbeitslosenversicherung 失业保险	边码 119
Arbeitsloser Jurist 失业的法律人	边码 220 及以下
Arbeitslosigkeit 失业	边码 220 及以下
Arbeitsmittel 办公用品	边码 108 及以下
Arbeitsplatzsicherheit 岗位的安稳度	边码 200
Assessment Center 评鉴中心	边码 203
Ausbilder 训练官	边码 75
Ausbildung des DAV 德意志律师协会的实习训练	边码 70
Ausbildungsdienststellen 文官候补生训练主管机关	边码 9, 附录 6
Ausbildungsreform 训练改革	边码 2 及以下
Auslandsstation 国外机构	边码 72 及以下
Ausschuss der Regionen (ADR) 欧洲区域委员会	边码 49
Außergewöhnliche Belastung 异常负担	边码 116
Ausgewärtiges Amt 外交部门	边码 45 及以下
Baden-Württemberg 巴登-符腾堡州	边码 13, 39, 88 附录 1,2
BAföG 《联邦教育资助法》	边码 119 及以下
Bayern 巴伐利亚州	边码 11,12,13,39,88,附录 1,2

Beamtenbesoldung 公务员薪资	边码 196
Beamtenverhältnis 公务员法律关系	边码 189 及以下
Beck-Online 数据库名	边码 142 及以下
Befangenheitsantrag 回避声明	边码 179
Beförderungschancen 晋升机会	边码 173 及以下,181
Begnadigungsverfahren 减刑(或赦免)程序	边码 181
Behörden, ausländische 外国机关	边码 47 及以下
Berlin 柏林市	边码 13,39,88,附录 1,2
Berufsunfähigkeit 职业能力丧失	边码 118 及以下
Best Practices 最佳实践(原则)	边码 204
Beweisantritt 举证	边码 60
Beweisaufnahme 证据调查	边码 29,32,34
Beweiswürdigung 证据评价	边码 30,179
Bewerbung 申请	边码 175 及以下,181,186 及以下
Bewerbungskosten 申请费	边码 115
Bezirksnotar 区公证官	边码 183
Bologna-Prozess 博洛尼亚计划	边码 1
Brandenburg 勃兰登堡州	边码 12,13,39,89,附录 1,2
Bremen 不来梅市	边码 13,39,89,附录 1,2
Brüssel 布鲁塞尔	边码 48
Bundesagentur für Arbeit 联邦劳动署	边码 18,40,222
Bundesgesetzblatt 联邦法律公报	边码 138
Bundeskanzler 联邦总理	边码 218
Bundesnotenverordnung 联邦评分令	附录 4
Bundesrat 联邦参议院	边码 42
Bundestag 联邦议会	边码 42

Deutsche Rentenversicherung 德国养老保险	边码 18
Deutscher Anwaltsverein (DAV) 德意志律师协会	边码 5
Dienstherr 主管机关(这里指训练机构)	边码 10
Dienstreisen 差旅	边码 111
Disputation 在博士论文主题答辩时举行的口试	边码 123
Dissertation 博士论文	边码 115, 124
Doppelte Haushaltsführung 双重家政花销	边码 108
Einheitsjurist 统一法律人	边码 1, 7 及以下
Einkommen 收入	边码 196
Einkommensteuererklärung 所得税报税申请	边码 105
Einstellungen 任命	边码 236
Einstellungstermine 任命日	边码 12 及以下
ELSA 欧洲法学生协会	边码 144
Elterngeld 父母补贴金	边码 228
Elternzeit 育儿假	边码 229, 231
Ermittlungsverfahren 侦查程序	边码 177
Europäische Investitionsbank 欧洲投资银行	边码 49
Europäische Kommission 欧盟委员会	边码 48
Europäische Union 欧盟	边码 48
Europäische Zentralbank 欧洲中央银行	边码 49
Europäischer Gerichtshof 欧洲法院	边码 49
Europäischer Rechnungshof 欧洲审计院	边码 49
Europäische Parlament 欧洲议会	边码 49
Europapolitik 欧洲政策	边码 49
Europarat 欧洲委员会	边码 50
Examensvorbereitung 考试的准备	边码 93

Fachanwälte	专科律师	边码 153
Fahrtkosten	出行费用	边码 107
Fernuniversität Hagen	哈根远程大学	边码 71, 130
Finanzgericht	财税法院	边码 52 及以下
Forschung	研究	边码 213
Fortbildungskosten	进修费	边码 112
Forum junge Anwalt-schaft (FORUM)	青年律师论坛	边码 143
Freier Mitarbeiter	自由职员	边码 18
Gebührenanspruch	报酬请求权	边码 65
Grundfreibetrag	基本免税金额	边码 222
Grundsicherung für Arbeitssuchende	求职者的基本保障	边码 222
Gutachtenstil	鉴定式	边码 35, 36
Habilitation	大学授课资格论文	边码 214, 215
Haftpflichtversicherung	责任保险	边码 117, 118
Hamburg	汉堡市	边码 13, 39, 89, 附录 1, 2
Hartz-IV-Gesetze	哈茨四号法	边码 222
Häusliches Arbeitszimmer	家庭办公间	边码 111
Hessen	黑森州	边码 14, 39, 89, 附录 1, 2
Interessenausgleich	利益平衡	边码 184
Internet	互联网	边码 184
Internet	互联网	边码 135, 136
Job-Sharing	工作分享	边码 195
Juniorprofessur	初级教授职位	边码 215, 216
Juris	一家电子信息数据库提供商	边码 142

Kanzleigründung 律师事务所的设立	边码 164
Kinder und Karriere 孩子与职业	边码 227
Kinderbetreuung 照顾孩子	边码 231
Kindergeld 子女补贴金	边码 228
Klageerwiderung 答辩状	边码 59
Klageschrift 起诉状	边码 59,60
Klausuren 考试	边码 87 及以下
Kommentare 法律评注	边码 134
Krankenversicherung 医疗保险	边码 116,117,223
Landesjustizprüfungsämter 州司法考试局	附录 5
Landeskinderegelung 本州出生者优待规定	边码 15
Landtagsfraktion 州议会党团	边码 42
Lehrbücher 教科书	边码 133,134
Lehrstuhl 教席	边码 215 及以下
Leistungsliste 成绩优先规则	边码 16
Lerngemeinschaften 学习小组	边码 114
Lernhilfen 学习辅助工具	边码 134
Literatur 文献	边码 131 及以下,边码 139,149
LL.M. 法学硕士	边码 128
Luxemburg 卢森堡	边码 48
Master of Law(s) 法学硕士	边码 113
Mecklenburg-Vorpommern 梅克伦堡-前波美拉尼亚州	边码 14,39,89,附录 1,2
Mergers & Acquisitions 并购	边码 206
Mittelbehörde 中等行政机关	边码 42
Mündliche Prüfung 口试	边码 92

Mündliche Verhandlung 言词辩论程序	边码 33 及以下
Mutterschutz 孕产妇保护	边码 230
Nebentätigkeiten 兼职	边码 105, 106
Nichtstationsreferendar 非处于律师事务所雇佣关系下的文官候补生	边码 64
Niedersachsen 下萨克森	边码 14, 39, 89, 附录 1, 2
Nordrhein-Westfalen 北莱茵-威斯特法伦州	边码 14, 39, 89, 附录 1, 2
Notar 公证人	边码 182 及以下
Notarassessor 候补公证人	边码 184 及以下
Notenstufen 分数等级	附录 4
Öffentliche Unternehmen 公共企业	边码 51
Parlament 议会机关	边码 42
Parlamentarischer Untersuchungsausschuss 议会的调查委员会	边码 191, 219
Persönliche Referent 人事主管	边码 219
Pflichtarbeitsgemeinschaft 必修研讨课	边码 85
Pflichtverteidiger 强制辩护人	边码 26, 65
Wahlarbeitsgemeinschaft 选修研讨课	边码 85
Plädoyer 总结陈词	边码 31, 179
Politiker 政治家	边码 217
Prädikatsexamen 以明显高于平均分的成绩通过了考试(考试取得优异成绩)	边码 4
Privathaftpflichtversicherung 个人责任保险	边码 117 及以下
Probezeit 试用期	边码 174 及以下
Projektgruppe 项目组	边码 191
Promotion 博士申请生资格	边码 115, 127

Promotionskosten 博士学习阶段的成本	边码 127
Protokoll 备忘录	边码 32 及以下
Prüfung 考试	边码 87 及以下
Prüfungstätigkeit 考务	边码 171
Rechtsamt 法制科	边码 39 及以下,边码 189
Rechtsanwalt 律师	边码 146 及以下
Rechtsanwaltsgebühren 律师规费	边码 156 及以下
Rechtslehrer 法学教师	边码 212 及以下
Rechtsmittel 法律手段	边码 62
Rechtspfleger 司法事务官	边码 31 及以下,边码 33
Rechtssachbearbeitung 法律专业技术工作	边码 189
Rechtsschutz 权利保护	边码 81 及以下,边码 100 及以下
Referendarausbilder 文官候补生训练官	边码 75 及以下
Reform der Juristenausbildung 法律人培养改革	边码 2 及以下
Reformbedarf 改革需求	边码 6
Regelsatz 最低生活费用标准	边码 223
Rente 养老金	边码 230
Rentenversicherung 养老保险	边码 119
Repetitorium 辅导机构	边码 97
Rheinland-Pfalz 莱茵兰-普法尔茨州	边码 14,39,90,附录 1,2
Richter 法官	边码 167 及以下
Richterliche Unabhängigkeit 法官的独立性	边码 169
Robe 法袍	边码 67
Rücktritt vor der Prüfung 考试退出权	边码 103
Saarland 萨尔州	边码 9,15,39,90,附录 1,2
Sachsen 萨克森州	边码 15,39,90,附录 1,2

Sachsen-Anhalt 萨克森-安哈尔特州	边码 15, 39, 90, 附录 1, 2
Schleswig-Holstein 石勒苏益格-荷尔斯泰因州	边码 15, 39, 90, 附录 1, 2
Sitzungsdienst 庭审工作	边码 26 及以下,边码 178 及以下
Soft Skills 软技能	边码 201
Software 软件	边码 134
Sonderausgaben 特别支出	边码 115 及以下
Sonderurlaub 特别假期	边码 172
Sozialgericht 社会法院	边码 45,边码 52 及以下,边码 189, 223
Sozialhilfe 社会救济金	边码 230
Spartenmodell 模块化训练模式	边码 6
Speyer-Semester 德意志行政科学高等学校的一学期(施派尔学期)	边码 54 及以下
Staatsanwalt 检察官	边码 177 及以下
Staatsexamen, zweites 国家考试,第二次	边码 87 及以下,附录 1
Staatskanzlei 各州的总理办公厅	边码 42, 50
Stadtwerke 城市公共服务企业	边码 51
Stationszeugnisse 结训证书	边码 77 及以下
Stellenmarkt 工作市场	边码 176
Steuern 税	边码 104 及以下
Strafmaß 量刑	边码 30 及以下
Strafstation 刑事机构	边码 24 及以下
Strafvollstreckung 刑事执行	边码 180 及以下
Syndikusanwalt 顾问律师	边码 162, 207
Tarifvertrag 劳资协议	边码 19, 196
Täuschung 欺诈	边码 103

Teilzeitbeschäftigung 部分时间工作形式雇佣	边码 172, 180, 195
Telearbeit 远程办公	边码 195
Telefonkosten 通讯费	边码 114 及以下
Terminsbericht 庭审报告	边码 69
Terminsvertretung 出庭	边码 63, 67, 68
Thüringen 图林根州	边码 9, 13, 39, 15, 90, 附录 1, 2
Tipps für die Einzelausbildung 文官候补生训练中的技巧	边码 21 及以下
TOFEL 托福	边码 129
Umzugskosten 搬迁费	边码 114
Unfallversicherung 意外伤害保险	边码 119
Unterhaltsvorschuß 抚养预付款	边码 229
Unterkunftskosten 住宿费用	边码 223
Unternehmensjurist 企业法律人	边码 203
Urteil 判决书	边码 35 及以下
Urteilstil 判决式	边码 35 及以下
Verbeamtung 公职录用	边码 192
Vereine Nationen 联合国	边码 51
Verfahrenseinstellung 诉讼终止	边码 178
Vergleich 调解	边码 35, 边码 169 及以下
Verpflegungsmehraufwendungen 餐食额外开支	边码 112
Versicherungen 保险	边码 116 及以下
Verwaltungsaufbau 行政机关（架构）	边码 40
Verwaltungsbehörde 行政机关	边码 39 及以下
Verwaltungsgericht 行政法院	边码 45, 52 ff., 189
Verwaltungsjurist 行政机关法务	边码 188 及以下

Verwaltungsmodernisierung	行政工作现代化	边码191
Verwaltungsstation	行政训练机构	边码38及以下
Wahlstation	选修机构	边码72及以下
Wartezeit	等待期	边码11, 12, 15及以下
Wasser-und Schifffahrtsdirektion	海事局	边码40
Wehrersatzamt	征兵事务局	边码40
Weisungsgebundenheit	受指令权拘束	边码180
Werbungskosten	谋利成本	边码106及以下
Widerspruchsbescheid	行政复议决定	边码44, 91
Widerspruchsverfahren	行政复议程序	边码41及以下, 边码189
Wirtschaftsjurist	经济法律人	边码203
Wohngeld	住房补贴	边码224
Zeitschriften	期刊	边码132及以下
Zeugenvernehmung	询问证人	边码29, 34
Zeugnisse	证书	边码77及以下
Zeugnisverweigerungsrecht	作证拒绝权	边码34
Zivilstation	民事机构	边码32及以下
Zusatzqualifikationen	额外资质	边码120及以下
Zweite Staatsprüfung	第二次国家考试	附录1

法律人进阶译丛

⊙ 法学启蒙
《法律研习的方法：作业、考试和论文写作（第9版）》，
　　〔德〕托马斯·M. J. 默勒斯著，2019年出版
《如何高效学习法律（第8版）》，〔德〕芭芭拉·朗格著，2020年出版
《如何解答法律题：解题三段论、正确的表达和格式（第11版增补本）》，
　　〔德〕罗兰德·史梅尔著，2019年出版
《法律职业成长：训练机构、机遇与申请（第2版增补本）》，
　　〔德〕托尔斯滕·维斯拉格 等著，2021年出版

⊙ 法学基础
《民法学入门：民法总则讲义·序论（第2版增订本）》，〔日〕河上正二著，
　　2019年出版
《法律解释（第6版）》，〔德〕罗尔夫·旺克著，2020年出版
《民法的基本概念（第2版）》，〔德〕汉斯·哈滕豪尔著
《民法总论》，〔意〕弗朗切斯科·桑多罗·帕萨雷里著
《物权法（第32版）》，〔德〕曼弗雷德·沃尔夫、马尼拉·威伦霍夫著
《债法各论（第12版）》，〔德〕迪尔克·罗歇尔德斯著
《刑法分则I：针对财产的犯罪（第21版）》，〔德〕鲁道夫·伦吉尔著
《刑法分则II：针对人身与国家的犯罪（第20版）》，
　　〔德〕鲁道夫·伦吉尔著
《基本权利（第6版）》，〔德〕福尔克尔·埃平著
《德国民法总论（第41版）》，〔德〕赫尔穆特·科勒著

⊙ 法学拓展
《奥地利民法概论：与德国法相比较》，
　　〔奥〕伽布里菈·库齐奥、海尔穆特·库齐奥著，2019年出版

《民事诉讼法(第4版)》,〔德〕彼得拉·波尔曼著
《所有权危机:数字经济时代的个人财产权保护》,
　　〔美〕亚伦·普赞诺斯基、杰森·舒尔茨著
《消费者保护法》,〔德〕克里斯蒂安·亚历山大著
《日本典型担保法》,〔日〕道垣内弘人著
《日本非典型担保法》,〔日〕道垣内弘人著

⊙案例研习
《德国大学刑法案例辅导(新生卷·第三版)》,〔德〕埃里克·希尔根多夫著,2019年出版
《德国大学刑法案例辅导(进阶卷·第二版)》,〔德〕埃里克·希尔根多夫著,2019年出版
《德国大学刑法案例辅导(司法考试备考卷·第二版)》
　　〔德〕埃里克·希尔根多夫著,2019年出版
《德国民法总则案例研习(第5版)》,〔德〕约尔格·弗里茨舍著
《德国法定之债案例研习(第3版)》,〔德〕约尔格·弗里茨舍著
《德国意定之债案例研习(第6版)》,〔德〕约尔格·弗里茨舍著
《德国物权法案例研习(第4版)》,〔德〕延斯·科赫、马丁·洛尼希著,2020年出版
《德国劳动法案例研习(第4版)》,〔德〕阿博·容克尔著
《德国商法案例研习(第3版)》,〔德〕托比亚斯·勒特著

⊙经典阅读
《法学中的体系思维和体系概念》,〔德〕卡纳里斯著
《法律漏洞的发现(第2版)》,〔德〕克劳斯-威廉·卡纳里斯著
《欧洲民法的一般原则》,〔德〕诺伯特·赖希著
《欧洲合同法(第2版)》,〔德〕海因·克茨著
《民法总论(第4版)》,〔德〕莱因哈德·博克著
《法学方法论》,〔德〕托马斯·M. J. 默勒斯著
《日本新债法总论(上下卷)》,〔日〕潮见佳男著